W0337181

Hermann Steinthal

Aus meinem Leben

Verlag Schwäbisches Tagblatt

© 2008 Verlag Schwäbisches Tagblatt, Tübingen
Alle Rechte vorbehalten.
Titelfoto: Ulrich Metz
Umschlaggestaltung: Evelyn Ellwart-Mitsanas
Druck: Gulde Druck Tübingen
Printed in Germany

ISBN 978-3-92801-163-1

Inhalt

Erstes Kapitel

Was wäre denn da zu erzählen, und kann man's überhaupt?

Heute, Samstag, den 5. August 2006, sechs Wochen vor meinem 81. Geburtstag, fange ich an zu erzählen. Meinen Kindern und Enkeln habe ich's versprochen, sagen sie. – Nun aber mal langsam: Versprochen habe ich's eigentlich nie, ich habe mich weislich gehütet. In meinem Inneren allerdings, so viel ist richtig, trage ich etwas Ähnliches wie dies Versprechen seit langem mit mir herum, und es kann schon sein, dass die lieben Nachkommen schlau genug waren, von diesem Inneren etwas zu ahnen oder sich zusammenzureimen. Aber erst vor ganz wenigen Wochen war ich so weit (weshalb, wird man gleich hören), dass mal etwas Deutlicheres davon „dem Gehege der Zähne entfloh", – und dann sogar auch Fremderen gegenüber, denn man hat seine vorauseilenden Gedanken nicht immer unter Kontrolle, und die Leute fragen einen hin und wieder harmlos-anteilnehmend, was man denn so treibt seine Tage lang, und man kann da auch nicht immer antworten: „Nichts."

Dabei wusste ich vorläufig nicht einmal, was ich, wenn ich denn wollte, erzählen könnte. Mein Leben? Dass ich das nicht kann, stand und steht mir felsenfest. Sein Leben kann niemand erzählen, das wäre jedem zu viel. – Oder meine Erinnerungen? Du liebe Zeit! Als ich in den letzten Tagen, da ich schon halb entschlossen war anzufangen, in alten Sachen stöberte, staunte ich nur so, was alles ich nicht in Erinnerung hatte. Zum Beispiel, dass es da noch zwei kleine Tagebücher gab – nicht Bücher, Oktavheftchen waren's, eines aus meiner Wolfenbütteler Zeit, Winter 1944 auf '45, in kleiner Schrift mit Bleistift geschrieben – Papier war knapp, Tinte auch, alles war knapp, vielleicht hatte die kleine Schrift auch damit zu tun, dass man damals gerne ‚in Dekkung' blieb.

Das zweite dieser Heftchen enthält aus unseren Verlobungsjahren 1949 bis '52 regelmäßige Eintragungen über alle die kleinen und großen Wanderungen, die wir damals zu zweit unternahmen – ach, war das eine schöne Zeit – allein zusammen! – Da hätte nun meine Schrift wegen ‚Deckung' nicht mehr so klein sein müssen – der Krieg und die Nazizeit waren ja vorbei – aber tatsächlich war sie noch viel kleiner, geradezu klitzeklein. – Anschließend an diese Verlobungs-Zweisamkeiten enthält das Heft, abwechselnd von Christas und meiner Hand, Stimmungsbilder und minutiöse Ausgabenrechnungen (wir waren sehr sparsam) von unserer Hochzeitswanderung im Sommer 1952 im Bayerischen Wald.

Meine liebe Ehefrau Christa schrieb ganz genauso klein wie ich, nur weit weniger leserlich. Sie hatte zeitlebens, wie auch ihr Vater schon, eine seltsam ungelenke Schreibhand. Bei ihren Briefen fand ich jetzt ein Schreiben der Schulbehörde an sie: Man habe ihre Anmeldung zur Prüfung höheren Orts zwar erhalten, jedoch trotz ernsthafter Bemühung nicht entziffern können, und sie möge doch noch einmal und leserlich schreiben. – Mich hat das Unleserliche natürlich nie gestört, ich konnte, liebesbeflügelt wie ich war, alles von ihr sehr gut lesen. Und konnte sie zum Beispiel auch aus größter Entfernung, allein am Gang und ihrer Haltung, aus einer großen Menschenmenge heraus mit Sicherheit erkennen, – und sie mich ebenso. – So ist das mit der Liebe.

Nun aber in puncto Erinnerung: Von dem ersten der erwähnten beiden Heftchen hatte ich, als es mir jetzt nach über 60 Jahren wieder in die Hände fiel, nicht die leiseste Erinnerung mehr, nicht nur von seinem Inhalt, auch von seiner bloßen Existenz nicht. Ich war mehr als verblüfft, als mir klar wurde, was ich da in Händen hielt. Das war reinweg verdrängt gewesen, würden die Psychologen sagen. Vom zweiten hätte ich vielleicht nach einigem Besinnen noch sagen können, dass es mal da war, – aber was drin stand, konnte ich mir nur durch Nachlesen wieder in Erinnerung rufen. In der Erinnerung wurde es dann aber wieder ganz hell. Dass das auf diese Weise Neu-Erinnerte wirklich das ist, was wir seinerzeit erlebt haben, das möchte ich mit Zuversicht behaupten. Ob es dagegen in jeder Einzelheit genau das ist, was seinerzeit geschehen ist, das bleibt ein bisschen ungewiss. Trotzdem: Wenn ihr nicht nur die disparaten Einzelheiten, sondern alles im Ganzen aufnehmt, was ich hier schreibe, dann hoffe ich, dass das doch wohl ein ganzes und zuverlässiges Bild meines Lebens gibt. – So ist das mit den Erinnerungen.

Ich muss aber noch erzählen, wie ich vor einigen Wochen überhaupt dazu kam, auf dem Dachboden in alten Sachen zu kramen, und wieso ich dem Gedanken nähertrat, diese Aufschriebe hier in Angriff zu nehmen. Daran war eine zufällige Erinnerung schuld, nämlich an Goethe – dessen gescheite Worte und Gedanken fallen mir hin und wieder ein, die ‚liegen mir' irgendwie. Nun, Goethes Autobiographie trägt bekanntlich den Titel „*Aus* meinem Leben". Holla, dachte ich da sofort: *Das* kann man erzählen, das kann sogar ich. – Den Goethe'schen Untertitel „Dichtung und Wahrheit" lasse ich aber weg. Gedichtet habe ich nie. Zu reimen zwar fiel mir lebenslang sehr leicht, meinen beiden Schwestern ebenso – was haben wir nicht auf Schritt und Tritt alles zusammengereimt! Aber reimen ist nicht dichten, obwohl ja die Leute, wenn sie für irgendeine Festivität etwas von mir wollen (und sie wollen auch heute noch öfter mal was), immer sagen: Da könntest du doch was dichten. – Dichtung also: Fehlanzeige. – Wahrheit hingegen: Ja, so gut es geht. Dass es nicht immer ganz einfach geht, glaube ich zu wissen und zu verstehen, habe es doch gerade eben in puncto Erinnerung angedeutet. Und über die Frage „Was ist Wahrheit?" habe ich sogar ein Buch geschrieben. Von der langjährigen Entstehung dieses Buches werde ich noch sprechen, das ist ein Stück „aus meinem Leben" – und so soll das Ganze, das ich hier beginne, ja nun betitelt sein.

Wenn ich ordentlich mit meiner Geburt anfangen wollte: Da kann ich nur berichten, dass ich, wie damals allgemein üblich, nicht in einer Klinik geboren wurde, sondern zu Hause. Aber wo war „zu Hause"? Da lohnte es sich nachzufragen und nachzuschauen, und so hat sich denn in den zurückliegenden Wochen, als ich innerlich schon mit der auf mich zukommenden Schreiberei beschäftigt war, eine fixe Idee in mir eingenistet: Ich wollte meinen Geburtsort Haspe wiedersehen. Seit 53 Jahren war ich nicht mehr dort gewesen, weil wohl irgendwann bald nach meinem letzten Besuch meine letzten Verwandten dort weggezogen oder verstorben waren – oder auch aus anderen, absonderlichen Gründen, über die ich aber erst noch nachsinnen muss. Ich erzähle sie dann später, wenn ich mit dem Nachsinnen so weit bin. Jedenfalls: Zuerst möchte ich von Haspe erzählen, das steht jetzt schon mal fest.

Aber wo fängt man konkret an zu erzählen, und wie macht man weiter? Wenn ich spazieren gehe – das tun Pensionäre oft – und bei der äußeren Bewegung auch der Gedankenschotter in mir ins Rutschen kommt, oder wenn ich gemütlich dasitze in meinem grünen Ohrensessel und interessiert in mein Inneres schaue, wie das Plankton der Erinnerungen da herumschwappt – Plankton nennt man nämlich die Millionen kleiner und kleinster Lebewesen im großen Ozean, wovon sich die Wale ernähren – das Wort Plankton ist griechisch und heißt einfach „das Umhergetriebene" – als klassischer Philologe denkt man da an Homers Odyssee: Von Odysseus heißt es nämlich in dieser herrlichen Dichtung gleich in den ersten Versen – die lernte früher jeder Gymnasiast auswendig; heute, wo vermutlich niemand mehr sie auswendig lernt, kann man sie stattdessen auf T-Shirts aufgedruckt lesen, – sofern man kann, andernfalls kann man eben die dekorativen Schriftzeichen bewundern, die griechische Schrift hat etwas entschieden Dekoratives – von diesem Odysseus also singt Homer, er sei auf seiner Heimfahrt aus dem Trojanischen Krieg schrecklich weit und lange „umhergetrieben" worden und habe dabei höchst Erzählenswertes erlebt... Holla, was wollte ich jetzt eigentlich sagen? Da habe ich scheint's den Faden verloren. – Ich habe ihn aber in Wirklichkeit nicht verloren, ich wollte euch nur zeigen: Seht ihr, so geht's mit dem Erinnerungsschotter und -plankton, man kommt im Nu vom Hundertsten ins Tausendste. Wie soll da beim Erzählen eine halbwegs verstehbare Reihenfolge zustandekommen?

Ihr denkt vielleicht: Man nimmt einfach einen Tag nach dem anderen und ein Jahr nach dem anderen vor. Schon recht, die Zeitfolge ist das Gegebene und Natürliche, man sollte sie beim Erzählen im Auge haben und sie, wenn's geht, nicht künstlich durcheinanderbringen – heutige Autoren tun da für meinen Geschmack manchmal zu viel des Guten. Aber *rein* nach der Zeitfolge geht's nicht, die Dinge hängen nun mal kreuz und quer miteinander zusammen, und die scheinbar so einfache Folge verwickelt sich im Nu in ein Knäuel kleinster Partikel von Vor- oder Gleich- oder Nachzeitigkeit, fertig würde man nie, und schließlich wäre nur noch die Frage, ob in all dieser Verknäuelung eher der Erzähler den Verstand verlöre, oder eher die Zuhörer die Geduld.

Da ich das also gleich als unmöglich erkannte, nahm ich mir vor: Ich schreibe einfach mal los, und jedesmal, wenn mir beim Schreiben ein Stück Erinnerung in die Quere kommt, das ich nicht sofort miterzählen kann, weil sonst alles durcheinander geriete, dann mache ich mir nebenher eine kurze Notiz, damit ich's später an seinem Orte zu erzählen nicht vergesse. – Ja, Pfeifendeckel, wie man auf Schwäbisch sagt, so geht's auch nicht: Da macht man nur noch nebenher Notizen, denn bloße Stichworte genügen da nicht, weil man die später selber nicht mehr recht versteht. Das heißt aber: Zum Erzählen kommt man vor lauter Notizenmachen gar nie.

Ich sehe für das Problem nur eine Lösung, und ich will sie euch verraten, für den Fall, dass ihr später mal selber in die Lage kommt: Man muss dem Erinnerungs-Schotter-Plankton erst mal einfach seinen Willen lassen, hindern kann man das Zeug doch nicht. Und dann erzählt man aus dem ungeheuer Vielen, was da heranschwappt, immer nur das ganz Wenige, von dem man im Moment unwiderstehlich spürt: Das ist jetzt an der Reihe, das ist genau jetzt am dringendsten und wahrsten zu erzählen. Dagegen all das unendlich viele andere, das da herumschwappt, lässt man standhaft und seelenruhig unerzählt, und sogar ohne es zu notieren, unter den Tisch fallen, Gott befohlen! Ob das irgendwann später noch die Chance bekommt, erzählt zu werden, muss dem Erzähler erst mal egal sein. Wenn's wirklich wichtig ist, wird es schon irgendwann wieder auftauchen. Und den Zuhörern tut das nicht weh, die merken sowieso nicht, was da im Moment alles unter den Tisch fällt.

Wie ich auf diese Lösung verfallen bin? Ich hatte in meinem Berufsleben oft Reden oder Vorträge zu halten. Als Lehrer in den Schulstunden, und ebenso als Schulleiter in Lehrer- oder Elternsitzungen spricht man auswendig, es bleibt einem gar nichts anderes übrig. Aber auch in den öffentlichen Reden, bei der Schuljahrs-Schlussfeier, bei Kongressen oder wo auch immer, habe ich es bald am einfachsten gefunden, mir zwar vorher durch den Kopf gehen zu lassen, was nacheinander zu sagen wäre, also mir meinen ‚Gedankenschotter' einigermaßen handlich parat zu legen. Aber dann, wenn's so weit war, coram publico, habe ich meistens frei geredet. Ich hatte nicht selten ein Konzept, manchmal sogar ein minutiös ausgearbeitetes, schaute aber nicht hinein, und zwar desto weniger, je genauer es ausgearbeitet war, dann konnte ich es nämlich einigermaßen auswendig. Natürlich nicht völlig auswendig. Wenn mir also beim Reden momentan etwas nicht einfiel, und das kam selbstverständlich vor, dann nahm ich das als Zeichen, dass es doch nicht so ganz wichtig war, und so fiel es ungeredet unter den Tisch, Gott befohlen! Die Zuhörer konnten ohnehin nicht ahnen, was alles im Moment ungeredet blieb. Auf diese Weise war aber wenigstens sichergestelllt, dass das, was geredet wurde, stets einen fasslichen Sinn und Zusammenhang hatte, und die Zuhörer blieben aufmerksam bei der Stange, ich als Redner übrigens auch.

Wenn ich, selten einmal, dies Verfahren einem Universitätslehrer anempfahl – ich dachte, da könne man's auch brauchen –, dann hörte ich wohl: „Ja, Sie können sich das leisten, bei mir geht das nicht, meine Vorlesung muss Wort für Wort hieb- und stichfest stimmen." Mein bescheidener Einwand, dass meine Reden auch ‚stimmten', wurde wohl gehört, „allein es fehlte der Glaube". Dagegen habe ich mehr als einmal erlebt, dass sogar ein sehr berühmter Redner, oder dito Rednerin, wenn er oder sie bei einem Kongressvortrag in Zeitnot geriet, sich nicht anders helfen konnte oder wollte als durch zunehmend schnelleres Sprechen. Wenn er dann, dank solcher Eilrede, mit „nur" zehn Minuten Zeitüberschreitung in Ziel einlief, wischte er sich den Schweiß von der Stirne. Aber etwas weglassen konnte oder wollte er nicht. (Ich weiß, es gibt andere, die das können und sogar überzeugt sind, es bei wissenschaftlichen Beiträgen riskieren zu dürfen.)

– Ein Lehrer vor einer Schulklasse dürfte sich so eine ‚wohlkonzipierte Eilrede' nicht erlauben, und, notate bene, ein antiker Redner vor dem Senat oder der Volksversammlung hätte es auch nicht gedurft. Wenn ein antiker Redner vom Konzept abgelesen hätte, wäre er gnadenlos davongejagt worden. – Ich kann euch dieses mein Verfahren für eure etwaigen Erzählungen, Reden oder Vorträge nur bestens empfehlen, und jedenfalls will ich hier nach diesem Rezept vorgehen, Erinnerungsschotter habe ich überreichlich zur Verfügung. – Jetzt aber nichts mehr übers Wie oder Wann, sondern jetzt geht's los.

Zweites Kapitel

Haspe

In Haspe lebten, als ich Kind war, meine Vorfahren und Verwandten mütterlicherseits. – Dieser mein Geburtsort war, als ich am 16. September 1925 dort das Licht der Welt erblickte, schon seit Jahrzehnten eine Stadt, eine recht große und selbstständige, und blieb das bis 1929, da wurde es nach Hagen in Westfalen eingemeindet und machte Hagen, das soeben ganz knapp die 100000er-Grenze angekratzt hatte, auf einen Schlag vollends zur Großstadt. – Haspe liegt im Tal der Ennepe ungefähr west-östlich ausgestreckt. An den beiden Talhängen entlang läuft je eine Bahnlinie. An der nördlichen davon lag seinerzeit ein kleiner Haltepunkt: Heubing. Heute ist das auch noch kein ‚großer Bahnhof', aber er liegt an der großen, viel befahrenen S-Bahn-Strecke Düsseldorf-Hagen. Ganz dicht beim Haltepunkt Heubing lag mein Geburtshaus, „An der Klippe 5" hieß die Adresse. Ich erinnere mich, als kleiner Junge dort vorbeigeführt und auf die Bedeutung der Örtlichkeit hingewiesen worden zu sein, und ich meine das Haus vor meinem inneren Auge heute noch zu sehen. Mit dem leiblichen Auge sieht man davon nichts mehr, eine Straße „An der Klippe" gibt's im Postleitzahlenbuch nicht, sogar die Klippe ist offenbar eingeebnet, zu sehen ist wenigstens nichts dergleichen.

Haspe ist aber heute, sehr im Gegensatz zu früher, ein hübscher Ort, zwar etwas unauffällig, nicht besonders attraktiv, Hotels gibt's keine dort, wie ich vom Hagener Verkehrsamt höre. Touristen kommen dort normalerweise wohl nicht hin. Seit über 20 Jahren läuft in Haspe eine der größten Stadtsanierungen bundesweit. Die ganze Schwerindustrie, etwa die Hasper Hütte, von der Haspe früher völlig beherrscht war, existiert nicht mehr, in Haspe wird heute nur gewohnt, und dies nicht übel. In unserer Kindheit konnte man Haspe nur indirekt, als Wohnort der geliebten Großeltern, lieben. Es war eine reine, aber das heißt durchaus nicht eine saubere, Industrie- und Hochofenstadt. Der Himmel wurde am hellen Tage in kurzen Abständen graugelb verfinstert, die Hausfrauen, auch meine Großmutter und meine Tanten, konnten ihre Wäsche meist nicht im Freien trocknen, da wäre sie, ehe sie trocken war, längst schwarz gewesen, so viel Ruß und Kohlenstaub war üblicherweise in der Luft. Die Häuser waren alle schwarzgrau, und bedeutend mehr schwarz als grau. Heute sind sie schön hell getüncht. Ein einziges Haus in der Swolitzkystraße sah noch schwarz aus, als ich jetzt dort war – ich nehme an, das haben sie unter Denkmalschutz gestellt. Was mich besonders erstaunt hat: Die vielen Häuser aus den Jahren um 1900 bis 1910 – damals wurde in Haspe offenbar viel gebaut – zeigen fast alle an Simsen oder Fenstern schönen Jugendstil-Stuck. Auch das Haus im Hasperbruch, wo meine Großeltern wohnten, war so verziert, wie ich jetzt feststellte. Ich bin da als Kind doch wahrhaftig oft ein- und ausgegangen, da hat man das alles gar nicht gesehen, so schwarz verrußt war die Fassade.

Auch in Haspe hat es vermutlich Familien gegeben, die seit Generationen dort ansässig waren. Aber das waren wenige. Die allermeisten waren erst in der Zeit der großen Industrialisierung, also, wenn ich von meiner Kindheit aus zurückrechne, erst vor wenigen Jahrzehnten zugezogen – so auch meine Großeltern. Meistens kamen sie von den östlichen Grenzen Deutschlands – nicht so jedoch meine Großeltern. Deren Heimat lag mehr in der Mitte, im Waldeck'schen und im dortigen weiteren Umkreis, bis zur Elbe. Als ältesten Vorfahren mütterlicherseits finde ich den im Jahre 1769 geborenen Maurer Johann Konrad Noll. Sein Geburtsdorf trägt den nicht viele Glücksgüter verheißenden Namen Armsfeld, und dort saßen nach ihm noch weitere drei Generationen meiner Vorfahren, auch meine Großmutter ist 1865 noch dort geboren. Meine Mutter kam dann aber 1896 in dem reichen, mondänen Kurort Bad Wildungen zur Welt. Dort betrieb ihr Vater, mein Großvater Albert Patze, gelernter Schuhmacher, ein kleines Schuhgeschäft, welches aber, trotz des Reichtums ringsum, so wenig florierte, dass er es wieder aufgeben musste. Und weil ihm als Asthmatiker der Arzt zu einem Berufswechsel riet (Als handwerklicher Schuster arbeitet man in der Stube und im Sitzen, oft gebückt. Für einen Asthmatiker ist das nicht das Richtige.), entschloss er sich zu einem Umzug. Das Ruhrgebiet lockte, da gab es damals Arbeit für jeden. In Haspe wurde er Straßenbahnschaffner.

Die erste Hasper Wohnung meiner Großeltern lag „In der Oede". Bei unseren ersten Besuchen in den späten 1920er-Jahren gab es da meiner kindlichen Erinnerung nach zwar viel Raum, aber weder elektrisches Licht noch Wasserleitung im Hause. Abends wurde eine einzige Petroleumlampe angezündet, und zum Wasserholen musste man auf den Hof. Später, als die Onkels und Tanten eigene Familien hatten, wohnte die ganze Sippschaft nahe beieinander in vier sehr kleinen Wohnungen, zwei im Hasperbruch 12, eine gegenüber in der Ernststraße 2 und eine um die Ecke am Steinplatz 7. Die Häuser hatten jetzt natürlich Strom und Wasser. Eingeteilt waren die Wohnungen alle gleich: Vom Treppenhaus her betrat man zuerst „dat Flürken". Das war quadratisch und gerade so groß, dass in drei von den vier Wänden Türen Platz hatten: eine vom Treppenhaus her, die beiden anderen zur Wohnküche und zum Schlafzimmer. Im letzteren stand auf den Schränken das Eingemachte, und manchmal hingen Dauerwürste an einem Besenstiel, der von einem Schrank über Eck zum anderen reichte. Wenn wir zu Besuch waren, schliefen wir aufgeteilt auf die einzelnen Familien, entweder auf den Kunstledersofas der Wohnküchen, oder wir Kinder auch mit jemand anderem zusammen in einem Bett. Wir haben aber in der Enge oft und laut und lustig Feste gefeiert: Geburtstage, Weihnachten, Ostern, die Hochzeiten der Geschwister meiner Mutter.

Ich will euch das Hasper ‚Personal' noch mit ein paar Strichen vors Auge malen. Meinen Opa Albert Patze habe ich – und war stolz auf ihn – noch auf ‚seiner' Straßenbahn erlebt. Er war 1869 geboren, was ihn veranlasste, zu prahlen, er habe den 1870er-Krieg „als Einjähriger mitgemacht". Einjährige hießen damals die Reserveoffizieranwärter, die den normalen Rekrutendienst nur ein Jahr absolvieren mussten. Anfang der 1930er-Jahre ging er in Rente und wandelte fortan täglich in seinem bedächtigen Schritt, er war ja kurzatmig, zu einer kleinen Parkanlage in der Nähe, wo die „Lügenbank" stand, wie er sie nannte. Dort erzählte er sich mit den anderen alten Knaben aus der Gegend allerlei Geschichten und Erinnerungen. Auf dem Rückweg brachte er bisweilen, das sehe ich noch vor mir, ein erstaunlich langes Vier-Kilo-Brot unterm Arm mit. – Meine Oma war einfach herzensgut, sie liebte und umsorgte alle, und alle liebten sie, die Seele der Familie. Ihr eigentümlich geschnittenes, freundlich-lachendes Gesicht – wir nennen es heute gewöhnlich „das Patze-Gesicht" – hat sich bei nicht wenigen ihrer Nachkommen bis heute erkennbar weitervererbt. – Das älteste Kind dieses Paares war Henriette, genannt Jettchen, meine Mutter. Sie musste als Älteste fleißig helfen und tat das auch gerne. Im hohen Alter erzählte sie noch, wie sie gar nicht nachkam mit Strümpfe-Stricken und Strümpfe-Stopfen für die siebenköpfige, vierzehnfüßige Familie. Vielleicht zum Lohn für diesen Fleiß durfte sie, was damals für ein Mädchen bei Weitem nicht selbstverständlich war, einen Beruf lernen und arbeitete bis zu ihrer Heirat einige Jahre als Lohnbuchhalterin. Wenn sie am Wochenende, so erzählte sie oft, den Arbeitern ihre Lohntüten aushändigte, standen deren Frauen schon auf der Lauer, damit die Männer nicht sofort in die Wacholderschnapsbude einen trinken gingen. Die Wacholderbrennerei Eversbusch in der Berliner Straße mit dem „Wacholderhäuschen" daneben existiert heute noch, wie ich bei unserem Haspe-Besuch voll Freude sah. Das ‚Häuschen' ist jetzt aber ein sehr gepflegtes Lokal; wir haben dort zu Mittag gegessen.

Der zweite dem Alter nach war „der Schwatte“, so genannt wegen seiner schwarzen Haare und dunklen Gesichtsfarbe. Eigentlich hieß auch er Albert. Dies Aussehen und die hohe Statur (ansonsten waren nämlich alle klein) hatte er offensichtlich von seinem Vater – nur hatte der damals schon eine Vollglatze. Der Schwatte war wie sein Vater bei der Hagener Straßenbahn angestellt, als Elektriker; er sagte aber lieber ein bisschen angeberisch „bei der Oberleitung“. – Dann war da unser aller Lieblingstante Mimi, eigentlich Wilhelmine, die sich nicht genugtun konnte, uns Kinder zu verwöhnen. Sie heiratete anfangs der 1930er-Jahre Hermann Kinski, Metallarbeiter wie fast alle Männer dort, aber in der schlechten Zeit lange arbeitslos. 1936 zog er mit Familie nach Hildesheim, weil er dort Arbeit bekam. Onkel Hermann war ein geborener Clown und Witzbold, der zu der – wenigstens in meiner Erinnerung – beständig heiter-geselligen Stimmung der Hasper Sippschaft das meiste beitrug, und die anderen inspirierte er auch noch. Meinen Vornamen Hermann habe ich aber nicht nach ihm, sondern nach einem mit 17 Jahren an einem Furunkel im Gesicht verstorbenen jüngeren Bruder meiner Mutter – heute wäre so etwas vermutlich heilbar. Meine Mutter erzählte oft, er sei ihr unter den Geschwistern der liebste gewesen.

Der Jüngste war Onkel Willi. Vor mir liegt der letzte Brief, den ich von ihm bekommen habe, vom April 1985 – da war er 80 Jahre alt –, worin er ein bisschen auf sein Leben zurückschaut. Ich zitiere euch einiges daraus unverändert wörtlich: „Ein Kriecher war ich nie und ich hab durch meine Einstellung viel Leiden müssen, aber es war auch eine Genugtuung, wenn man den Ausbeutern die Stirne geboten hat. Als ich in die Lehre kam, dass war zu der Zeit kein Kirschen Essen. Als ich einmal von den Anstrengungen eine kleine Pause machte, sah das der Vorarbeiter, der kam dann wie von einer Tarantel gestochen und langte mir eine Ohrfeige, das hat er bestimmt bereut, den ich antwortete mit meinen Handhammer und warf ihm mit aller Kraft vor die Schinbeine. Ich wurde entlassen und muste eine neue Stelle antreten. Ich hab später 20 Jahre auf Montage gearbeitet, Kreuz und Quer durch Deutschland. Wen ich die K.Z.geschichte nicht gehabt hätte, wäre es uns gut gegangen, aber, das hat auch sein Gutes gehabt, ich war kein Soldat, denn ich war ja durch K.Z. Wehrunwürdig, und ich Lebe noch.“

Ins KZ (Konzentrationslager) gesperrt wurde er – als Kommunist – 1933 gleich nach der Nazi-„Machtergreifung“, wie sehr viele Kommunisten. Seine Frau, Tante Grete, stammte ebenfalls von kommunistischen Eltern. Sie erzählte manchmal von deren Teilnahme an den Straßenkämpfen der frühen Weimarer Zeit. – Onkel Willi war aber ein herzensguter Kerl, wir hatten ihn gern. Er war es auch, der seinen Vater, wenn dieser Spätschicht hatte, vom Dienst abholte. Es war nämlich vorgekommen, dass spät nach Hause zurückkehrende Straßenbahner überfallen wurden – die Gauner dachten vielleicht, dass die nach Hause Gehenden die letzten Einnahmen bei sich trugen, was aber doch wohl nie der Fall war. Jedenfalls, an Willi hätte sich keiner herangetraut. „Der war nämlich ein richtiger Dragoner", so pflegte meine Mutter diesen Sachverhalt zu kommentieren.

Die diesen Geschwistern nachfolgende jüngere Hasper Generation war schwach besetzt. Dass in den geschilderten Wohnverhältnissen jedes Ehepaar nur ein Kind hatte, versteht sich fast von selbst. Onkel Albert und Tante Martha hatten den „kleinen Albert" (Albert III.), bei Onkel Willi und Tante Grete war es die Tochter Marlene, Tante Mimi und Onkel Hermann hatten eine Tochter Renate. – Als jedoch Hermann Kinski in Hildesheim im Rahmen der Hitler'schen Arbeitsbeschaffung wieder einen regelmäßigen Verdienst hatte und

Katharina und Albert Patze auf der Bank mit Hermann und Willi. Dahinter stehend Albert und Wilhelmine, ganz außen Henriette Patze.

die Familie, auf Ratenzahlung, sogar ein winziges Reihenhäuschen in der Pestalozzistraße erwerben konnte, da wurde bei Kinskis im Jahre 1940 noch ein Sohn Hermann geboren. – Derlei Arbeits- und Wohnungsbeschaffungen haben Hitler in den Jahren 1933 bis '37 bei Wahlen begreiflicherweise mehr Stimmen eingetragen als alles andere. Schlimm daran war nur, dass diese Maßnahmen auch, und sogar vor allem, der Aufrüstung und dem kommenden Krieg dienten. Zu diesem war Hitler, wie man heute mit Bestimmtheit sagen kann, von allem Anfang an entschlossen, obwohl er alle Welt, auch sein „lliebes ndeutsches Vollek“ (so geschwollen-rhetorisch redete er es im Rundfunk an), mit schamlos wiederholten Friedensbeteuerungen hinters Licht führte.

Die Genannten leben heute fast alle nicht mehr. Marlene ist als Letzte, von der ich es weiß, im Januar 2001 gestorben. Lockeren Kontakt habe ich noch mit Renate, jetzt Frau Steinwedel in Hildesheim. Ob ihr Bruder Hermann und der „kleine Albert“ noch leben, weiß ich nicht.

Jetzt werdet ihr aber denken, da fehlt doch noch was. Jettchen Patze in allen Ehren, aber ehe sie heiraten und Kinder (unter anderen eben mich) kriegen konnte, musste irgendwie mein Vater in Haspe auf der Bildfläche erscheinen. Das ist völlig richtig, er erschien auch – aber da muss ich erst noch ein anderes Kapitel einschieben.

Drittes Kapitel

Von den verschiedenartigen „Ställen“, aus denen Menschen herkommen

Den schönen Ausdruck „Stall“ für das, was ich jetzt erzählen will, verdanke ich meinem lieben Schwiegervater Fedor Goebel. Er verwendete ihn einmal bei einer sehr denkwürdigen Gelegenheit – davon erzähle ich gleich, noch in diesem Kapitel! Dass er das Gemeinte so und nicht anders bezeichnete, lag natürlich an den Besonderheiten des „Stalles“, aus dem er selbst herkam. Dieser sein „Stall“ war in den östlichen Provinzen Preußens zu Hause; ich meine hier aber das Preußen vor dem Ersten Weltkrieg, also Provinzen, die heute zum allergrößten Teil zu Polen gehören: Ost- und Westpreußen, Pommern und Posen. Die weitaus wichtigsten Personen in diesem „Stall“ waren die Landwirte. Da müsst ihr euch völlig selbstständige Bauern etwas größeren Stiles vorstellen, die auf ihrem Landgut zwar meist nicht gerade ein regelrechtes Schloss, aber doch ein stattliches ‚Herrenhaus‘ bewohnten, es waren keinesfalls etwa Klein- oder Nebenerwerbsbauern. Als Landwirte hatten sie in ihrer Sprechweise natürlich landwirtschaftsnahe Ausdrücke, und so konnten sie auch von Menschen recht anschaulich sagen, dass jeder einem bestimmten „Stall“ entstammt. – Jener Landwirts-„Stall“ umfasste natürlich nicht ausschließlich Landwirte, sondern war an seinen Rändern auch mit Angehörigen anderer Berufe garniert. Unter denen waren nun wiederum die wichtigsten einerseits die Offiziere, andererseits die Pfarrer. Daneben gab es auch noch weitere ‚Garnituren‘, so war mein Schwiegervater Fedor Goebel selbst Chemiker in der Industrie; aber diese Berufe waren nach meinem Eindruck für das Gesamtbild, das dieser „Stall“ bot und bietet, nicht so zentral wichtig. Jedenfalls: Der eine der beiden Großväter meiner lieben Christa, Fedor Goebels Vater Erich Goebel, war preußischer General, und der andere, Otto Bowien mit Namen, war Pfarrer.

Ein Porträtfoto des Generals Erich Goebel hängt, neben anderen Familienbildern, in unserem Gastzimmer im Dachgeschoss an der Wand. Als einmal unsere jüngsten Enkelkinder, die Zwillinge, in jüngeren Jahren zu Besuch bei uns waren und in diesem Zimmer schlafen gingen, bekamen sie Angst vor „dem Mann da“ in der großen Uniform und mit dem großen Schnauzbart, und wir hängten das Bild für ein paar Tage ab. Dabei war dieser General, wie mir alle, die ihn kannten, glaubhaft versichern, ein weichherziger, liebe- und rücksichtsvoller Mensch. Sein Sohn Fedor schilderte ihn als den zärtlichsten Vater, den man sich denken kann, der seine Kinder damals schon antiautoritär erzog. Aber auf dem Foto trägt er natürlich sein Dienstgesicht, und man sieht ihm an, dass ihm der Titel „Exzellenz“ gebührte.

Zu diesem Foto fällt mir noch eine kleine Geschichte ein: Im Jahre 1978 (aus Gründen, die ich vielleicht noch irgendwann erzähle, ist mir dies Jahr unvergesslich) führte mein Kollege am Tübinger Uhlandgymnasium Dr. Johannes Otto mit seiner Theatergruppe Dürrenmatts „Physiker" auf. In diesem Stück benötigt man ein Bild eines Kommandierenden Generals, das da an der Wand hängen muss, damit sich ein Dialog daran anknüpfen kann. Da kam Herr Otto zu mir, ich könne doch ein bisschen malen, ob ich ihm nicht für diese Aufführung einen General malen würde. „Doch", sagte ich, „das mache ich Ihnen." Ich musste nur jenes Schwarz-Weiß-Foto in Farbe setzen und das Bärbeißig-Martialische daran gehörig herausstreichen, und schon konnten die „Physiker" stilecht in Szene gehen. Das Gemälde machte großen Eindruck – vom Chef gemalt!

So viel also von dem „Stall", aus dem mein Schwiegervater, und darum ja letztlich auch meine liebe Frau her stammt. Jetzt wartet ihr aber immer noch darauf, dass mein Vater endlich in Haspe auftaucht – Geduld, er kommt gleich. Es hatte schon seinen Sinn, dass ich erst noch von jenem Schwiegervater-„Stall" erzählt habe, denn es musste doch erklärt werden, woher der schöne Ausdruck „Stall" kommt. Außerdem wollte ich euch schon jetzt, zu Anfang meiner ganzen Geschichte, alle drei „Ställe", die für mein Leben von Bedeutung geworden sind, vor Augen stellen, erstens den Hasper „Stall", aus dem meine Mutter stammt: Den habt ihr im vorigen Kapitel kennengelernt. Dann soeben den preußischen Landwirts-, Offiziers- und Pfarrers-„Stall", aus dem meine liebe Christa ihr Dasein herleitete. Und jetzt komme ich auf den dritten zu sprechen, aus dem mein Vater kam, als er in Haspe die Szene betrat.

Dieser „Stall" umfasste die Juden, oder richtiger gesagt: einen Teil der Juden, die damals in Deutschland lebten, nämlich die sogenannten „Assimilierten". Das war aber der weitaus größte Teil der deutschen Juden damals. Um euch das recht verständlich zu machen, muss ich jetzt, so kurz wie möglich, ein bisschen Geschichte dozieren. – Juden gibt es in Deutschland seit weit mehr als 1000 Jahren, sie sind vermutlich schon mit den Römern ins Land gekommen. Dramatisch verschlechtert hat sich ihre Lage im Mittelalter, besonders infolge der furchtbaren Pestepidemie der Jahre 1348 bis 1350. Damals kamen Gerüchte auf, die Juden seien an der Pest schuldig, sie hätten die Brunnen vergiftet. Dass das unsinnig ist, geht schon aus der Überlegung hervor, dass von den Brunnen alle abhängig waren, die Juden nicht weniger als die Christen. Aber es genügte, um den religiösen

Christas Großväter: links General Erich Goebel, rechts Pfarrer Otto Bowien

Fanatismus, der seit den Kreuzzügen latent vorhanden war, gewaltig zu entfachen und die Juden, als „Mörder des Heilands", grausam zu verfolgen. In Mainz beging, so liest man in einem zeitgenössischen Bericht, im Jahre 1348 die ganze Judengemeinde, weil sie sich anders nicht mehr zu helfen wusste, gemeinsam Selbstmord. Erst seit dieser Zeit war es die Regel, dass die Juden in Ghettos eingesperrt wohnten, dass ihnen die Kleidung vorgeschrieben war, damit sie überall erkennbar wären, und dass ihre Erwerbsmöglichkeiten streng geregelt waren: Sie durften nur Klein-, Trödel- und Viehhandel treiben oder Geldgeschäfte machen – das Letztere war nämlich den Christen streng genommen verboten; sie lernten es dann aber auch, wie etwa die bekannte Familie Fugger in Augsburg.

Man muss dazu aber wissen, dass die Juden sich auch aus eigenem Antrieb von der übrigen Bevölkerung absonderten, – das hatten sie von jeher getan. Es ist ja alles andere als normal, dass die Juden nach der Zerstörung ihres Jerusalemer Tempels anno 70 nach Chr., als sie aus ihrer Heimat in alle Winde zerstreut wurden, unter den Völkern, bei denen sie jetzt als kleine Minderheiten lebten, überhaupt erhalten blieben. Normal wäre es gewesen, wenn sie durch Hin- und Her-Heiraten mit Nichtjuden nach allerhöchstens fünf Generationen nicht mehr auffindbar gewesen wären. Aber die Juden heirateten nur unter sich, und sie bewahrten ihre angestammte Religion mit heiligem Eifer, fast 2000 Jahre lang. Das fand erst im 18. Jahrhundert, im Zeitalter der europäischen Aufklärung, sehr allmählich sein Ende, als Lessing seinen „Nathan" schrieb und in Preußen Friedrich der Große, in Österreich Kaiser Joseph II. ihre Toleranzedikte erließen. Joseph II. nahm das Edikt nicht einmal zurück, als ihn der Papst, um ihm die Rücknahme dringend nahezulegen, eigens in Wien aufsuchte (damals war eine päpstliche Auslandsreise noch ein höchst ungewöhnliches Ereignis). Allerdings haben Josephs Nachfolger auf dem Wiener Kaiserthron die Toleranz praktisch mehr oder weniger wirkungslos gemacht. – Dagegen im Bismarck'schen Deutschen Reich von 1871 wurde die bürgerliche Gleichberechtigung aller Staatsangehörigen, auch der Juden, in der Verfassung festgeschrieben.

Und jetzt gaben auch viele Juden in Deutschland ihre ‚heilige' Selbstabsonderung nach und nach auf: Sie konnten alle Berufe ergreifen, sie konnten, wenn's klappte, Nichtjuden heiraten, sie „assimilierten" sich. Sie konnten sich auch gleich christlich taufen lassen. Das taten aber nur wenige, denn im Zuge der allgemeinen Aufklärung war das religiöse Bekenntnis des Einzelnen weithin eine Sache von untergeordneter Bedeutung geworden, – weshalb sollte man also sich die Mühe machen und sich taufen lassen? Zwar hatte man, wenn man getauft war, bessere Chancen im beruflichen Vorwärtskommen. Aber völlig gleiche Chancen konnte, das spürten die Juden sehr deutlich, auch die Taufe nicht bringen. Also behielten die meisten Juden ihre altvertraute Religion weiterhin bei, viele nahmen sie aber, genau wie viele Christen die ihre, nicht mehr so wichtig.

Es gab daneben einige eifrige Juden, die die allgemeine Tendenz zur Assimilation sehr missbilligten. Der in Budapest geborene, in Wien lebende Theodor Herzl etwa hatte, vor allem nach der skandalösen Dreyfus-Affäre in Frankreich (was da los war, könnt ihr in jedem Lexikon nachlesen) wenig Zutrauen zu der gepriesenen Toleranz. Er begründete in Wien und dann in Basel den „Zionismus", der einen eigenen jüdischen Staat in Palästina anstrebte. Rein zahlenmäßig hatte er damit fürs Erste wenig Erfolg: Die meisten Juden, auch wenn sie bei ihrer alten Religion blieben, waren entschieden für Assimilation, für Anpassung, fürs Dableiben in Europa, nicht für Auswanderung nach Zion.

Hier kann ich die allgemeine Geschichts-Dozentur schon wieder aufgeben und weiterhin von dem speziellen „Stall“ meines Vaters reden. Mein Vater hatte eine zahlreiche und weit verstreute jüdische Verwandtschaft. Das kam daher, dass die Juden allgemein und schon immer das Kinderkriegen für etwas sehr Wichtiges und Nötiges und für einen Gottessegen hielten, anders als es heute in Deutschland üblich geworden ist, wo man fast nur noch ausrechnet, wie viel Geld Kinder kosten und wie sehr sie einen in der beruflichen Karriere hindern. (Übrigens: Wenn ich das so hinschreibe, heißt das nicht, dass ich zu der großen Heerschar derer gehöre, die behaupten, früher sei alles viel besser gewesen. Man kann genauso zutreffend – und genauso unzutreffend – behaupten, so wie es jetzt ist, sei es immer richtig. Es kommt nämlich darauf an, aus dem, was „jetzt ist“, etwas Rechtes zu machen, und das müssen die Heutigen tun, nicht die Gestrigen und Vorgestrigen wie ich und meinesgleichen. Ich traue unseren jungen Leuten zu, dass sie das können und werden.) – Nun also weiter: Auch unter den Vorfahren meines Vaters waren ein paar sehr Kinderreiche. Meines Vaters Großvater, also mein Urgroßvater Löb Steinthal, geboren 1822 in Mogendorf im Westerwald, hatte mit seiner Ehefrau Eva geborenen Heli acht Kinder, und alle hatten ihrerseits wieder Nachkommen. Und zwei Generationen vorher hatte mein Ur-Ur-Ur-Großvater Isaak Levi (1767-1847) mit seiner Ehefrau Charlotte geborene Kusiel 14 Kinder, von denen nur eines unvermählt starb. – Ich habe mich, (soll ich sagen: „leider“?), um Familiengeschichte nie sehr gekümmert. Mein Vater hat das mehr getan, und meine ältere Schwester Ruth auch. Aber da mein Vater seit über 50, meine Schwester Ruth seit fast 25 Jahren nicht mehr leben, habe ich niemanden mehr, den ich fragen könnte. Ich muss mich also begnügen, im Folgenden bei einigen Personen, von denen ich zu erzählen habe, einfach

Urgoßvater Löb Steinthal, ca. 1890 in Koblenz.

zu sagen: Sie gehörten zu der weitverzweigten Verwandtschaft meines Vaters (wir sagten in der Familie meistens: „Sie gehörten zur ‚Mischpoche'"), aber genauere Auskunft, wie und wo sie dazugehörten, muss ich schuldig bleiben. – Das Wort „Mischpoche" (das „o" spricht man lang und geschlossen, wie in „Ofen", und es wird betont) ist jiddisch und heißt „Verwandtschaft". Dass wir dafür eigens so ein klangvolles Fremdwort hatten, zeigt, wie wichtig Verwandtschaft in meines Vaters „Stall" doch war und wie sehr ich aus der Art geschlagen bin, wenn ich mich nicht darum kümmerte.

Jetzt zeige ich euch an vier Beispielen, alle aus unserer Mischpoche stammend, wie sehr damals (also in der Zeit etwa von 1850 bis 1933) unter den Juden die Tendenz zur Assimilation das Normale war. – Ich besitze ein in schwarzen Samt gebundenes Gebetbuch der jüdischen Gemeinde Koblenz, gedruckt im Jahre 1872 – unsere Mischpoche stammte nämlich teilweise aus dem Raum Stuttgart-Esslingen, zum anderen Teil aus der Gegend Koblenz-Lahn-Sieg-Westerwald. Mein Urgroßvater Löb Steinthal war (siehe oben) in einem Dorf im Westerwald geboren, starb aber 1896 in Koblenz, 24 Jahre nach dem Erscheinen jenes Gebetbuches. Ich nehme an, dass es aus seinem Besitz stammt. Das Buch bringt die Gebete erst in hebräischer, dann in deutscher Sprache, vermutlich weil nicht mehr alle Gemeindeglieder das Hebräische gut verstanden. Noch aufschlussreicher ist, dass der Herausgeber, der Koblenzer Rabbiner Ben Israel, im Vorwort mitteilt, er habe die traditionellen Gebete zwar unverändert gelassen, aber einige Einzelheiten in der hebräischen Fassung nur in Kleindruck gebracht und in der deutschen Übersetzung sogar ganz getilgt – Einzelheiten, die, wie er schreibt, „heute von vielen Zeitgenossen, als ihrer religiösen Überzeugung widersprechend, nicht mehr gebetet werden" und die daher in diesem Gebetbuch „der stillen Andacht überwiesen" worden seien. Er zählt dann Punkt für Punkt auf, was er alles klein gedruckt beziehungsweise getilgt hat, nämlich alle Stellen,

1. die eine Überhäufung von Ausdrücken für ein und denselben Begriff bringen (damit hat er, kurz gesagt, die Poesie der hebräischen Gebete in nackte Prosa umgesetzt), oder
2. die auf den Untergang der Feinde Israels hinweisen, oder
3. die von Visionen oder von der Tätigkeit von Engeln sprechen, oder
4. in denen um die Wiederherstellung der Tieropfer gebetet wird, oder
5. in denen die Rückführung von Gesamt-Israel nach Palästina und

die Aufrichtung eines weltlichen Reiches ebendort propagiert wird, und schließlich solche Stellen,
6. die die Vorstellung der „Auferstehung des Leibes" zum Ausdruck bringen.

Die Punkte 1, 3 und 6 zeugen von dem kruden Rationalismus jener „Zeitgenossen": Poetischer Wortreichtum, Visionen, Engel, leibliche Auferstehung, damit konnte man nichts mehr anfangen, nicht einmal in einem Gebetbuch. Die Punkte 2 und 5 enthalten eine ebenso klare Absage an den Zionismus und ein Bekenntnis zur Assimilation: Man sah die Völker, unter denen man lebte, nicht mehr in Bausch und Bogen als „Feinde Israels". Man wollte unter ihnen leben, wollte so leben wie sie, und friedlich leben, und keinesfalls stattdessen im Nahen Osten ein weltliches Reich Israel aufrichten.

Zweites Beispiel: Ein mir besonders sympathischer Angehöriger der Mischpoche, der Stuttgarter Buchhändler Hermann Levi aus der Calwer Straße 25, soll einmal, wie ich gehört habe, als im Familienkreise das Wort „Zionismus" fiel (es muss um 1930 herum gewesen sein) eingeworfen haben: „Ja, davon redet man jetzt viel, aber wisst ihr, wir sind Deutsche". Wenige Jahre später war Hitler an der Macht, Hermann Levi musste mit Familie auswandern, nach Palästina (!), und konnte von Glück sagen, dass ihm das noch möglich war. In der neuen Heimat (den Staat Israel gab es offiziell noch nicht) brachte er sich mit Violinunterricht durch. Seine beiden Töchter Suse und Agathe legten ihre deutschen Vornamen ab und nahmen jüdische an, weil sie mit Deutschland auch nicht das Allergeringste mehr zu tun haben wollten – man kann's ihnen nachfühlen! –, wohl aber die Eltern Hermann Levi und seine Frau Lucie geborene Dessauer (sie stammte aus Tübingen, wo ich heute sitze und dies schreibe; ihr Elternhaus stand, und steht heute noch, in derselben Uhlandstraße, in der ich später fast ein Vierteljahrhundert lang das Tübinger Uhlandgymnasium geleitet habe. Ich habe ihrer im Vorbeigehen oft gedacht!): Hermann und Lucie Levi also wurden eine gewisse Sehnsucht nach Deutschland nicht so einfach los, sie korrespondierten nach dem Krieg noch bis zu meines Vaters Tode (1955) mit ihm, und einmal haben sie uns auch in Stuttgart noch besucht, ehe sie dann beide im Jahre 1969 starben.

Drittes Beispiel: Ein weiteres Mitglied der Mischpoche, das ich sogar genau einordnen kann, der Schwiegervater meines Großvaters Bernhard Steinthal, also mein Urgroßvater Adolf Levi, war Konditor und betrieb in Stuttgart ein Café, Ecke Gymnasium- und Calwer Straße, gar nicht weit von der Buchhandlung Levi. – Von diesem Konditor besitzen wir noch ein handgeschriebenes Rezeptbuch für seine Konditoreiwaren, mit hübschen Zeichnungen für die Tortengarnierung, und ich persönlich habe nach ihm meinen zweiten Vornamen Adolf bekommen, wovon ich aber keinen Gebrauch mache, weil er mir stinkend geworden ist. – Dieser Adolf Levi also änderte im Jahre 1884 seinen Familiennamen und schrieb sich fortan „Adolf Lener", weil er assimiliert sein, also nicht mehr als Jude, sondern eben als Deutscher wahrgenommen werden wollte.

Das vierte Beispiel ist mein eigener lieber Vater. Er hat bei mehreren Gelegenheiten deutlich gezeigt, dass er sich als Deutscher fühlte – davon wird noch die Rede sein. Im Moment will ich nur erzählen, dass er, als er in Haspe auf der Bildfläche erschien, nicht mehr Religionsjude, sondern religions- und konfessionslos war. Er hatte sich, als er aus dem Ersten Weltkrieg nach Hause kam, von der jüdischen Religionsgemeinschaft formell abgemeldet. Dass er mit diesem Schritt seinen Eltern großen Kummer bereitet hat, nehme ich nicht an: Die Eltern pflegten die religiösen Gebräuche auch nur noch recht äußerlich, und dass auch sie als Deutsche gelten wollten, dafür gibt es einen klaren Beweis. Sie wohnten bis 1918 in Mülhausen im Elsass, mein Großvater war dort Teilhaber der Möbelfabrik „Gebr. Steinthal". Etwa um dieselbe Zeit, als mein Vater aus der jüdischen Religionsgemeinschaft austrat – das Elsass war nach dem Krieg gerade wieder einmal französisch geworden –, mussten sie sich entscheiden, ob sie in Mülhausen bleiben und die französische Staatsangehörigkeit annehmen oder als Deutsche nach Deutschland auswandern wollten. Sie wählten das Letztere. – Mein Großvater Bernhard Steinthal ist mit seiner Frau Emma (geborene Lener, einer Tochter jenes Konditors, der den Namen Levi abgelegt hatte) auf dem Stuttgarter Pragfriedhof, im israelitischen Teil, beerdigt. Auch ihre Grabinschrift ist deutsch geschrieben – viele Juden zogen auf Grabsteinen damals noch die hebräische Schrift vor. Wir, Christa und ich, haben das Grab im Sommer 2002 besucht; nach Christas Tode war ich mit meiner Tochter Henriette noch einmal dort. Wir konnten die Inschrift immer noch gut lesen, – aber aufgefunden habe ich das Grab nur mit Mühe, weil der große Grabstein vom „Lumpen-Wolf", an dem ich mich sonst orientiert hatte, inzwischen von Efeu ganz und gar, bis zur völligen Unkenntlichkeit, überwachsen ist. Der dort Bestattete hatte als Lumpenhändler angefangen, war zuletzt ein reicher Mann gewesen und war – man darf da schon sagen: gottlob – kurz vor der furchtbaren Hitler-Zeit gestorben und hatte deshalb noch ein reiches Grabmal bekommen. – Man muss übrigens bei der Friedhofsverwaltung erst den Schlüssel holen, der Friedhof liegt hinter Gittern verschlossen, weil er natürlich kaum besucht wird. Auch fürchtet man vielleicht Grabschändungen...

So, jetzt habt ihr diese drei „Ställe“ gesammelt vor euren Augen stehen: den Hasper, den preußischen und den jüdischen, und könnt unschwer ermessen, dass sie tatsächlich höchst unterschiedlich sind. Man kann kaum annehmen, dass es vom Schicksal zwingend vorgesehen war, dass sie sich berührten. Und doch haben sie sich berührt, erstens in meinen beiden Eltern, und dann auch in meiner lieben Frau und mir, das ist unbestreitbar. Was kann man dazu sagen oder denken? Mein Schwiegervater Fedor Goebel hat tatsächlich etwas dazu gesagt, bei jener „denkwürdigen Gelegenheit“, auf die ich ganz am Anfang dieses Kapitels angespielt habe.

Da war ich nämlich nach unserer Verlobung 1949 unverzüglich zu meinen künftigen Schwiegereltern nach Nienburg an der Weser gereist, um mich ihnen vorzustellen und ihre Zustimmung zu unseren Plänen zu erbitten. Ja, so kann und muss man sagen, obwohl Christa und ich so felsenfest entschlossen waren, uns zu heiraten, dass wir's

Vater Ludwig Steinthal mit seinen beiden Schwestern Mädi und Lilli (rechts) und den Eltern Emma und Bernhard Steinthal (sitzend).

vielleicht, notfalls, sogar ohne elterliche Zustimmung getan hätten. Nun, ob wir's wirklich getan hätten, wer will das sagen? Jedenfalls, besser ist besser: An der Zustimmung unserer beiden Elternpaare lag uns sehr viel. – Die teils komischen, teils grotesken, teils sogar fast tragischen äußeren Umstände, unter denen jene denkwürdige Gelegenheit damals im Januar 1949 vor sich ging, die spare ich mir zum Erzählen für später auf und will jetzt nur über jenes Gespräch selbst berichten. Was sagte also damals mein künftiger Schwiegervater? Zweierlei.

Erstens sagte er, gleich bei unserem ersten, noch recht wortkargen Gedankenaustausch, es sei freilich wohl das Einfachste, sich seinen Ehepartner aus dem „Stall" zu wählen, in dem man selber zu Hause sei. Er sagte übrigens wohl mit voller Absicht nicht „aus der Gesellschaftsschicht", vermutlich weil er durch das Wort „Stall" unserem Beisammensein etwas von der Steifheit und Wortkargheit nehmen und dafür etwas mehr volkstümliche Leichtigkeit hineinbringen wollte – das war dankenswert. In den Worten „freilich wohl" lag außerdem angedeutet, dass man seinen Partner „freilich wohl" auch anderswo wählen könne. Ich sagte darauf wenig, oder wahrscheinlich sogar gar nichts, sondern nickte nur gedankenvoll mit dem Kopf, was er ohne Weiteres als Zustimmung auffassen durfte, – es lag gar nichts daran, wie er es auffasste, denn wir alle drei, die wir da bei Goebels im Wohnzimmer zusammensaßen – meine Schwiegermutter in spe war natürlich auch zugegen – hatten das deutliche und zutreffende Gefühl, dass im Moment gar nichts mehr zur Debatte stand, – Christa und ich waren ja entschlossen, das wussten auch Christas Eltern. Christa hatte ihnen oft genug von mir und unserer Freundschaft geschrieben, und sofort nach unserer Verlobung (die geschah abends) schrieb sie noch in der Nacht einen langen, langen Brief nach Hause und kündigte meinen Besuch an.

Es lohnt sich, noch weiter klarzustellen, was Christas Vater damals *nicht* sagte. Er sagte nicht, es sei unbedingt nötig, die Ehefrau im eigenen „Stall" zu suchen, und nicht einmal, es sei doch unter den vielen Möglichkeiten die weitaus beste. So unklug dachten und redeten meine Schwiegereltern von allem Anfang an nicht. Rückblickend vermute ich, dass sie unseren Entschluss schon gleich anfangs insgeheim guthießen, wie man eben das Notwendige gutheißt, oder richtiger, wie man das Gute gutheißt, auch wenn es in sehr ungewöhnlicher Gestalt, nämlich schlicht als Notwendiges und Unvermeidliches, in Erscheinung tritt. Denn wenn die Eltern Goebel damals auch nur das

Glück ihres Kindes im Auge hatten – mein Glück, und dass ich nun gefunden hatte, was mir nötig war, das durften sie getrost mir überlassen –, dann kann ihnen unmöglich verborgen geblieben sein, dass eben auch ihre Christa jetzt gefunden hatte, was für sie notwendig war.

Tatsächlich zeigte sich bald, als unsere anfängliche Befangenheit etwas überwunden und es inzwischen auch Nachmittag geworden war – unser erstes Gespräch hatte am Vormittag stattgefunden –, dass die persönlichen Neigungen und Anschauungen von uns vieren, uns beiden Jungen und die der beiden Alten, längst nicht so weit auseinanderlagen, wie die beiden einander fremden „Ställe" das vielleicht hätten vermuten lassen. Um nur eines zu erwähnen: Wir alle vier hatten große Freude am Wandern. Die Eltern Goebel waren als junge Eheleute 1930, so erzählten sie beim Nachmittagskaffee, in den Karpaten, in der Hohen Tatra, gewandert und hatten da sogar einen veritablen Bären zu Gesicht bekommen. Oder sie waren von Karlsruhe, wo Fedor Goebel studierte, zur Hornisgrinde hinaufgeklettert, das sind fast 1000 Meter Höhenunterschied. Diese und andere Übereinstimmungen merkten die Eltern bald, und sehr bald sprachen sie das auch aus, und mit Freude; dafür waren Christa und ich dankbar.

Das Zweite, was mein präsumtiver Schwiegervater dann, etwas später am Tage, noch sagte, das gehört, wie mir jetzt klar wird, so sehr schon zu den komisch-grotesken äußeren Umständen der damaligen Angelegenheit, dass ich es erst später, an seinem Orte, erzählen kann und will. Keine Angst, ich denke bestimmt daran. Es gibt Dinge, die vergisst man nicht.

Jene ersten Worte des Schwiegervaters gingen mir jedoch in den folgenden Zeiten noch vielfach durch den Sinn, und je länger das geschah, desto klarer merkte ich, dass nicht einmal das Wenige, was er gesagt hatte, ganz stimmt. Es ist nicht unbedingt das Einfachste, den Ehegenossen, die Ehegenossin im eigenen „Stall" zu suchen. Manchmal ist gerade das, was einfach scheint, schwierig, und umgekehrt. Das liegt daran, dass zwar jeder Mensch aus einem eigentümlichen „Stalle" herkommt, aber damit ist sein Wesen und sein Lebensweg höchstens zur Hälfte vorgezeichnet. Zur anderen Hälfte (mindestens!) ist jeder Mensch ein unverwechselbares und unwiederholbares Individuum, eine Person. Diese Person kann sich zu ihrem „Stalle" höchst unterschiedlich verhalten, entweder geht sie fröhlich und problemlos darin auf, oder sie revoltiert gegen ihn, und zwischen diesen Extremen gibt es jede Menge besonderer Möglichkeiten. Mir unerfahrenem Jüngling war das bei jener „denkwürdigen Gelegenheit" vielleicht noch nicht einmal genügend bewusst, aber zweifellos wussten es die Goebel-Eltern auf Grund ihrer Lebenserfahrung. Denn auch in ihrem Leben finden sich unverkennbare Beispiele von Auflehnung gegen den eigenen „Stall".

Um zum Exempel nur gleich meine liebe Schwiegermutter Charlotte Goebel geborene Bowien selbst anzuführen: Sie war die mittlere der drei Töchter jenes schon erwähnten Pfarrers Otto Bowien. Bald nach Beginn des Ersten Weltkriegs bat sie bei einem Besuch in Berlin den Hofprediger Döhring, der mit ihren Eltern befreundet war – aber, wohlgemerkt, ohne dass sie mit den Eltern darüber vorher gesprochen hätte, – er möge ihr doch eine Stelle als Schwesternhelferin in einem Soldatenheim vermitteln; sie wusste, dass er mit diesen Heimen dienstlich zu tun hatte und etwas für sie tun konnte. Als sie dies den Eltern nachher eingestand, gab es erst großen Verdruss, besonders von Seiten ihrer Mutter, aber der Vater Pfarrer nahm sie dann beiseite und sagte anerkennend: „Bist doch ein forsches Mädchen!" Damit war's dann klar, dass sie durfte. – Im Jahre 1917 kam sie, gerade 20-jährig, zum Einsatz in Bozanti in der hintersten Türkei, im Taurusgebirge; die Türkei stand in jenem Krieg als Verbündete auf der deutschen Seite. Die große Kalamität, dass als Mindestalter für die Schwestern dort eigentlich 30 Jahre festgelegt waren, wurde zu spät entdeckt, als dass man sie, von der Hintertürkei aus, noch hätte nach Hause schicken können. Wie unabsehbar diese Heimfahrt für ein allein reisendes Mädchen hätte sein können, ermisst man, wenn man Charlotte Bowiens Bericht über die Hinfahrt liest, die für die ganze Gruppe schon abenteuerlich genug war, mindestens sobald man jenseits des Bosporus war: Da hatten zum Beispiel die Eisenbahnwagen weder Fensterscheiben noch ein WC; seine ‚Bedürfnisse' erledigte man, bei Gelegenheit irgendeines Zughaltes, in der Steppe neben dem Gleis, wo es weder Baum noch Busch gab. – Der erwähnte Bericht umfasst aber nicht nur jene Hinfahrt, sondern die ganze Bozanti-Zeit. Aus ihm habe ich das alles entnommen.

War nun dies türkische Abenteuer, unter den rauen Kriegern, die in dem Heim aus- und eingingen, diesem jungen Pfarrerstöchterchen etwa von ihrem „Stalle" vorgezeichnet gewesen? Bewahre! – Das war weit eher ein Akt der Auflehnung dagegen. Ihre Eltern, die Pfarrersleute, machten sich Sorgen, aber sie waren erfahren, vertrauensvoll und weise genug, um schließlich beide „Ja" dazu zu sagen. Am Ende ging die Tochter aus dem Abenteuer gesund an Leib und Seele hervor und war ihren Eltern für diesen Erfahrungsgewinn sicher dankbar. – Unter den unschätzbaren Erfahrungen und Erinnerungen, die sie aus Bozanti in ihr ferneres Leben mitnahm, war eine große Liebe. In dem Soldatenheim hatte eine Zeitlang ein Arzt, Dr. Bentmann, Dienst getan, und diese beiden hatten dort ihre große Liebe erlebt. Werden konnte daraus nichts –, er war in der Heimat verheiratet und hatte Kinder. Er hat der Schwester Lotte zum Abschied ein Büchlein mit Gedichten, das „Hausbuch“ von Ferdinand Avenarius, geschenkt, mit einer kurzen Widmung darin. Wir besitzen es noch. – Hätte das Abenteuer auch weniger gut ausgehen können? Aber ja doch, das Leben ist kein „Kirschen-Essen“, wie auch mein Onkel Willi in seinem letzten Brief angemerkt hat, es ist immer riskant. Auch mit dem weniger Guten hätte man leben müssen, und hätte es auch können, und ebendarum wäre es am Ende vielleicht sogar gut gewesen.

Nun aber weiter. Kaum war Charlotte Bowien aus der Türkei wieder daheim, da begann sie prompt eine Ausbildung als Opernsängerin. Man denke: Zum Theater wollte sie! Das war ihr von ihrem „Stall“ noch viel weniger vorgezeichnet, solche Berufe kamen im „Stalle“ nicht einmal an den äußersten Rändern vor. Sie hatte aber eine glockenhelle, sehr hohe Sopranstimme, und somit war, für sie als individuelle Person, diese Berufswahl nicht unsinnig. Sie hätte möglicherweise, weil sie nicht ganz überragend musikalisch war, ab und zu Schwierigkeiten mit dem Einstudieren der Gesangsrollen gehabt, aber das haben viele Sänger: Eine hervorragende Stimme ist nicht immer gekoppelt mit extremer Musikalität. Ein solcher Mangel lässt sich mit Korrepetition sehr gut ausgleichen.

Charlotte Bowien stand unmittelbar vor ihrem ersten Engagement, da lernte sie Fedor Goebel kennen und verlobte sich kurzerhand mit ihm – sie war ihr Leben lang sehr entschlussfreudig. Nun, ihr Fedor kam aus demselben „Stall“ wie sie selbst, und so kehrte sie schließlich und endlich doch dahin zurück. Aber auch dies „Zurück“ war kein einfacher Entschluss, denn ihr Ehemann war nicht nur „nicht ganz überragend musikalisch“, er war schlicht stockunmusikalisch, – bitte, das ist kein Charakterfehler, man kann ruhig darüber sprechen. Meine Schwiegermutter musste durch ihre Eheschließung auf manches verzichten. Ihr Mann hat aber ihrem Gesang, da es eben ihrer war, hin und wieder sogar gerne gelauscht. 56 Ehejahre waren ihnen vergönnt, ehe Charlotte Goebel im Juni 1978 mit 81 Jahren verstarb. Fedor Goebel verlebte die restlichen 13 Jahre seines Lebens in unserem Hause in Tübingen, und ich habe mich, um das zum Abschluss dieses „Stall"-Kapitels doch auch ausdrücklich zu sagen, mit ihm, wie auch vorher mit seiner Frau, immer sehr gut verstanden.

Viertes Kapitel

Weil im Dorf oder Weilimdorf?

Mein Vater Ludwig Steinthal hat in Haspe nur ganz wenige Jahre gelebt und gearbeitet. Das Bürgermeisteramt Haspe bescheinigte am 5. Januar 1923, dass er dort als selbstständiger Kaufmann eine „Vertretung für Metallguss und Werkzeuge" angemeldet hat. Wie er in die Metallbranche geraten ist, weiß ich nicht, er war gelernter Schreiner, hatte also eigentlich mit Holz zu tun. – Er lernte dann sehr bald Jettchen Patze kennen und lieben, sie heirateten und hatten im Februar 1924 als erstes Kind meine ältere Schwester Ruth, dann kam ich im September 1925. Unsere Jüngste, Herta, ist im September 1927 schon in Weil im Dorf geboren.

Wie stellte sich die Hasper Sippschaft zu dem hereingeschneiten Ludwig Steinthal und seinem Ansinnen, ihr Jettchen einfach wegzuheiraten? Mein Vater hat zu uns Kindern nie darüber gesprochen, er war, was seine Person angeht, überhaupt wenig gesprächig. Auch von Seiten der Hasper kam das Problem nie zur Sprache. Ich bin aber fest überzeugt, dass davon nur deswegen nicht gesprochen wurde, weil es kein Problem war und es nichts dazu zu sagen gab. Dass mein Vater von Hause aus Jude und jetzt religionslos war: wie hätte man daran in einer so gemischten Gesellschaft, wie sie in Haspe nun einmal bestand, Anstoß nehmen sollen? Da lebten im engsten Familienumfeld fromme Mitglieder des christlichen Jungfrauenvereins wie Jettchen und Mimi, und in der Wolle gefärbte Kommunisten wie Willi und Grete friedlich nebeneinander. Und zwar lebten sie in der Familie wirklich friedlich. An Debatten oder gar Zank über solche Unterschiede entsinne ich mich in keiner Weise. Man sah außerdem, dass Ludwig (oder „Luttwich", wie dieser Name in Haspe tönt, auch meine Mutter sagte so) seinen guten Verdienst hatte und eine Familie ernähren konnte. Und dass gegen Liebe kein Kraut gewachsen ist, das wusste man. Das wissen einfache Menschen oft besser als Hochgebildete. Wenn also jemand von den Ihrigen sein liebendes Herz einem von auswärts geschenkt hatte, dann war der eben kein Auswärtiger mehr, sondern gehörte einfach dazu. So muss es gewesen sein, denn mein Vater gehörte in Haspe ganz unverkennbar von Anfang an „einfach dazu".

Bei dem Stichwort, dass gegen Liebe kein Kraut gewachsen ist, kann ich nicht umhin, kurz abzuschweifen. Der altgriechische Dichter Theokrit hat eine Anzahl Idyllen geschrieben, erzählende Gedichte (Idyllion heißt eigentlich „Bildchen"). Eines der schönsten davon beginnt mit den Worten „Gegen die Liebe gibt es kein anderes Heilmittel, weder Salbe noch Pflaster, als allein die Musen (gemeint ist:

die Dichtkunst). Das ist ein sanftes und angenehmes Mittel; zu finden ist es jedoch nicht leicht." Das Gedicht trägt die Überschrift „Der Kyklop", es schildert nämlich, wie der grausige, schwärzliche, zottige Kyklop sich in die milchweiße, zarte Galatea verliebt und sich von dieser, natürlich völlig aussichtslosen, Liebe dadurch heilt, dass er die Schöne bedichtet: In einem kleinen Idyllion innerhalb des größeren Idyllions besingt er sie aufs Ergreifendste, lockt sie etwa damit, dass er, als großer Schafhirte, der er ist, doch sehr reichlich Quark besitze, und so weiter. – Dieses charmante Theokritgedicht (es ist in Hexameter-Versen abgefasst) habe ich in unserer Verlobungszeit in deutsche Hexameter übertragen und meiner lieben Christa gewidmet, weil ich mir nämlich, gegenüber dieser sehr hübschen Braut, immer ein bisschen wie der grausliche Kyklop vorkam. Christa hat sich über das Geschenk sehr gefreut. Ende der Abschweifung.

Ludwig und Jettchen unternahmen von Haspe aus viele schöne Wanderungen. Die nähere und weitere Umgebung dieser unschönen Ruß- und Kohlenstaubstadt war nämlich (und ist auch heute noch) sehr schön. Mein Vater war begeisterter „Wandervogel". Seinen sehr zerlesenen, viel benutzten „Zupfgeigenhansl" – das ist das Liederbuch des Wandervogel-Bundes, auf Dünndruckpapier gedruckt, damit man es im Rucksack leicht mitnehmen kann, und mit schönen Schwarz-Weiß-Holzschnitten verziert – besitze ich noch und benutze es auch selbst noch immer mal wieder. Alle Jugendfreunde meines Vaters stammten aus diesem Milieu. Wir haben später, beispielsweise bei unseren Ausflügen von Weilimdorf aus, einige davon kennen gelernt: höchst sympathische Menschen.

Zu meiner Geburt im September 1925 bekam mein Vater neben anderen Glückwünschen auch einen von seinem Vater, auf einer Postkarte. Ich habe sie hier vor mir. Als Absender ist angegeben: Bernhard Steinthal, Weil im Dorf, O.A. (= „Oberamts") Leonberg. In Weil im Dorf hatte er nach seinem Auszug aus dem Elsass ein Haus gekauft und seinen Wohnsitz genommen. Seine Frau, meine Großmutter Emma Steinthal, war im Dezember 1922 schon gestorben. – Aus jener Postkarte geht des Weiteren hervor, dass Bernhard Steinthal seinen Lebensunterhalt jetzt offenbar auf Reisen verdiente; er teilt mit, seine Adresse sei in den nächsten zirka sechs Tagen das Hotel „Victoria" in Frankfurt am Main. Ich vermute, er war jetzt als Reisevertreter für Möbelfabriken tätig; das war ja, von der ehemaligen Mülhausener Möbelfabrik Steinthal her, sein Metier. – Ein halbes Jahr nach dieser Glückwunschkarte verstarb er plötzlich am 17. April 1926. Ich habe somit meine beiden Großeltern väterlicherseits nie kennengelernt. – Mein Vater übernahm das Haus und zog noch im Jahre 1926 mit seiner jungen Familie nach Weil im Dorf.

Ludwig Steinthal und Henriette als jung verheiratetes Ehepaar.

Was ist das aber für ein seltsamer Ortsname: Weil im Dorf oder Weilimdorf? Und welches ist denn die richtige Schreibweise? – Der Ort hat früher einmal einfach Weil geheißen. Da es aber in der Nähe noch ein zweites Weil gibt, welches im Mittelalter Stadtrecht und eine Stadtmauer und Türme bekommen hatte, nannte man jenes städtische Weil zur besseren Unterscheidung „Weil der Stadt", und unser Dörfchen bezeichnete man als „Weil im Dorf"; beide Namen wurden in je drei Worten getrennt geschrieben. – Schön, aber weshalb denn so komisch „Weil *der* Stadt" und nicht einfach „Weil, die Stadt" und entsprechend „Weil, das Dorf"? Das kommt daher, dass früher viele Ortsnamen nicht im Nominativ standen, denn den Nominativ braucht man nur in leblosen Listen, etwa auf einem Amt, sondern im Dativ; den kann man nämlich in lebendigen Sprechsituationen verwenden. Wenn man etwa einen Satz beginnt mit den Worten „Ich wohne in" und ihn dann vervollständigt „Ich wohne in Weil, der Stadt", dann stimmt's auf einmal mit dem „der". So konnten auch wir seit 1926 sagen „Wir wohnen in Weil, im Dorf". – Heute schreibt man aber beide Namen in einem Wort: Weilderstadt und Weilimdorf, weil die Leute keine Zeit und Lust haben, sich mit der umständlichen Erklärung für die alte Schreibweise abzugeben.

Weilimdorf war, als wir hinzogen, ein reines Bauerndorf. Gänse und Hühner watschelten und gackerten überall herum, zur Erntezeit stand die riesige genossenschaftliche Dreschmaschine bald auf dem, bald auf jenem Hof (sie rechtzeitig zu bekommen, war ein wichtiges Problem der dörflichen ‚Politik'), und wo auch immer sie stand, brachte sie viel Lärm und viel, viel Staub hervor. Kurz nach unserem Einzug wurde das Dorf in den größeren Nachbarort Feuerbach eingemeindet, und schon 1933 wurden beide Orte von der nahen Landeshauptstadt Stuttgart geschluckt.

Unser Haus lag an einem bemerkenswerten Punkt des Dorfes: erstens auf der Höhe zwischen Weilimdorf und dem Nachbarort Korntal, und zweitens an *der* Straße unseres Dorfes. Da muss ich zur Erklärung ein bisschen weiter ausholen: Die württembergischen Herzöge zankten sich im 18. Jahrhundert oft mit der sogenannten „Landschaft": Das war die Vertretung der Bürger, nicht etwa des ganzen Volkes – eine solche gab es damals noch nicht –, sondern nur der ‚besseren Stände'. Die machten den Herzögen oftmals das Leben schwer. Es ging natürlich ums Geld, bei dessen Beschaffung die Herzöge von der Genehmigung durch die „Landschaft" abhängig waren. Das hatten die früheren württembergischen Grafen im 16. Jahrhundert, anno 1514 im „Tübinger Vertrag", so festlegen müssen. Aber 200 Jahre später, im 18. Jahrhundert, fühlten sich die Herzöge als absolutistische Fürsten „von Gottes Gnaden" und fanden diese Abhängigkeit unerträglich. Um die widerspenstige „Landschaft" in Stuttgart zu ‚bestrafen', verlegten sie die Hofhaltung in die neue Stadt Ludwigsburg, die der Herzog Eberhard Ludwig um sein neu errichtetes, stattliches Barockschloss herum gegründet hatte. Für Stuttgart war der Wegzug des Hofes eine sehr empfindliche Strafe, denn die Hofhaltung brachte Arbeit und Geld. Der Herzog Carl Eugen hatte nun inzwischen auf einer Anhöhe südlich von Weilimdorf sein Lustschloss „Solitude" erbaut (in Weilimdorf sagte man „Sollidie"), und um von der Residenz Ludwigsburg ohne Zeitverlust dorthin zu gelangen, ließ er eine schnurgerade Straße bauen. Die führte haarscharf am alten Weilimdorf vorbei, aber um diese neue Straße herum entwickelte sich das neuere Weilimdorf. Und an eben dieser Straße lag auch unser Haus. Gegenüber war das „Brechenloch", ein herrlicher Spielplatz mit großen alten Kastanienbäumen, etwas weiter hinterm Haus gab es das „Franzosenloch" mit einem Steilhang, wie geschaffen fürs Schlittenfahren.

Unser Vater war in Weilimdorf weiterhin als Kaufmann beruflich selbstständig, jedoch nicht mehr „in Metallguss und Werkzeugen", sondern als Möbelvertreter. Ich vermute, dass er damit einfach den Beruf seines Vaters weiterführte, vielleicht übernahm er sogar dessen Kunden und die zu vertretenden Möbelfabriken. Ich habe den Eindruck, dass dieser Beruf genau der richtige für ihn war, er lag ihm sehr, und der Familie ging es in den nächsten Jahren gut; Jettchen hatte es damals zweifellos besser als ihre Schwester und ihre Schwägerinnen in Haspe. Die einzige Einschränkung war, dass unser Vater die Woche über meist nicht nach Hause kam: In jenen Jahren hatte noch niemand ein Auto, man reiste mit dem Zug, die Züge fuhren viel langsamer als heute und hatten weniger perfekt geplante Anschlüsse. Man fand nichts dabei, wenn man auf der Umsteigestation eine halbe oder ganze Stunde oder noch länger auf den Anschluss zu warten hatte. Deshalb machte es auch nicht viel aus, wenn einmal ein Zug mit ein paar Minuten Verspätung eintraf; heute wird das als Katastrophe empfunden, weil man wegen der paar Minuten unter Umständen den genau geplanten Anschlusszug verpasst. Das ganze Leben damals ging unvergleichlich viel ruhiger vor sich. – Wenn heute ein Reisevertreter aus Weilimdorf etwa seine Kunden im Raum Baden-Baden besucht, wäre es kein Problem, abends im Auto nach Hause zu kommen und am anderen Morgen wieder hinzufahren. Damals war das nicht machbar. Unser Vater war aber so familienanhänglich, dass er jeden Tag eine Postkarte schrieb, die erste schon im Zug auf der Hinfahrt, damit er sie gleich bei der Ankunft in den Kasten werfen konnte.

Eine andere Gepflogenheit meines reisenden Vaters war es, in einer ihm noch fremden Stadt sich erst einmal in eine Straßenbahn zu setzen und „Endstation“ zu lösen. Am nächsten Tag fuhr er dann zur Endstation in der entgegengesetzten Richtung. So lernte er die Stadt kennen. Er war geographisch-topographisch ungemein interessiert: Wenn es in der Nähe unseres Wohnorts irgendwo ein neues Bauwerk oder Baugebiet gab, da musste die ganze Familie baldmöglichst einen Sonntagsspaziergang hin unternehmen. – Ich habe dies Interesse ungeschmälert von ihm geerbt, zwar ohne die Familie zu solchen Sonntagsspaziergängen zu verpflichten, aber auch ich versuche jede neue Stadt oder Gegend rasch aktiv kennenzulernen und behalte diese Kenntnis über lange Zeiträume hin ziemlich sicher im Gedächtnis. Mein Gegenbeispiel ist die Stadt Nienburg an der Weser, wo ich sehr oft war, weil Christas Eltern dort wohnten; aber ich habe mich da nie recht auskennen gelernt, weil ich immer von einem oder mehreren der Einheimischen begleitet und im Gespräch mit ihnen begriffen war, weshalb ich mich nie gründlich orientieren konnte und musste.

Das Beispiel Baden-Baden vorhin habe ich aber nicht ohne Grund gewählt. Unser lieber Vater, familien- und kinderlieb wie er war, nahm jedes von uns Kindern einmal auf eine seiner Wochenreisen mit, und bei ‚meiner' Reise war das Ziel Baden-Baden. Wir stiegen ab im Hotel „Vier Jahreszeiten", und das war für mich eine Wonne ersten Ranges. Ich weiß nicht genau, wann das war, aber es kann eigentlich nur zwischen etwa 1931 (da war ich sechs) und 1934 gewesen sein, denn in der Nazizeit musste unser Vater seinen Beruf leider bald aufgeben. – Während er seine Möbelhändler besuchte, ging ich, je nachdem, mit ihm oder wartete draußen oder drinnen, das machte mir nichts aus. Essen gingen wir auch im Hotel, auch das war ein Erlebnis. Denn auf unseren privaten Sonntagsausflügen wurde nie eingekehrt, so etwas kannten wir gar nicht. Stattdessen kannten wir aber etwas anderes, was uns viel mehr Spaß machte, das erzähle ich gleich nachher.

Wir drei Kinder hatten in jenen Jahren noch eine weitere sehr erfreuliche Gelegenheit, Urlaub von Zuhause zu nehmen. In Stuttgart in der Mönchhaldenstraße, an einem der freundlichen Abhänge dieser hügeligen Stadt, wohnte die unverheiratete Tante Mädi, eine Schwester meines Vaters, zusammen mit ihrer ebenfalls ledigen Freundin Alice Seligmann, von uns Tante Lis genannt. Tante Lis war auch Jüdin, gehörte aber ausnahmsweise nicht zur genaueren Mischpoche unseres Vaters. Sie war Klavierlehrerin; ihr Bruder Oskar, ebenfalls Musiker, wanderte in der Nazizeit nach Tucumán in Argentinien aus und wurde dort Professor an der Musikhochschule; von ihm und seinen Kindern, ihren Nichten und Neffen, erzählte Tante Lis gerne.

Diese beiden Freundinnen, Tante Mädi und Tante Lis, luden jedes von uns Kindern einmal für eine Woche zu sich ein und verwöhnten uns nach Kräften. Ich weiß von meiner Woche noch, dass wir einmal im Zirkus waren und ich ein anderes Mal im vornehmen Café Talmon-Gros mit heißer Schokolade und Sahnetorte versorgt wurde, was mir sehr zusagte. Es verwunderte mich aber, dass alle die zahlreichen Damen dort, während sie angeregt Konversation betrieben und Süßes zu sich nahmen, ihre Hüte auf dem Kopf behielten. Auf meine neugierige Frage: „Weshalb?" vervollständigten die Tanten meine noch lückenhafte Weltkenntnis durch die Erläuterung, dass bei einer richtigen städtischen Dame der Hut so eng mit der darunter sitzenden Frisur zu einem Gesamtkunstwerk verwoben sei, dass man dies zeitaufwändig hergestellte Kunstprodukt bei einem kürzeren oder auch längeren Caféhausbesuch nicht zu zerstören pflege. Ich erkannte gleichzeitig, dass meine gute Mutter keine richtige städtische Dame war. Die beiden Tanten übrigens auch nicht, sie machten auf emanzipiert, ohne Kopfbedeckung.

Tante Mädi hieß eigentlich Julie, und von dem scharfköpfig-witzigen Geist, der bei ihnen zu Hause in Mülhausen im Elsass geherrscht haben muss, bekommt man einen Eindruck, wenn ich erzähle, dass, weil Julie nicht Julie, sondern Mädi genannt wurde, mein Vater, gewissermaßen ersatzweise, zu Hause nicht Ludwig, sondern Julius hieß, und zwar – man lebte ja im überwiegend französisch sprechenden Oberelsass – in der französischen Form „Jules“; geschrieben wurde dieser Name aber nach deutscher Weise „Schül“. So kann man ihn heute noch in den Briefen lesen, die später zwischen „Schül“ und „Mädi“ gewechselt wurden. – Ein anderer Witz aus Mülhausen wurde bei uns oft zitiert: Als mein Vater einmal vor seinem Geburtstag gefragt wurde, was er sich lieber wünsche, ins Konzert zu gehen oder auf dem Esele reiten zu dürfen, antwortete er sehr gescheit: „Auf'm Esele ins Konzert“. Vielleicht ist diese Scharfköpfigkeit typisch jüdisch, sie hat sich in diesem Volk wohl in der jahrhundertelangen Absonderung herausgebildet.

Dass Schül und Mädi später mehrere Jahre nur brieflich verkehren konnten, ist eine der vielen Folgen der fürchterlichen Nazizeit. Tante Mädi, sie war ja alleinstehend, wanderte schon 1934 nach Rio de Janeiro aus. Tante Lis zog seinerzeit erst noch zu uns nach Weilimdorf ins obere Stockwerk, bis sie 1938 ebenfalls auswanderte, nach England. Dort arbeitete sie als Krankenschwester, kam aber nach dem Krieg, als sie Ende der 1960er-Jahre in Rente ging, wieder nach Stuttgart zurück: Das war eben doch ihre Heimatstadt, an der ihr Herz hing. Hier gab sie nicht mehr Klavier-, sondern Englischunterricht bei den Bewohnern des Altenheimes in der Johannesstraße, wo sie in noch relativ rüstigen Jahren ein Zimmer bezogen hatte. Meine Schwester Herta, solange sie noch in Stuttgart wohnte, hielt guten Kontakt mit ihr, wir haben sie von Tübingen aus ein paar Mal besucht. Tante Lis starb im Jahre 2005 im Alter von 101 Jahren.

Die andere, jüngste Schwester meines Vaters, Tante Lili, hat uns 1927 oder 1928 einmal in Weilimdorf besucht. Sie lebte, weil sie nur eine Niere hatte, seit Jahren in Ägypten, wo ihr die trockene Luft das Leben erleichterte, arbeitete in einer Buchhandlung in Kairo, und ich habe sie als sehr hübsche und sehr zarte Person, viel zarter als mein stämmiger Vater oder die derb-lustige, korpulente Tante Mädi, in freundlicher Erinnerung. Ich habe sie nur dies eine Mal gesehen, sie starb bald danach noch in sehr jungen Jahren.

Wie wir regelmäßig in Haspe Besuch machten, so besuchten uns die Hasper auch in Weilimdorf. Besonders denke ich an die Invasion fast aller Hasper aus Anlass des Deutschen Turnfestes, das im Sommer 1935 in Stuttgart stattfand. Meine tüchtigen Onkels machten die lange Reise in vielen Tagen per Fahrrad, die Tanten fuhren mit dem Zug. Das war die letzte Gelegenheit, bei der wir in alter Fröhlichkeit zusammen waren. Ganz ungetrübt war sie schon nicht mehr: Die gute Oma war in Frühjahr '35 gestorben. Und im September jenes Jahres kamen die Nürnberger Judengesetze heraus, die begreiflicherweise die Neigung zum Fröhlichsein weiter dämpften. Auch zogen Kinskis im nächsten Jahr nach Hildesheim, der Hasper Opa zog mit und verbrachte seinen Lebensabend bei ihnen.

Ich sagte soeben, dass bei uns die Fröhlichkeit gedämpft war. Das stimmt, und auch wieder nicht. Mein Vater war seiner Natur nach ein ausgesprochen fröhlicher, lebenskräftiger Mensch. Er sang gerne, und wenn er zu Hause war, arbeitete er in Küche, Haushalt und Garten kräftig mit, war ein rechter Optimist und eigentlich gar nicht der Mann, sich das Leben verbittern zu lassen. Die schweren Nazijahre hätte er ohne diesen robusten Lebensmut vielleicht nicht überstanden. In lieber Erinnerung sind mir noch die vielen Schlager, die er bei mehr oder weniger passenden Gelegenheiten anzubringen pflegte. Wenn jemand seinen Geldbeutel nicht fand, war Flotows Oper „Martha" in einer damals geläufigen Travestie an der Reihe: „Martha, Martha, du entschwandest, und mit dir mein Portemonnaie". Dass sich nicht selten Gelegenheit fand für „Du bist verrückt, mein Kind, du musst nach Berlin, wo die Verrückten sind, da gehörst du hin", das versteht sich von selbst. In welchen Fällen er die rhetorische Frage aufwarf „Was kann der Sigismund dafür, dass er so schön ist?", weiß ich nicht mehr, aber er warf sie jedenfalls auf. So auch den Stoßseufzer „Ausgerechnet Bananen – verlangt sie – von mir". Ja, und die komische Tante Paula, was war denn mit der? „Tante Paula sitzt im Bett und isst Tomaten, eine Freundin hat ihr dringend zugeraten."

Andere Schlager hingegen, die vom Reisen oder von Ausflügen handelten, wie etwa: „Mein Schatz, wir fahren im Automobil, von Hamburg nach Kiel, das kostet nicht viel" oder „Am Sonntag will mein Süßer mit mir segeln gehn, sofern die Winde wehn", die kamen an die Reihe, wenn unser Vater, um uns mit dem Wandervogelleben vertraut zu machen, sonntags mit uns ausflog, ins nahe Strohgäu oder in den nicht fernen Schwarzwald. Wir fuhren regelmäßig mit dem Zug von Korntal aus, und bei diesen Ausflügen lernten wir etwas viel Besseres kennen als das Einkehren in einer Gaststätte: Die nötigen Lebensmittel waren ein- und ein großer Kochtopf aufgepackt; draußen wurde irgendwo Holz gesammelt, eine Kochstelle aus großen Steinen errichtet und Mittagessen gekocht, an einem schönen Bach – aus den Bächen konnte man damals noch überall trinken –, und dass das Essen herrlich schmeckte, darf man glauben. Den völlig verrußten Kochtopf nachher mit Sand aus dem Bach sauber zu schmirgeln, war keine Kleinigkeit.

Sowohl Christa als auch ich haben etwa drei Jahrzehnte später als junge Lehrer mehrmals mit unseren Klassen freiwillige mehrtägige Ferienwanderungen im Wandervogelstil gemacht, mit Übernachtung in der Jugendherberge oder in einer Scheune oder Baracke, wenn's der Bauer oder der Bürgermeister erlaubte, und mit einem großen Kochtopf zum Essenkochen im Freien. Wir beide, und, wie ich glaube, auch unsere Schüler denken gerne daran zurück.

Wenn unser familiärer Einkaufsbedarf im kleinen Weilimdorf nicht gedeckt werden konnte, wandten wir uns nicht nach Feuerbach, sondern gleich nach Stuttgart, immer die ganze Familie zusammen. Der Hinweg wurde zu Fuß bewältigt, das waren acht bis zehn Kilometer bergauf, bergab: Übers Weilimdorfer Schützenhaus, durchs Pfostenwäldle, am Rand von Feuerbach vorbei Richtung Hohe Warte, hinunter ins idyllische Feuerbacher Tal und nochmals hinauf zur Doggenburg am Rand von Stuttgart. Von dort nahmen wir manchmal die Straßenbahn ins Stadtzentrum, wo es in den großen jüdischen Kaufhäusern Schocken oder Hermann Tietz das meiste billig zu kaufen gab. Der Name Hermann Tietz lebt heute noch in dem des Kaufhauses Hertie versteckt.

Tante Lili mit dem Autor, um 1927.

Zurück nahmen wir immer die Straßenbahn. Wohlüberlegt, nicht vom Schlossplatz oder Bahnhof aus, sondern wir pilgerten, müde wie wir waren, zur Haltestelle Wolframstraße (die es heute auf der U-Bahn-Linie nach Weilimdorf nicht mehr gibt). Dort war damals die Tarifzonen-Grenze, und die Fahrt war von da an ein paar Pfennige billiger.

Fünftes Kapitel

Nazizeit

Bei diesem Kapitel habe ich drei Probleme. Ich muss aufpassen, dass ich weiter „aus meinem Leben" erzähle und nicht etwa nur wiedergebe, was ich allgemein über die Nazizeit weiß. Allerdings war mein Leben, und jedes Leben damals, so vielfach von der Naziherrschaft bestimmt, dass vieles vom Allgemeinen ohnehin in die Erzählung einfließen muss. Dies Problem hoffe ich also zu meistern. Die zwei andern sind, wenigstens für mich, unlösbar. – Problem Nummer zwei: Das Naziregime und seine Hauptakteure verdienen so viel Abscheu und Zorn, wie ein einzelner Mensch eigentlich gar nicht aufbringen kann. Man kann nicht unablässig vor Empörung schreien. Ich will das im Folgenden auch nicht tun, aber auch nicht verbergen, dass mir im Grunde danach zumute ist.

Problem Nummer drei: Die Nazi-Hauptakteure waren nicht wenige; wer dazugehört, muss hier nicht genau entschieden werden. Für das deutsche Volk im Ganzen wäre eine differenziertere Beurteilung nötig. Zorn und Abscheu müssten da auch eine Rolle spielen, aber nicht nur Zorn und Abscheu. Diese Beurteilung ist aufs Ganze gesehen ebenfalls unmöglich, mir hier sowieso, aber auch allgemein. Noch heute, über 60 Jahre nach dem Ende der Naziherrschaft, ist sie nicht geleistet. Vermutlich wird sie nie mehr ganz richtig geleistet. Ich kann nur versuchen, einigermaßen vernünftig davon zu reden.

Die erste Nazischikane betraf uns nicht unmittelbar, aber sie betraf eine Mischpoche-Angehörige. Auch wenn mein Vater die jüdische Religion hinter sich gelassen hatte, liebte er (und wir ebenso) ein paar Spezialitäten jüdischer Küche. Meine Mutter hatte beispielsweise den Schabbes-Scholet oder Schalet in ihr Küchenrepertoire übernommen. Dieser leckere Auflauf wird bei den frommen Juden am Vorabend des Schabbes in den Backofen geschoben und brutzelt dort bis zum anderen Abend, so dass die Hausfrau am Schabbes nicht arbeiten muss.

Auch buk unsere Mutter gerne und wir aßen gerne Berches (Weißbrotzöpfe mit Mohn bestreut). Dagegen die Mazzen (ungesäuerte Brotfladen) in der Passahzeit, und auch sonst gelegentlich das eine oder andere, kauften wir bei der Mischpoche-Tante Alice Wolf. Die hatte in Stuttgart in der kleinen, aber sehr belebten Schulstraße, wenn man vom Marktplatz zur Königstraße hochgeht, linkerhand ein winziges Delikatessengeschäft, das aber ungeachtet seiner Winzigkeit gut ging. Sie führte offenbar gute Ware.

Am 1. April 1933, kaum ein paar Wochen nach der „Machtergreifung", gaben die Nazis die Parole aus: „Kauft nicht bei Juden."

Vor jedem jüdischen Geschäft wurden SA-Männer postiert, und wer trotzdem hineinging, wurde angepöbelt, so auch bei der Tante Alice Wolf. Sie war darüber sehr empört, gab ihr Geschäft bald auf und wanderte aus.

Jetzt habe ich euch schon so viel von Auswanderung erzählt, dass ich doch einige Erklärungen nachtragen will. Die Mischpoche unseres Vaters war nicht nur sehr zahlreich, sondern auch weit in der Welt verstreut. Bis zum Anfang des 19. Jahrhunderts wohnten die deutschen Juden zwar meist eng beieinander, oft in Dörfern, weil sie aus den Städten immer mal wieder vertrieben wurden. Seit sie aber bürgerlich gleichberechtigt waren, zogen viele von ihnen in die Städte, und nicht wenige auch gleich ins Ausland, – wo sich eben eine gute Verdienstmöglichkeit bot. Die Juden waren damals zweifellos migrationsfreudiger als die Deutschen. Aus diesem Grunde hatte mein Vater, schon bevor Hitler an die Macht kam, Verwandte in New York, Paris, London, Rio de Janeiro, Kairo und Jerusalem. Die wenigen Juden, die in den ersten Nazijahren auswanderten, konnten also verwandtschaftliche Beziehungen zu den schon im Ausland Ansässigen nutzen.

So ging unsere Tante Mädi nach Rio de Janeiro, weil dort seit längerer Zeit schon ihr und meines Vaters Vetter Lothar Steinthal lebte, einer der vielen Enkel jenes kinderreichen Löb Steinthal. Dieser Lothar hatte übrigens in Rio eine typische „Tellerwäscher"-Karriere gemacht, war so gut wie mittellos in Brasilien angekommen und hatte sich längere Zeit mit irgendwelchen Gelegenheitsarbeiten knapp über Wasser gehalten, hatte aber das Glück, sich irgendwann in eine Bankierstochter zu verlieben und von ihr wieder geliebt zu werden; er trat dann in diese Bank als Angestellter ein, und später hat er die ganze Bank geerbt. So macht man das, dass ihr's wisst. – Die Auswanderer lagen diesen diversen Vettern natürlich anfangs auf der Tasche, aber sie suchten und fanden, da sie ja wenige waren, in der Regel bald eigenen Verdienst.

Weshalb wanderten denn aber nur so wenige aus? Hitler war doch hochgefährlich, das musste doch jeder sehen. Heute sieht das freilich jeder. Aber damals? In den Jahren 1933 bis '35 war den deutschen Juden die Hitlerei zwar sehr zuwider. Deshalb, und weil sie sowieso migrationsfreudig waren, wanderten einige aus. Aber man nahm Hitlers Gefährlichkeit nicht ernst, deshalb blieben die meisten da. Fast niemand, in Deutschland ebenso wie im Ausland, nahm Hitler so ernst, wie es nach heutiger Einsicht angezeigt gewesen wäre. Bis zu welchen Wahnsinnstaten Hitler später in seiner Mordlust gehen würde, das konnten sich zivilisierte Menschen eben nicht einmal in ihren düstersten Träumen vorstellen.

Ich habe schon gesagt, dass mein Vater seinen Beruf in der Nazizeit sehr bald aufgeben musste. Weshalb denn aber? Die Hitlerregierung hatte zwar sofort 1933 bestimmt, dass Juden nicht Beamte sein konnten, auch andere halböffentliche Berufe wie der des Rechtsanwalts waren ihnen verschlossen, aus der Reichsschrifttumskammer und der Kulturkammer wurden sie ausgeschlossen. Die Nürnberger Judengesetze von 1935 entzogen ihnen dann das Wahlrecht, und sie durften öffentliche Veranstaltungen, Konzerte, Theater, öffentliche Bäder und dergleichen nicht mehr besuchen; Ehen zwischen Juden und Nichtjuden wurden verboten und die nichtjüdischen Partner solcher Ehen zur Scheidung gedrängt. Da gab es eine Ausnahme: Wenn die Kinder aus der „Mischehe“ nicht der jüdischen Religion angehörten, galt die Ehe, wenigstens anfangs, als „privilegiert“ und konnte weiter bestehen. Das traf bei uns zu, auch war mein Vater weder Beamter noch Schriftsteller oder Künstler, und aufs Wahlrecht oder auf Konzerte hätte er ja notfalls verzichten und seinen harmlosen Beruf weiter ausüben können. Aber ab Januar 1933 blieben fast schlagartig die Aufträge aus, er hätte von dem Beruf nicht mehr leben können. Die ganze Familie half später mit Heimarbeit wie dem Bemalen von Holzspielzeug beim Geldverdienen mit.

Weshalb blieben aber die Aufträge aus? Ja, wer das genau sagen könnte! Weshalb hängte unser Friseur in Weilimdorf 1933 flugs ein Schild an seine Tür: „Juden unerwünscht“? Weshalb sagte in der Klasse meiner Schwester Ruth der Lehrer den Mitschülern und Schülerinnen, sie dürften nicht mit ihr verkehren, und weshalb hielt es eine Schülerin daraufhin für nötig, jedes Mal, wenn sie Ruth traf, vor ihr auszuspucken? Die Mutter dieser Schülerin kam nach dem Krieg zu uns, um dies Verhalten zu entschuldigen. Ob man ihr das zur Ehre (oder nur als „umgedrehten“ Opportunismus) anrechnen soll, kann ich nicht sagen, und wahrscheinlich kann das niemand. Auch weiß ich nicht, was sie zur Entschuldigung vorbrachte, ich war nicht dabei, habe von der ganzen Sache überhaupt erst lange nachher gehört, genauer gesagt: gelesen. Wir sprachen nämlich miteinander über solche Vorfälle nie.

Weshalb eigentlich nicht? Auch das ist schwer zu beantworten. Ruth hatte aber im Oktober 1980 auf eine „Zeitzeugen“-Umfrage des Süddeutschen Rundfunks brieflich geantwortet, diese Antwort liegt heute hier vor mir, und darin ist das alles erwähnt.

Der amerikanische Autor Daniel Goldhagen erregte vor einigen Jahren Aufsehen mit seinem Buch „Hitlers willige Vollstrecker". Darin erklärt er all das und das noch Schlimmere, was später folgte, aus dem in den Deutschen tief eingewurzelten Antisemitismus. Hitler habe nur das Stichwort geben müssen, und eine antijüdische Epidemie sei im ganzen Volk hemmungslos ausgebrochen. Diese monokausale Erklärung ist leider nicht ganz falsch, aber mit Sicherheit auch bei Weitem nicht allein zutreffend. – Bei Thomas Mann irgendwo habe ich eine ähnlich einfache Erklärung gelesen. Die Menschen, sagt er da ungefähr (und zwar die Menschen allgemein, er redet da nicht nur von den Deutschen), handelten nicht aus rationalen oder moralischen Motiven, sondern danach, was ihnen von der Umwelt gerade „angezeigt" erscheint. Solange anständiges Verhalten angezeigt ist, gut, dann handeln sie eben anständig, wenn aber brutales, tückisches, böses angezeigt scheint: desto besser, dann handeln sie mit Hochgenuss brutal, tückisch und böse. Auch das ist wohl weder ganz falsch noch einfach ganz stimmig.

Mir selbst ging es in der Schule besser als Ruth, auch nachdem ich 1936 in die „Oberschule für Jungen Stuttgart-Feuerbach" ging. Unsere ganze Klasse musste 1941 zweimal zum Erntehilfe-Einsatz, das erste Mal ins Allgäu, bei Leutkirch. Das war geradezu unmenschlich anstrengend, es war die Heuernte, das ist dort die Hauptarbeitszeit des ganzen Jahres, da arbeitet man bis zum Umfallen, von 5 Uhr morgens bis 9 oder 10 Uhr abends. „Schlafen kann man das ganze Jahr noch", heißt es da. Der Bauer, bei dem ich war, stand jeden Morgen als Erster auf und weckte nacheinander seine Frau, den polnischen Zwangsarbeiter Marjan und mich, indem er durchs Haus brüllte „Weib! – Pol! – Bua!". Als ich zurück nach Hause kam, war ich so überanstrengt, dass ich nachts schlafwandelte und einmal im Schlaf aus meinem Zimmerfenster eineinhalb Stockwerke tief in den Garten sprang, gottlob ohne mir etwas zu brechen. – Der zweite Einsatz bei der Getreideernte in Altheim bei Horb war geradezu gemütlich. Aber das alles betraf ja, wie gesagt, unsere Klasse als ganze.

Irgendwann geschah aber doch auch mir etwas Hässliches: Ich sehe mich noch durch die Feuerbacher Pausenhöfe rennen, hinter mir eine Meute johlender Schüler, die fortwährend „Jude, Jude" schrieen. Ich weiß nicht, wann das war, weiß auch keinen Anlass; vielleicht hätte niemand einen zu nennen gewusst. Aber irgendjemand muss doch angefangen haben, und einigen, sogar vielen, muss es irgendeine Befriedigung gebracht haben mitzuschreien. Es könnte sein, dass einige Schreier hinterher selbst nicht wussten, wie sie dazugekommen waren mitzuschreien. Ich habe seither einen starken Widerwillen gegen jede Art von Massenauftrieb, egal ob es die Fußballweltmeisterschaft ist oder ein Kirchentag. – Als wir im Tübinger Uhlandgymnasium im Jahre 1984 einen Studientag zum Thema „Frieden" veranstalteten, nahm ich an der Arbeitsgruppe teil, die sich dem Komplex „Massenbegeisterung" widmete; mir schien das fundamental wichtig beim Friedensproblem.

Unsere Feuerbacher Oberschule bekam etwa ein Jahr nach meinem Eintritt plötzlich einen neuen Direktor. Hinter vorgehaltener Hand sagte man, und das ist leider nicht unwahrscheinlich: weil der alte, würdige Direktor Cantner wegen nazikritischer Äußerungen denunziert und abgesetzt worden sei. Man nannte (ob zu Recht?) auch den Namen des Lehrers, der ihn denunziert habe, – aufgeklärt werden wird das nie. Das Vorkommnis ist aber bezeichnend für die alles durchdringende, widerliche Atmosphäre von Denunziation und finsterem Misstrauen, die über der ganzen Naziwelt lag. – Der Neue war natürlich ein strammer Nazi. Er führte sogleich Neuerungen ein, zum Beispiel einen Flaggenappell jeden Montagmorgen – alle Klassen in Reih und Glied, Deutschland- und Horst-Wessel-Lied, „Heißt Flagge!" – Ich kann die von dem hochverehrten Bundespräsidenten Heuß eingeführte Nationalhymne unserer Bundesrepublik (also die dritte Strophe dieses Deutschlandliedes) noch heute nie hören, ohne dass mein sensibles, nicht zu übertäubendes musikalisches Gedächtnis mir sofort anschließend das widerliche Horst-Wessel-Lied ‚vorspielt', wie es seinerzeit immer anschließend an jenes kam; es ist wahrlich zum K...! – Gottlob ging mir das bei Haydns Kaiserquartett nie so: Dort ist die Melodie dieses Deutschlandliedes im langsamen Satz in Variationen verarbeitet, und obwohl sie dabei in allen Stimmen nacheinander ganz unverändert wiederholt wird, wird sie von den übrigen Stimmen doch kompositorisch so glanzvoll mit wechselnden Harmonien umspielt, dass man nie eine „Nationalhymne", sondern immer nur ein Haydn'sches Meisterwerk hört. – Auch sonst bin ich aber noch heute wehrlos gegen die mir ab und zu einfallenden Nazilieder -- „Wir werden weiter marschieren, bis alles in Scherben fällt. Denn heute, da hört uns Deutschland, und morgen die ganze Welt" und so fort. Ich muss diese Scheußlichkeiten immer mit Gewalt unterdrücken, indem ich mir mit allem Nachdruck in meinem Inneren etwas anderes vorsinge oder musiziere. – Übrigens: Die heutzutage manchmal zu hörende besserwisserische Schimpferei auf unsere Bundesrepublik gefällt mir nicht. Ich denke immer: So können nur Menschen schimpfen, die nicht am eigenen Leibe erlebt haben, wie vortrefflich diese Bundesrepublik ist, wenn man sie mit allem vergleicht, was vorher da war, – und schon gar mit dem Naziregime!

Es war damals Brauch, „guten“ Schülern am Ende des Schuljahres einen Buchpreis zu geben. Im Jahre 1938 bekam ich, obwohl ich der Klassenbeste war, keinen. Ich sagte mir natürlich: „Das ist mir egal.“ Aber dass ich „ausgegrenzt“ war, wie man das heute nennt, spürte ich doch. Meine Eltern schenkten mir damals stattdessen Rudyard Kiplings „Dschungelbuch“, mit einer Widmung meines Vaters; ich habe das Buch noch. Vielleicht hat mein Vater es ausgewählt, weil es auch von einem Ausgegrenzten handelt, dem jungen Mogli, der der Menschheit abhanden kommt und in einem Wolfsrudel aufwächst, in der sogenannten freien Natur; da könnte man im Ausgegrenztsein einen positiven Aspekt sehen, – ob mit gutem Grund, bleibe offen.

Am 7. November 1938 wurde ein Mitglied der Deutschen Botschaft in Paris von einem jungen polnischen Juden namens Herschel Grynszpan erschossen. Die Motive der Mordtat sind meines Wissens bis heute ungeklärt. Wahrscheinlich war es einfach blinde Wut über Schikanen, die seinen in Deutschland lebenden Eltern widerfahren waren. In jedem Rechtsstaat wird ein Mörder selbstverständlich streng bestraft. Die Nazis hatten aber offenbar auf einen solchen Vorfall nur gewartet, um in der „Reichskristallnacht“ vom 9. auf 10. November eine maßlose Judenverfolgung inszenieren zu können. Ihr habt davon sicher im Unterricht gehört, die Synagogen wurden in Brand gesteckt, jüdische Häuser und Geschäfte geplündert und demoliert, zirka 90 Juden kamen bei den Ausschreitungen zu Tode. All dies angeblich „im spontanen Volkszorn“, wie es im Nazijargon hieß, was aber schon damals kein Mensch glaubte. Nur: In der allgegenwärtigen Atmosphäre von Denunziation sagte niemand laut, was er wirklich davon hielt. Leise sagten es (auch uns gegenüber!) viele, fast alle; aber laut sagten es insbesondere natürlich auch die nicht, die ganz klar wussten (weil sie doch ‚von oben‘ die Befehle bekommen hatten), dass die Aktion von der Partei zentral angeordnet worden war.

Statt von „Reichskristallnacht“ spricht man heute besser, weil sachlich zutreffend, von der „Pogromnacht des 9. November 1938“. Trotzdem möchte ich zu dem Namen „Reichskristallnacht“ noch etwas sagen. Er wird heute oft so erklärt, dass er aus deutscher Sicht ersonnen worden sei und das brutale Geschehen verharmlosen sollte. Ich glaube, diese Erklärung trifft nicht zu. Sie kann gar nicht zutreffen.

Welche Deutschen hätten denn im Jahre 1938 ein so beschönigendes Wort erfinden sollen? Diejenigen, die auf Grund ihrer nationalsozialistischen Gesinnung die Greueltaten billigten - mögen es viele oder wenige gewesen sein -, die hatten keinen Grund, nach Beschönigung zu suchen, die konnten ihrer Genugtuung über die Brutalitäten ungehemmt Ausdruck geben. Die anderen aber, von denen viele über die Geschehnisse fast ebenso bestürzt waren wie die Juden, wollten und konnten nichts beschönigen, und wenn sie ihrer Bestürzung hätten Ausdruck verleihen wollen, wären sie auf das lächerliche Wort „Reichskristallnacht" bestimmt als allerletztes verfallen.

In den Jahren und Jahrzehnten nach dem Krieg, als die unmittelbare Bestürzung verflogen war, da hatten die Deutschen andere Sorgen, da wollten und mussten sie ihr Land und ihr Leben neu bauen und ihr Wirtschaftswunder vollbringen; zugleich lastete die unbewältigte Nazivergangenheit auf ihnen wie Blei, wenn sie auch nicht darüber sprachen und sie möglichst verdrängten, sie schämten sich oder hätten es wenigstens tun sollen. Da könnte es vielleicht sein, dass es damals Leute gab, die sich über diese beschwiegene, aber im Stillen dennoch lastende Beschämung mit dem, irgendwo noch in den Lüften hängenden, Ausdruck „Reichskristallnacht" hinwegzuhelfen versuchten. Ob das tatsächlich geschah und wie oft, weiß ich nicht, es kann uns hier im Moment auch egal sein.

Denn nach dem, was 1938/39 bei uns zuhause darüber gesprochen wurde und was ich als damals Dreizehn-, Vierzehnjähriger bestimmt richtig mitbekommen habe, steht außer allem Zweifel, dass das Wort „Reichskristallnacht" eben nicht erst nach dem Krieg aufkam – da „hing es irgendwo noch in den Lüften". Aufgekommen ist es schon bald nach dem brutalen Geschehen selbst. Zwar im ersten Moment, ganz anfangs, hatte man da gar keine Worte, da herrschten Angst und blankes Entsetzen. Aber nach einigen Wochen, vielleicht auch Monaten, aber bestimmt nicht erst nach Jahren fand man auch dafür, wie für alles, was die Menschen bewegt, Worte, und da war die „Reichskristallnacht" bei uns daheim zu hören, in Gesprächen unserer Eltern mit ihren jüdischen Freunden und Bekannten. Das Wort hatte einen doppelten Sinn: Erstens, vordergründig wörtlich, als Zurückweisung des schamlosen Geredes vom Volkszorn und als Klarstellung der Tatsache, dass die Barbarei eine ganz offizielle Aktion des Reichs war. Wesentlicher noch ist das Zweite: Wenn man auch die Zwischentöne hört, darf man sich das herrliche, pompöse Wort „Reichs" in Verbindung mit dem läppischen „Kristall" im Sinn und im Munde eines hohen Nazibonzen gesprochen denken, der in seiner bodenlosen Gemeinheit sich dieser Barbarei und seiner Mitwirkung dabei als einer „Reichs"-Großtat rühmt. Am besten passt das auf den mit immer neuen läppisch glitzernden Uniformen paradierenden „Reichs"-Jägermeister und „Reichs"-Forstmeister Hermann Göring (wenig später wurde er auch noch „Reichs"-Marschall und konnte sich noch läppischere Phantasieuniformen erfinden), der einer der Drahtzieher der Pogromnacht war.

Eine solch hohnvolle Insinuation kann aber natürlich nur von einem Nazigegner stammen. Wir hielten es damals und ich halte es noch heute für ausgemacht, dass der Name „Reichskristallnacht" von einem jüdischen Kopf ersonnen worden ist. Die Juden haben oft eine erstaunliche – besser sollte man sagen: eine unheimliche Fähigkeit gezeigt, über ihr eigenes Leid souverän zu witzeln, eine durchaus nicht komische, sondern tragische Fähigkeit: der Witz als Waffe des völlig Wehrlosen. – Die Schweizer Jüdin Salcia Landmann hat ein interessantes Buch über den jüdischen Witz geschrieben. – Göring inszenierte sich in der Öffentlichkeit gerne als jovial und gemütlich, dass er aber ein völlig rücksichtsloser Bluthund war, hat er mindestens im Juni 1934 bei den Morden nach dem sogenannten Röhm-Putsch und eben auch bei der „Reichskristallnacht" bewiesen.

Heute sprechen manche auch einfach von „Kristallnacht", ohne „Reichs" davor. Auch gedruckt findet man das, zum Beispiel im dtv-Lexikon. Das ist eine gedankenlose, sinnlose, witzlose Abkürzung, allenfalls brauchbar als kurzes Lexikon-Stichwort. Aufgekommen ist sie sicher erst nach dem Krieg, ausgesprochen hat dies Wort 1938/39 ganz bestimmt niemand.

Mein Vater wurde am 10. November, wie Zehntausende anderer Juden, verhaftet. Eine Woche später kam eine Postkarte von ihm aus dem KZ Dachau. Dazu nachher noch Weiteres.

Es ist nämlich jetzt erst einmal an der Zeit, zur dringend nötigen Erholung meiner selbst und der Leser beim Hervorkramen und Lesen dieser Sachen, von einigen Deutschen zu erzählen, die unerschrokken für Juden eintraten. – In unserem Nachbarhaus im Obergeschoss wohnte das Ehepaar Karl und Senta Reichle. Als das Polizeiauto vor unserem Haus stand, kam Herr Reichle – oder Frau Reichle, so erinnert sich meine Schwester Ruth, – oder am wahrscheinlichsten kamen eben beide herunter auf die Straße, empörten sich laut über die Verhaftung eines unbescholtenen Mannes, beschimpften die Polizisten und verabschiedeten sich von unserem Vater mit Handschlag. Es war damals völlig unberechenbar, was man mit einem solchen Verhalten riskierte. Es gab genug Deutsche, die sich für verpflichtet hielten, Menschen, die zeigten, dass sie keine Nazis waren, bei der Gestapo („Geheime Staatspolizei") zu denunzieren – es ist heute wissenschaftlich erforscht und nachgewiesen, dass die Gestapo mit erstaunlich wenig Personal auskam, weil geradezu überreichlich Denunziationen eingingen. In einer unbekannten Anzahl von Fällen wurde nämlich schon deshalb „vorsorglich" denunziert, weil sich die Denunzianten nicht dem Vorwurf aussetzen wollten, sie hätten ein staatsfeindliches Verhalten nicht angezeigt – die Nazis bestraften nämlich auch eine solche Nicht-Anzeige, wenn sie entdeckt wurde, kurzerhand als staatsfeindliches Verhalten. Vor einer Entdeckung war man aber in dem allgegenwärtigen Dschungel aus Denunziation nie sicher. Und es gab genug KZs, wo man die Denunzierten (oder eben notfalls auch die Nicht-Denunzianten) schikanieren oder, wenn's gerade so passte, auch ‚beiläufig' umbringen konnte. Die KZs unterstanden keiner juristischen Kontrolle.

In Weilimdorf war es besonders die Familie Weiß, die zu uns stand – pietistische Christen. Als jemand von den Weilimdorfer Nazibonzen ihr verbieten wollte, ihre bäuerlichen Erzeugnisse an uns zu verkaufen, sagte die Frau Weiß, „klug wie die Schlangen" (Matth. 10, 16), sie habe nie an uns verkauft. Das traf zu, sie hat uns die Sachen immer geschenkt.

Als wir später am Kräherwald wohnten, wurde unser Pfarrer Stroh einmal zur Gestapo bestellt und auf der Stelle für ein paar Tage inhaftiert, weil er nicht leugnete, Juden geholfen zu haben, so hat er meinem Vater einmal einen schweren Koffer tragen helfen. Und als in den Bombennächten meinem Vater der Zutritt zum offiziellen Luftschutzbunker Kräherwald verwehrt wurde, lud Bernhard Müller aus der Zeppelinstraße unsere ganze Familie in den privaten Bunker ein, den sie in ihrem steilen Hanggrundstück gebaut hatten; wir halfen dann beim weiteren Ausbau. – Noch ein Letztes: Mein Vater wurde 1943 dienstverpflichtet, zuerst zur Müllabfuhr und als Straßenkehrer. Das war keine angenehme und keine leichte Arbeit, aber an der frischen Luft, die ließ er sich nicht verdrießen. Wenig später aber musste er zentnerschwere Altpapierballen in einer stickigen Halle umstapeln, das wurde ihm sehr schwer. Wie er davon wieder loskam, weiß ich im Einzelnen nicht. Es war jedenfalls dazu ein Erlass eines höheren Beamten des Landesarbeitsamtes, Dr. Holz, nötig, und dieser Erlass kam tatsächlich, offenbar gegen alle Vorschriften, einfach weil dieser

Mann einsah, dass mein Vater da zugrunde gehen würde. Den Erlass vom 1. Juli 1943 besitze ich noch.

Ende der Erholungspause. – In der Nacht nach der Verhaftung unseres Vaters donnerten Steine gegen unsere Fensterläden, wir hatten große Angst, und am Morgen stand mit dicker roter Farbe „Jude" an beiden Mauern rechts und links der Gartentüre gemalt. Von selbst fliegen Steine nicht und malt sich rote Farbe nicht. Ein paar „willige Vollstrecker" hatte Hitler auch in dem kleinen Weilimdorf. – Was sodann die erwähnte Postkarte aus dem KZ Dachau anging, so war durch Vergleich mit anderen leicht festzustellen, dass ihr Inhalt vorgeschrieben worden war. Unser Vater schrieb, es gehe ihm gut, und bat um eine Geldüberweisung. Nach etwa sechs Wochen kam er nach Hause. Über das, was er im KZ erlebt hatte, sprach er mit uns Kindern nie. Ich gebe nur zwei Einzelheiten wieder, die ich zufällig aus Gesprächen der Erwachsenen aufgeschnappt habe: dass einmal ein Häftling an den Beinen aufgehängt worden war, bis er qualvoll starb, und dass ein höherer SS-Führer befahl: „Schafft mir das stinkende Aas aus den Augen."

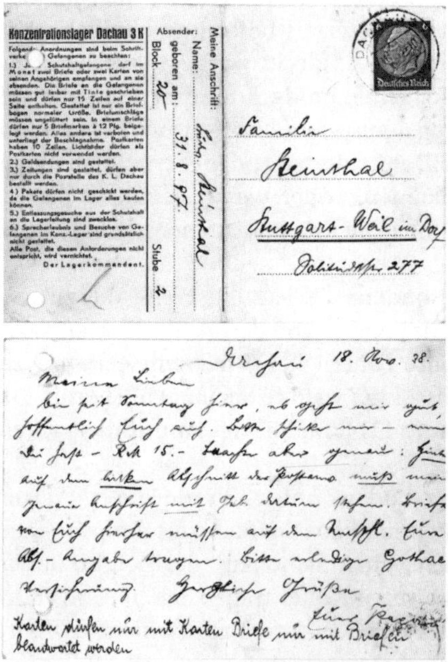
Konzentrationslager Dachau 3 K

Folgende Anordnungen sind beim Schriftverke[illegible] Gefangenen zu beachten:

1.) Je[illegible] Schutzhaftgefangene darf im Monat zwei Briefe oder zwei Karten von seinen Angehörigen empfangen und an sie absenden. Die Briefe an die Gefangenen müssen gut lesbar mit Tinte geschrieben sein und dürfen nur 15 Zeilen auf einer Seite enthalten. Gestattet ist nur ein Briefbogen normaler Größe. Briefumschläge müssen ungefüttert sein. In einem Briefe dürfen nur 5 Briefmarken à 12 Pfg. beigelegt werden. Alles andere ist verboten und unterliegt der Beschlagnahme. Postkarten haben 10 Zeilen. Lichtbilder dürfen als Postkarten nicht verwendet werden.

2.) Geldsendungen sind gestattet.

3.) Zeitungen sind gestattet, dürfen aber nur durch die Poststelle des K. L. Dachau bestellt werden.

4.) Pakete dürfen nicht geschickt werden, da die Gefangenen im Lager alles kaufen können.

5.) Entlassungsgesuche aus der Schutzhaft an die Lagerleitung sind zwecklos.

6.) Sprecherlaubnis und Besuche von Gefangenen im Konz.-Lager sind grundsätzlich nicht gestattet.

Alle Post, die diesen Anforderungen nicht entspricht, wird vernichtet.

Der Lagerkommandant.

Meine Anschrift:

Absender:

Name: [illegible]

geboren am: 31. 8. 97.

Block 20 Stube 2

Deutsches Reich

Familie

Steinthal

Stuttgart-Weil im Dorf

[illegible] 277

Dachau 18. Nov. 38.

[illegible]

Karten dürfen nur mit Karten Briefe nur mit Briefen beantwortet werden

Postkarte des Vaters aus dem KZ Dachau, 1938.

Ein Jahr später, am ominösen 9. November, wurde mein Vater erneut verhaftet, offenbar aus reiner Willkür. Er befand sich in der Wohnung eines Stuttgarter Juden, bei dem er damals, weil er seinen früheren Beruf ja nicht mehr ausüben konnte, zu Büroarbeiten angestellt war. Es klingelte an der Wohnungstür, mein Vater, da er gerade in der Nähe war, öffnete. SS stand draußen: „Sind Sie Herr H.?" – „Nein." – „Aber Jude." – „Ja." – „Kommen Sie mit!" – Nach 14 Tagen KZ Welzheim kam er zurück.

Nach der Reichskristallnacht mussten die deutschen Juden an den Nazistaat „als Ersatz für die Zerstörungen" – obwohl in Wirklichkeit nur jüdische Vermögenswerte zerstört worden waren – eine Vermögensabgabe von einer Milliarde Reichsmark zahlen. Außerdem mussten ihre Häuser und Geschäfte „arisiert", das heißt weit unter Wert an Nazis „verkauft" werden. So auch unser Haus an der Solitudestraße in Weilimdorf. Nach dem Krieg wurden wir entschädigt, aber erst einmal standen wir – es war gerade um die Zeit des Kriegsausbruchs – ohne Wohnung da. Die Eltern konnten ein möbliertes Zimmer in der Wiesbadener Straße in Cannstatt mieten, Ruth kam bei der Mischpoche-Tante Irma Rieser in der Wagenburgstraße unter, Herta und ich zogen zu Mayers auf den Hallschlag. Julius Mayer und unser Vater hatten sich während der Haft in Dachau befreundet. Mayers hatten in ihrem Hause Platz, weil ihre beiden Söhne ganz kurz vor dem Krieg nach Australien hatten auswandern können.

Erst nach einem Vierteljahr fand sich jemand bereit, an uns zu vermieten, in der Gustav-Siegle-Straße 7 nahe beim Kräherwald. Im Dachgeschoss des Hauses wohnte eine entfernte Angehörige der Mischpoche, Else Perlen, eine ganz liebe ältere Frau, die mir nur dadurch im Gedächtnis geblieben ist, dass sie uns ab und zu sehr wichtig mitteilte, sie mache heute wieder einmal „ein Obsttägle".

Ich ging weiter in Feuerbach zur Schule, obwohl das ein riesig weiter Schulweg war. Ich wollte aber nicht an einer neuen Schule erst einmal angepöbelt oder auch nur angegafft werden. In Feuerbach bekam ich gerade damals einen sehr lieben Freund und Klassenkameraden, Lukas Roser, der ein kleines Stück Schulweg mit mir gemeinsam hatte. Er ist am 5. Mai 1945, ein paar Tage vor dem Ende des Krieges, in der Nähe von Schwerin einen sinnlosen Soldatentod gestorben.

1942 kam die „Verordnung über die Kennzeichnung der Juden" mit dem Judenstern, auch hatte schon seit 1938 jeder männliche Jude den zusätzlichen Vornamen „Israel" (und die Frauen den Namen „Sara") annehmen müssen, und in ihren Personalausweisen war seither ein großes „J" eingestempelt. Den Namen und das „J" trug auch mein Vater, den Judenstern dagegen nicht, weil seine Ehe (damals noch) „privilegiert" war (später wurde das Privileg zunehmend wertlos). Ich bin aber zufällig im Besitz zweier Judensterne, und wenn ihr mich besucht, dürft ihr sie sehen. – Spezialitäten wie diese Privilegierung waren allerdings auch vielen Nazis unbekannt, und es gab ein paar Mal Schwierigkeiten deswegen. Als mein Vater einmal unterwegs von irgendjemandem angeschnauzt wurde „Wo haben Sie Ihren Stern?", wies er neben sich auf seine Frau: „Da steht er". Das gab erst einmal furchtbaren Lärm, aber mein Vater konnte nachweisen, dass er im Recht war, und der Anschnauzer musste sich mit rotem Kopf zurückziehen. Um solchen Zwischenfällen aus dem Wege zu gehen, trug mein Vater später die betreffende Seite des Reichsgesetzblattes, auf eine Pappe aufgeklebt, immer mit sich. Auch dieses Pappendekkel-Gesetzblatt kann ich euch zeigen.

Ebenfalls 1942 kam die Verordnung, dass „jüdische Mischlinge ersten Grades" (so lautete der offizielle Titel für Leute wie meine Schwestern und mich) höhere Schulen nur noch bis zur Klasse 6 (nach heutiger Zählung 10) besuchen durften. Ich musste also die Schule verlassen. Verschüchtert und hilflos, wie ich war, verließ ich das Rektorat, wo mir der Erlass eröffnet worden war, mit dem damals obligatorischen Gruß „Heil Hitler". Das ärgert mich heute noch maßlos. Mein Ärger gilt natürlich mir selbst, aber mit noch größerem Recht müsste er der verdammten Naziwelt gelten, die einen jungen Menschen so unter Druck zu setzen vermochte. – Eine Lehrstelle für mich war trotz vieler Versuche nicht zu bekommen, ich musste froh sein, schließlich bei der kleinen Maschinenfabrik Eitle in der Rosenbergstraße als Mädchen für alles eingestellt zu werden, speziell für die Portokasse und für die Anfertigung von Lichtpausen –, man atmet dabei viel Salmiakduft ein. Der ganze Betrieb war, wie es mir vorkam, technisch-wirtschaftlich etwas verlottert, aber das war ein Vorzug: Der politische Wind blies da nicht so scharf.

Im Januar 1942, auf der berüchtigten Wannseekonferenz unter dem Vorsitz von Reinhard Heydrich, wurde die „Endlösung der Judenfrage" im technischen Detail geregelt – begonnen hatte die Mordaktion, mehr ‚handwerklich', schon ein halbes Jahr früher. Aber für den Massenmord war industrielle Perfektion unerlässlich, und was die Deutschen machen, das machen sie gründlich. Nötig war die Konferenz vermutlich auch, weil hier ein Millionen-Massenmord zu regeln war, ohne dass man auf einen förmlichen schriftlichen Befehl Hitlers, der für die horrende Aktion doch eigentlich unverzichtbar war, hinweisen konnte. Ein solcher Befehl ist bis heute nicht nachweisbar. Dass Hitler höchstpersönlich die Aktion ausdrücklich befohlen hat, dafür gibt es trotzdem zweifelsfreie Beweise. Er hat sie eben nur mündlich (gegenüber Himmler und/oder Heydrich) befohlen, und die gaben die Befehle ebenfalls in möglichst wenig nachweisbarer Form bei jener Wannseekonferenz weiter, und alle verließen sich darauf, dass das genügen würde. Es hat ja auch wirklich genügt.

In den folgenden Monaten erfuhren wir also von vielen Menschen unserer Verwandtschaft oder Bekanntschaft, dass sie nacheinander den Befehl zur „Umsiedlung" bekamen. Dieses vernebelnde Wort sollte, genau wie das Vermeiden eines schriftlichen Befehls, die Aktion geheim halten, nicht nur gegenüber den Juden – von denen schleppten manche riesiges Gepäck mit, weil sie an eine bloße Ortsveränderung glaubten –, sondern auch gegenüber der deutschen Bevölkerung. Unter den Deutschen fand sich zwar eine genügende Anzahl Mörder, Mordhelfer und Mitwisser, ohne die die Aktion nicht hätte durchgeführt werden können. Aber auch diese hielten im Allgemeinen dicht. Und wo etwas durchsickerte – das kam vor –, da konnte man's nicht glauben. Es ist ja eigentlich auch völlig unglaublich und menschenunmöglich. Heute weiß nun freilich jeder und redet kühlen Kopfes und kühlen Herzens davon, dass man auch damals unbedingt mit so etwas hätte rechnen müssen, weil es doch absolut glaublich und menschenmöglich ist. – Das alles ist, von heute aus gesehen, ganz und gar unbegreiflich. Man muss die Naziwelt, das Führerprinzip, die abgrundtiefe Verachtung der Individualität kennen, muss insbesondere auch die barbarische Verhöhnung kennen, der damals alle mitleidsvollen Züge am Menschen beständig ausgesetzt waren, muss das alles durchdringende, aber nirgends fassbare denunziatorische Misstrauen, die Verrohung der Sitten in der Nazizeit und im Kriege kennen, um halbwegs zu begreifen, dass die horrende Aktion tatsächlich relativ geheim ablief. – Vom Schicksal der Deportierten drangen hin und wieder widerspruchsvolle Gerüchte zu uns, Genaueres war nicht zu erfahren.

Heute weiß man also, dass Else Perlen mit ihrem „Obsttägle", dieses harmloseste aller Menschenkinder, entweder in einem Wald hinter Riga erschossen oder irgendwo vergast worden ist. Von der alten, gebrechlichen Tante Betty habe ich noch ihre letzte Postkarte an meine Eltern, mit Bleistift gekritzelt und kaum lesbar, datiert 12. August 1942 aus dem jüdischen Altersheim in Berlin N 54, Gormannstraße 3: „In einigen Tagen geht unser Heim weg. Sobald ich schreiben kann, werde ich es von der neuen Heimat machen." Schreien möchte man, schreien ohne aufzuhören, wenn man das liest! Am 13. August schrieben meine Eltern ihr noch einmal. Der Brief muss sich mit jener

Postkarte unterwegs gekreuzt haben. Er kam zurück mit dem Vermerk: „Unbekannt verzogen".

Viele meist ältere Menschen entzogen sich der unerträglichen Last durch Selbstmord. In einem Nachbarhaus der Gustav-Siegle-Straße hatte das Ehepaar Moriz Lindauer gewohnt, bis sie gezwungen waren, die Wohnung zu verlassen und in das jüdische Altersheim Buttenhausen umzuziehen. Von dort hörten wir im August '42, man habe sie eines Tages tot aufgefunden. – Am 3. November desselben Jahres schrieb mein Vater eine Postkarte nach Paris, als Absender ist vorsichtshalber meine Schwester Ruth genannt, denn er selbst hätte sich ja „Ludwig Israel St." nennen müssen, und was mit der Karte dann passiert wäre, wusste man nicht, man war misstrauisch. Mein Vater also bat seinen Onkel (den Bruder seiner Mutter) Otto Lener in Paris um ein Lebenszeichen, weil wir lange nichts von ihm und den Seinen gehört hatten. Am 25. November schickte unser Vater eine zweite, dringlichere Karte hinterher, diesmal mit meinem Namen als Absender. Beide Karten habe ich noch, mit dem Vermerk „Retour, Famille décédée". Der französische Postbote konnte aber auch Deutsch und setzte noch dazu: „Verstorben".

Genug für jetzt. Die letzten anderthalb Kriegs- und Nazijahre 1944 bis Mai '45 bekommen nachher noch ein Extrakapitel. – Eine Frage muss ich aber noch beantworten, sie liegt euch vielleicht schon auf der Zunge: Weshalb sind wir denn nicht ausgewandert?

Bei der Entlassung aus Dachau hatte mein Vater sogar, wie jeder andere, unterschreiben müssen, dass er sobald wie möglich Deutschland verlässt. Und jetzt wollten auch alle. Die Folge war freilich, dass es jetzt schlagartig keine Möglichkeit mehr gab. Die Zielstaaten verschärften sofort ihre Einwanderungsvorschriften, weil sie solche Massen nicht aufnehmen wollten oder konnten. Und die Nazis erschwerten die Auswanderung, zu der sie die Leute verpflichtet hatten, aufs Äußerste: Man durfte pro Kopf nur zehn Mark und ein kleines Gepäckstück mitnehmen, musste also, ob man wollte oder nicht, dem Zielland als mittelloser Einwanderer für unbegrenzte Zeit zur Last fallen. Das ganze restliche Vermögen der Auswandernden fiel an den Nazistaat, unter dem zynischen Titel Reichsfluchtsteuer. – Irene Dische schreibt in ihrem Buch „Großmama packt aus", die Großmama habe, als sie mit ihrem Gepäck durch New York irrten und kein Vermieter sie aufnahm – an den Türen stand überall „No Jews" –, da habe die Großmama Hitler gepriesen, dass er nur einen Koffer erlaubt habe: Jüdischer Witz übers eigene Leid.

Meine Eltern hatten natürlich an Brasilien gedacht, und wir hatten begonnen, Portugiesisch-Unterricht zu nehmen, beim Senhor Carlos Goehring in der Klopstockstraße. Ich muss da wieder einmal etwas einflechten, damit nicht immer nur so Trauriges zu sagen ist: Viel Portugiesisch lernten wir nicht, unser Lehrer war ein sehr liebenswerter Herr, hatte als Techniker lange Jahrzehnte in Brasilien gelebt, aber als Lehrer war er nicht sehr geschickt und hatte wohl auch sein Deutsch ein bisschen vergessen. Den Ausruf „cautadinho", der etwa „armes Kerlchen" bedeutet, erläuterte er uns einmal mit „du armes schadhaftes Wesen du". Dass das bei uns prompt zum Geflügelten Wort aufrückte, könnt ihr euch vorstellen.

Aber dass wir nicht fortkamen, lag nicht nur an den Schikanen hier und dort. Im Grunde wollten meine Eltern nicht, davon bin ich überzeugt – gesprochen wurde ja von so etwas bei uns nicht. Mein Vater wäre vielleicht halben Herzens dafür gewesen, aber die Mutter durchaus nicht. Und deshalb letzten Endes auch der Vater durchaus nicht. Dass auch er an Deutschland hing, ist aus meiner Erzählung wohl deutlich geworden. Im ganzen Ersten Weltkrieg war er deutscher Soldat gewesen, in einem bayerischen Regiment, weil die Elsässer, entgegen sonstiger Gepflogenheit, nicht im Elsass eingezogen wurden; man traute ihnen wohl nicht so ganz. „Seine Majestät der König von Bayern haben Sich jedoch" (laut hier befindlicher Urkunde) „unterm 8. Januar 1917 Allergnädigst bewogen gefunden, dem Unteroffizier Ludwig Steinthal das Militär-Verdienstkreuz 3. Klasse mit Krone und Schwertern zu verleihen." – Es kommt aber noch besser: Das verrückteste Dokument aus meinem Nazizeit-Andenkenkasten will ich euch doch im ungekürzten Wortlaut zitieren:

> *Im Namen des Führers und Reichskanzlers.*
> *Dem Kaufmann Ludwig Steinthal, Stuttgart-Weil im Dorf,*
> *ist auf Grund der Verordnung vom 13. Juli 1934 zur Erinnerung an den Weltkrieg*
> *das vom Reichspräsidenten Generalfeldmarschall von Hindenburg gestiftete*
> *Ehrenkreuz für Frontkämpfer verliehen worden.*
> *Stuttgart, den 2. Mai 1935 / Der Polizeipräsident / (gez.) Kleiber.*

Die Urkunde habe ich noch, das Ehrenkreuz selbst ist verschollen. Lass fahren dahin! – Dass aber damals weder Vater noch Mutter daran dachten, sich scheiden zu lassen – denn dazu hätte man die Erlaubnis bekommen – für meinen Vater hätte das bedeutet: unbedingt auswandern, ohne Frau und Kinder, oder aber Auschwitz. Meine Mutter und wir Kinder hätten aber einfach dableiben dürfen, ohne Ehemann und ohne Vater. Dass die Beiden das nie auch nur im Entferntesten in Erwägung gezogen haben, das ist vielleicht die größte unter den heldenhaften Leistungen, die sie in jenen unseligen Jahren ganz im Stillen vollbrachten. Sie würden aber, wenn sie dies hier läsen, wohl eher sagen: „Was da, heldenhaft, gib nicht so an, selbstverständlich war's."

Sechstes Kapitel

„Andere absonderliche Gründe“? – Das ‚Steckkontakt’-Problem

Ich muss hier den Gang meiner Erzählung wieder einmal für ein allgemeineres Kapitel unterbrechen, nicht nur der Abwechselung oder der seelischen Erholung wegen. Eigentlich erholsam ist das hier Einzuflechtende nämlich nicht, – oder vielleicht doch? Wie auch immer: Es betrifft mich jedenfalls höchstpersönlich. – Gleich im ersten Kapitel, ihr erinnert euch wohl, habe ich erzählt, dass ich sehr lange nicht in Haspe gewesen war, weil bald nach meinem letzten Besuch alle dortigen Verwandten weggezogen oder verstorben waren – „oder aus anderen, absonderlichen Gründen", über die ich aber erst noch nachsinnen wollte. Ob ich mit Nachsinnen jetzt fertig bin, ist mir nicht ganz sicher, aber ich fange eben schon mal an zu erzählen, vielleicht kommt der Rest des Nachsinnens unterm Erzählen von selbst.

Was die Hasper Verwandten betrifft, so weiß ich ehrlich gestanden gar nicht, wann die letzten dort weggezogen sind. Es wäre denkbar, dass ich aus anderen „absonderlichen" Gründen nie mehr dort war, nämlich weil sie mir in den Momenten, in denen ich sie etwa hätte besuchen können oder sollen, „absonderlicherweise" nicht nahe genug standen oder, andersherum gesagt, mir allzu sehr egal waren. Das klingt sehr hässlich, und es wäre mir wirklich lieb, wenn man schließlich auch weniger hässlich davon reden könnte.

Ich hatte tatsächlich ab und zu im Leben das starke Bedürfnis, mir die Menschen vom Leibe zu halten, nie längere Zeit hintereinander und nicht allezeit. Manchmal war ich sogar in sehr umgänglicher Laune, konnte etwa eine Gesellschaft ganz unsäglich zum Lachen bringen. Ich denke etwa an den Pompeji-Kurs des Deutschen Archäologischen Instituts 1979, da waren wir zur Abschluss-Sitzung abends auf halber Höhe des Vesuvs in einem Gartenrestaurant, und ich kommentierte in einer Rede den Kurs nur so ein bisschen, aber die Gruppe kam aus dem Lachen gar nicht heraus. Oder ähnlich bei einem der Ferienkurse der bayerischen Altphilologen in Marktoberdorf – der Erlanger Lateinprofessor Severin Koster sprach mich noch Jahre später, als wir uns zufällig trafen, darauf an: Er hätte nie gedacht, dass ich solch ein Spaßvogel sein könnte. – Es war auch nicht so, dass ich mit einigen, die mir eben sympathisch waren, immer guten Kontakt hielt, und die anderen dafür mied, sondern dies Distanzhalten konnte mir mit jedem passieren, – ausgenommen nur die Allernächsten in der Familie und im Beruf, weil die immer und unvermeidlich da waren: Da stand die Beziehung selbstverständlich und unausgesetzt ‚unter Strom'. Bei allen anderen war ein Entschluss meinerseits nötig, oder es musste, um im Bilde zu bleiben, erst ein Stecker in die

Steckdose gesteckt und ein ‚Steckkontakt' hergestellt werden, und der wurde eben manchmal nicht hergestellt.

Ich könnte eine lange, leidige Latte von Fällen aufzählen, wo ich jemanden nicht besucht oder ihm nicht geschrieben oder nicht telefoniert habe, der das vielleicht verdient oder von mir erwartet hätte, oder wo ich nicht zu einem Treffen, einem Stammtisch, einem Vortrag, einer Beerdigung gegangen bin, wo das wohl angezeigt gewesen wäre, oder wo mich jemand um eine Verabredung gebeten hatte und ich entweder nichts verabredet oder den schon verabredeten Termin mit irgendwelchen Gründen abgesagt oder auch ohne Grund nicht eingehalten, sondern mich nur hinterher notdürftig irgendwie entschuldigt habe. – Nun kann ja kein Mensch mit allen Menschen jederzeit alle derartigen Beziehungen pflegen, aber darum dreht es sich nicht. Von dem, was man nicht kann, ist man dispensiert. Ich rede von Fällen, wo ich mich nicht dispensiert fühlte, sondern das Gefühl hatte: Da solltest du... und wo ich dann doch den ‚Steckkontakt' nicht herstellte, wodurch die Gefühlslage natürlich nicht angenehmer wurde. Da bestand bei mir oft ein scharf empfundenes Missverhältnis zwischen Sich-verpflichtet-Fühlen und Handeln.

Ich schulde meiner lieben Frau mein Leben lang aus vielen Gründen Dank, unter anderem auch deshalb, weil sie mich mit ihrer Nächstenliebe und außerordentlichen Hilfsbereitschaft in manchen Fällen einfach mit sich gezogen und dadurch gehindert hat, mir die Menschen noch stärker oder noch öfter vom Leibe zu halten.

Besonders wenig gern denke ich an diese Gegebenheiten und besonders wenig fühle ich mich dispensiert im Blick auf meine Patenkinder. Ich bin in unseren jungen Ehejahren, als auch die Freunde und Verwandten jung verheiratet waren und ihre Kinder bekamen, bei sechs Kindern Pate geworden: Horst-Fedor, Elisabeth, Robert, Isabel, Günther und Waltraud. Sechs Patenschaften, war das vielleicht von vornherein zu viel? Aber weshalb eigentlich?

Mit zweien von ihnen haben Christa und ich je einmal eine mehrtägige Wanderung gemacht: Mit Robert auf der Insel Wight im Süden von England und mit Waltraud im Altmühltal in der Gegend von Solnhofen und Wemding. Sonst habe ich wohl hier und da dies oder das getan, aber aufs Ganze gesehen habe ich einfach das Gefühl: Sechs Elternpaare haben mir zugetraut, ein guter Pate zu sein, und ich war ein sehr schlechter. – Robert lebt heute nicht mehr, er ist kurz vor seinem 18. Geburtstag bei der nächtlichen Heimfahrt von einer Party mit dem Fahrrad tödlich verunglückt. Sein sehnlichster Wunsch für den bevorstehenden Geburtstag wäre ein Motorrad gewesen. Die Eltern hatten Bedenken wegen der größeren Gefahren, da kam er mit dem Fahrrad um sein junges Leben. – Die anderen leben noch, und wenn je einer oder eine von ihnen diese Zeilen liest, bitte ich ihn oder sie um Verzeihung für das Versäumte.

Wenn ich nach Gründen für die Versäumnisse forsche, kommt mir eine stereotype, scherzhafte Auskunft meines klugen Schwiegervaters in den Sinn. Wenn man nämlich rätselte, worauf irgendein auffälliges Verhalten von Menschen oder auch Tieren zurückzuführen war, pflegte er die Unmöglichkeit, solche Gründe wirklich genau zu kennen, in die weisen Worte zu kleiden: „Da sind teils die Erbanlagen, teils die Umwelteinflüsse schuld." Recht hatte er. – Ich halte es für wahrscheinlich, dass ich „durch Erbanlagen und Umwelteinflüsse" von vornherein etwas eigenbrötlerischer war als mancher andere. Allerdings, dass ich schon als Kind „immer nur" das Konversationslexikon gelesen habe, wie mir der Familientratsch hartnäckig nachsagt, das darf ich entschieden zurückweisen. Ich kann beschwören, dass ich mit Eugen Dachtler auf der Wiese hinterm Haus Fußball gespielt habe, mehrmals. Allerdings doch wohl nicht sehr oft. In den Sportstunden bei unserem Herrn Ginader, das war so ein Feldwebeltyp, wie sie in der Nazizeit in diesem Beruf typisch waren, wurde ich immer in die „Riege 3", das heißt zu den „Flaschen", den Nichtskönnern eingeteilt. Wie es möglich war, dass alle meine Nachkommen, ganz ausnahmslos, eifrige und manche sogar tüchtige Sportler/innen geworden sind, weiß ich nicht. Immerhin: Mein Schwiegersohn Jochen Abele ist ein geborener Sportler. Darauf könnte es ja wohl, wenigstens zum Teil, zurückgehen.

Da man an den Erbanlagen nichts ändern kann, dürfte man sich diesbezüglich erst einmal dispensiert fühlen. Was die Umwelteinflüsse angeht, kann ich nicht umhin, auch hier wieder an die elende Nazizeit zu denken. Dass die Erlebnisse jener Jahre meine Fähigkeit zu einfachen und vielseitigen menschlichen Kontakten mindestens nicht verbessert haben, ist mein deutlicher Eindruck. Ich fühle mich in diesem Eindruck auch dadurch bestätigt, dass ich bei meinen beiden Schwestern Ähnliches zu beobachten meinte. Dass wir über das, was wir in jener Zeit erlebt haben, nicht miteinander sprechen konnten, habe ich schon erzählt. Das kann ich noch ein bisschen präzisieren: Übers rein Faktische, zum Beispiel „Wann war das doch?", hätten wir schon sprechen können, aber über das, was wir dabei erlebt haben, nicht. Auch hat diese ganz spezielle Schweigsamkeit nicht verhindert, dass wir alle drei nach dem Mai '45 sofort kräftig auflebten, vielleicht gerade deshalb besonders kräftig, weil dahinter noch jahrzehntelang jene grundsätzliche Schweigsamkeit verdeckt bestehen blieb.

Nicht nur dass wir nicht reden konnten: Es gab nach meinem Gefühl sogar Gründe, dass wir nicht reden durften. Die Millionen, die Unsägliches erlitten hatten und entweder in der unmenschlichsten Weise in die Gaskammern getrieben worden waren, oder die Polen und Russen, die von den Nazis als Untermenschen umgebracht wurden, oder die Behinderten mit dem nach Nazimeinung „lebensunwerten Leben", die vielen jungen Menschen, die in diesem Krieg hingeopfert wurden, alle die anderen Toten: Die konnten nicht mehr reden. Es wäre anmaßend gewesen, wenn wir, die wir, ganz ohne eigenes Verdienst, noch lebten, nun von dem, was uns begegnet war, hätten reden wollen. Unsere Sache war es nicht, zu reden, sondern jetzt endlich, da es wieder angängig war, ein normales, möglichst gutes mitmenschliches Leben zu führen. Das war noch das Anständigste, was möglich war.

Nun ist auf dieser Welt, unterm wechselnden Mond, zum guten Glück alles in fortwährendem Wandel, und so stellte sich auch bei uns die Fähigkeit, dergleichen anzusprechen, doch irgendwann, wenn auch zögerlich, wieder ein – aber bei uns dreien nicht zu gleicher Zeit. Unsere Älteste, Ruth, hat, wie oben erwähnt, im Jahre 1980, also 35 Jahre nach dem Ende der Nazizeit, eine öffentliche Umfrage unter „Zeitzeugen" beantwortet. Die Antwort beginnt mit dem bezeichnenden Satz „Lange habe ich gezögert...". In derselben Zeit hat sie auch wohl bei halböffentlichen Gelegenheiten darüber etwas gesagt, etwa bei einer kirchlichen Gemeindeversammlung. Unsere Schwester Herta, dreieinhalb Jahre jünger als Ruth, hat mir vor kurzem, da auch wir beiden das Sprechen inzwischen wieder gelernt haben, bekannt, sie hätte sich, wenn sie Ruth damals so sprechen hörte, immer nur nach dem nächsten Mauseloch umgesehen, in dem sie sich hätte verkriechen wollen. Ich glaube, Herta würde sich auch heute noch für unzuständig erklären, über diese Dinge vor anderen, etwa gar vor einer größeren Anzahl von Leuten zu reden.

Bei mir hat es auch länger als bei Ruth gedauert, aber irgendwann kam es doch dazu. Wenn ich mich recht erinnere, hat zum 50. Jahrestag der „Reichskristallnacht", also im November 1988, das heißt 43 Jahre nach dem Ende der Naziherrschaft, die Schülervertretung (SMV) unseres Tübinger Uhlandgymnasiums einen Studientag veranstaltet und unter anderem auch mich gefragt, ob ich bereit wäre, als „Zeitzeuge“ (das war halt das Wort damals) zu sprechen und mich befragen zu lassen. Da habe ich mir gesagt: „Wenn deine Schüler dich fragen, dann musst du antworten, denen bist du, so gut es geht, Auskunft schuldig.“ Ich weiß nichts Einzelnes mehr von dieser Veranstaltung, außer dass sie tatsächlich stattgefunden hat und dass wir – Schüler, Lehrer und auch ich – mit diesem Faktum einverstanden waren.

Die Nachfrage nach solchen Zeitzeugen wurde gerade damals plötzlich sehr groß: In einem der folgenden Jahre habe ich mich in ähnlicher Weise von den Schülern und Lehrern des Tübinger Carlo-Schmid-Gymnasiums befragen lassen (dessen Leiter, Dr. Dobler, hatte früher an unserem Uhlandgymnasium unterrichtet), und noch einmal bei der Tübinger Geschwister-Scholl-Schule. Das geschah 1993 aus Anlass der 50-jährigen Wiederkehr des tragischen Endes der „Weißen Rose“. – Eine frühere Tübinger Geschichts-Referendarin lud mich sogar als Zeitzeugen in ihre neue Schule in Mühlacker ein, und ich fuhr auch einmal hin. Ein zweites Mal habe ich dann aber doch abgesagt.

Das für mich persönlich Wichtigste geschah im Juli 1997: Da bat mich mein Freund Gerhard Weiss, ein Sohn jener in der Nazizeit so hilfreichen Familie in Weilimdorf, einen Vortrag mit Aussprache über meine speziellen Weilimdorfer Erfahrungen zu halten. Da kam das halbe Dorf, natürlich nicht die ganz Jungen, aber sehr viele von den etwa Gleichaltrigen – ich war damals 71. Auch aus Feuerbach waren einige von meinen Klassenkameraden da, der große Saal war brechend voll, neben vielen anderen habe ich meinem einstigen Mit-Fußballer Eugen Dachtler die Hand gedrückt; ich hätte ihn zwar nicht erkannt, aber er sagte, er sei's. Es war das letzte Mal, kurz danach ist er gestorben. Es war auch für mich ein sehr bewegender Abend, und ich dachte hinterher, und bin sicher, dass sich auch andere das fragten: „Weshalb ist man eigentlich nicht immer so freundlich miteinander umgegangen?“

Übrigens: Ihr fragt vielleicht, wie ich denn immer so genau wissen kann, was in welchem Jahr geschehen ist. Ich führe schon seit 1956 eine jährliche Liste wichtigerer Vorkommnisse, in Stichworten. In den ersten Jahren habe ich nur eingetragen, wo wir im Sommer im Urlaub waren – bitte schön, ist das etwa kein wichtiges Vorkommnis? Aber je länger die Jahre gingen, desto mehr schrieb ich auf, nicht weil unbedingt mehr vorkam oder mehr als früher wichtig war, sondern weil man, je älter man wird, seinem Gedächtnis desto weniger traut.

Diese Liste, ich nenne sie meine „Annalen", ist mir seither in vielen Fällen zum Erinnern hilfreich.

Ich glaube, dass inzwischen nicht nur meine Fähigkeit, über die Nazizeit zu reden, wiedergekommen ist, sondern im Laufe der wohltätig verrinnenden Zeit hat insgesamt mein Bedürfnis, mir die Menschen vom Leibe zu halten, abgenommen, und ich bin jetzt etwas ‚steckkontaktfähiger'. Meine Patenkinder haben davon freilich nichts mehr, sie sind alle längst erwachsen, um die 50 Jahre alt, und sind alle auch ohne mein Zutun gottlob sehr tüchtige Menschen geworden.

Wenn die Nazizeit bei uns drei Geschwistern einige Absonderung bewirkt hat, so kam bei mir selbst noch etwas dazu: Wenn ihr meine bisherige Erzählung überblickt, fällt euch vielleicht auf, dass kein einziger und keine einzige meiner Vorfahren oder Geschwister oder sonstigen näheren Angehörigen jemals eine höhere Schule besucht, geschweige denn studiert hat. Das war ganz allein mein Privileg. Dass manche von den anderen, ganz bestimmt meine beiden Schwestern, auch das Zeug zu einem erfolgreichen Studium gehabt hätten, daran lässt sich gar nicht zweifeln. Aber sie haben keine Gelegenheit bekommen. Ich habe das Privileg auch immer als Privileg verstanden, allerdings nicht als angenehmes. Es hat mich von den Familienangehörigen etwas abgesondert, nicht gerade sehr, aber doch spürbar – Menschen, mit denen man normalerweise eng zusammenlebt; aber mit wem von ihnen hätte ich über die Baugesetze des homerischen Hexameters oder dergleichen sprechen sollen?

Auf der anderen Seite hat dies Privileg bewirkt, dass ich mich auch in der Welt der studierten Gelehrsamkeit und Wissenschaft (der ‚sogenannten' Wissenschaft, sage ich gerne, – mich davon stets einigermaßen distanzierend) nie so recht zugehörig und problemlos wohl gefühlt habe.

Wenn ich heute auf das zurückblicke, was in diesem Kapitel zur Sprache gekommen ist, dann sehe ich, dass mich das alles sehr geprägt hat – das habe ich schon eingangs gesagt. Zu so höchstpersönlichen Dingen aber sollte man sich, wenn es irgend gehen will, einigermaßen positiv stellen. Anders kann es nur zu Unglück führen.

Als eine gewisse positive Folge dieser ganzen Bewandtnisse glaube ich jedenfalls anführen zu können, dass mir eine Neigung zur individuellen oder persönlichen Selbstständigkeit eigen ist. Das hat wenig mit trotzigem Aufbäumen gegen Reglementierung zu tun, und noch weniger mit einer Neigung zum Revolutionieren. Ich leiste gerne, was Umwelt, Gemeinschaft oder Staat von mir fordern, ich zahle auch gern Steuern – aber ich will selbst einsehen können, was man von mir will. Ich bin auch nicht zu anspruchsvoll bezüglich dessen, was man dabei mit „einsehen" meinen kann. Wenn ich es aber nicht kann, lehne ich das Geforderte, wenn irgend möglich, ab, oder erfülle es in einer nach meiner Einsicht veränderten Weise, – ohne Trotz, ich halte das in aller Ruhe für selbstverständlich.

Ich habe soeben von „individueller oder persönlicher" Selbstständigkeit gesprochen. Wenn ich wählen sollte, ob ich sie lieber „individuell" oder lieber „persönlich" nenne, dann ziehe ich das Wort „persönlich" vor – diese Vorliebe ist vielleicht ein bisschen schrullig, aber ich sehe als Altphilologe darin doch einen guten Sinn. „Individuum" besagt, dass der Mensch eine „unteilbare Einheit" ist, und mitgemeint ist seine Einmaligkeit und Unwiederholbarkeit, und vor allem, dass letztlich er, und nur er, über sich und das Seine zu entscheiden hat. „Person" sagt das alles wohl auch, aber dazuhin noch etwas Weiteres. Das lateinische Substantiv persona bezeichnet eigentlich die Maske des Schaupielers (in der Antike spielten Schauspieler stets in Masken); man erklärt dies Wort etymologisch aus dem Verbum per-sonare „hindurch-klingen, hindurch-sprechen", und meint damit, dass das, was aus der Mundöffnung der Maske erklingt, nicht Worte des zufälligen Schauspielers XY sind, sondern es sind Worte der Rolle, die er vertritt und darstellt.

Eine absolute, völlig schrankenlose Selbstständigkeit des Menschen gibt es gar nicht, oder aber die damit gegebene völlige Beziehungs- und Orientierungslosigkeit wäre gar nicht auszuhalten. Dem stimmt natürlich auch jemand zu, der die Selbstständigkeit als einen Zug der „Individualität" auffasst. Wenn ich dies Prinzip als „Personalität" bezeichne, stelle ich mir jedoch zusätzlich vor, dass jeder Mensch, auch gerade in seiner Selbstständigkeit, irgendetwas ihm Vorgegebenes, Über-Persönliches vertritt. Das zu Vertretende muss man gar nicht immer ausdrücklich beim Namen nennen, kann es noch nicht einmal, weil es ins Unbewusste hineinreicht, und weil es allzu komplex ist, um so einfach in Worte gefasst werden zu können. Aber man kann es immerhin in gewissen Grenzen frei wählen. „Gar nichts vertreten" kann man aber ebenso wenig, wie man wünschen kann, dass es irgendwo „gar keine Temperatur" gäbe. Ich denke also, Selbstständigkeit ist vor allem dann etwas Gutes, wenn man mit und in seiner „Person" etwas Gutes, das man gewählt hat, vertritt. Weil das in dem Wort „Person", für den Kenner, deutlicher zum Ausdruck kommt, ist es mir lieber als das Wort „Individuum". – Wie auch immer, ob personal oder individualistisch: Selbstständigkeit kommt nie in absoluter Unbegrenztheit vor, sondern nur als irgendwie „eingebundene".

Siebentes Kapitel

1944/45

Dass mein Vater sehr familiär fühlte und lebte, wisst ihr schon. Abends las er uns allen gerne etwas vor. Ich sehe vor mir Notizen, dass er beispielsweise einiges von Wilhelm Raabe, ferner Wilhelm von Kügelgens Jugenderinnerungen, von Albert Schweitzer „Zwischen Wasser und Urwald" oder von Fritz Reuter den humorigen Roman „De Reis nah Konstantinopel" mit und für uns gelesen hat. – Ich für meine Person habe diese freundliche Gepflogenheit, als ich selbst Familienvater war, nicht weitergeführt, und das tut mir hinterher sehr leid, sooft es mir ins Gedächtnis kommt.

Aber gänzlich unfamiliär lebte ich doch auch nicht. Als unsere Kinder klein waren, kamen sie am Sonntagmorgen immer zu mir ins Bett gekrochen, eine rechts, eine links, und ich erzählte ihnen in immer neuen Fortsetzungen die nie endenden Abenteuer und Streiche eines Phantasiewesens, „meines" Teddybärs Hugo. Hugo schrieb ihnen sogar Briefe und bekam natürlich Antwortbriefe; Hugos Briefe wurden an den unmöglichsten Stellen gefunden und waren sehr unorthographisch, woraus ich schließen möchte, dass sich all das in den Jahren abspielte, als unsere Kinder nach und nach mit dem Phänomen der Rechtschreibung bekannt wurden. Wir alle, Eltern und Kinder, hatten lange Zeit viel Spaß daran.

Die soeben genannten literarischen „Notizen" sind nicht in den im vorigen Kapitel erwähnten „Annalen" enthalten – die begannen ja erst 1956, elf Jahre nach dem Ende des Krieges –, sondern in dem Familientagebuch, das wir im Januar 1942 aus gegebenem Anlass zu führen begannen. Im Dezember 1941 hatten nämlich die Japaner Pearl Harbour überfallen, und in der weiteren Folge brach Brasilien die diplomatischen Beziehungen zu Deutschland ab und trat sogar in den Krieg gegen Deutschland ein. Der Briefwechsel zwischen Schül und Mädi hörte auf, und um der Tante später erzählen zu können, was bei uns los war, schrieben wir alles, Großes und Kleines, auf. Eintragen durfte ins Tagebuch, wer von uns wollte, und was und wie er wollte.

Unsere liebe Mutter trug allerdings nie ein, sie hatte von ihrem heimatlichen „Stall" her keine Beziehung zum Literarischen. Bei unserem Vater war, obwohl auch er keine höhere Schule besucht hatte, diese Beziehung doch recht lebhaft, er war zum Beispiel ein großer Briefschreiber. Seine weit zerstreute Verwandtschaft hatte er nicht nur, sondern er korrespondierte auch regelmäßig mit den Onkels, Tanten und Vettern in der weiten Welt. – Wir drei Kinder beteiligten uns gerne am Tagebuch-Schreiben.

Dies Tagebuch muss ich euch ein bisschen genauer schildern, sonst stellt ihr euch da etwas ganz Falsches vor. Es besteht aus drei Teilen. Der erste Teil wird am 17. Januar 1942 mit gemaltem Titelblatt von Hertas Hand eröffnet – ein ein ganz dünnes DIN-A6-Heftchen, das zuvor offenbar einem anderen Zweck gedient hatte, ich kann aber die schludrigen Eintragungen von früher nicht mehr entziffern. Das zweite Heft, in ganz anderem Format als das erste, reicht vom September '42 bis Ende '44. Den letzten Eintrag darin hat mein Vater geschrieben: „Ich seh' kommen, dies Buch geht zu Ende, ohne dass das im Zusammenhang damit gewünschte Ereignis eintritt." Welches Ereignis er da meint, ist eindeutig: das Ende des Krieges und der Naziherschaft. Das wagte er nicht offen zu schreiben, auch in unserem ganz privaten Tagebuch nicht, denn das hätte ja einmal einem Nazi in die Hände fallen können, und wenn der etwas von „Hoffnung auf das Ende der Naziherrschaft" gelesen hätte, das hätte verhängnisvoll sein können; also verschlüsselte er es. – Der letzte Teil des Tagebuchs sieht vollends ungewöhnlich aus. Ein Heft dafür gab es offenbar nicht mehr, wir benutzten von einem großen Abreißkalender die nicht abgerissenen Teile der Seiten. Der letzte Eintrag in diesem letzten Teil, also der letzte im ganzen Tagebuch überhaupt, ist von Ruth mit Rotstift geschrieben: „18. 6. 45. Und jetzt ist ER wieder daheim." Das war also schon einige Monate nach dem Ende des Krieges, und Ruth hätte ohne Bedenken Klartext schreiben können: Mit dem „ER" ist unser Vater und seine Heimkunft aus dem KZ Theresienstadt gemeint. Aber Ruth und wir alle verbanden mit unserem Tagebuch so sehr die Vorstellung „Vorsicht. Feind hört mit", dass wir uns auch damals noch verschlüsselt ausdrückten.

Wir hatten Angst und waren rundum misstrauisch. Aber diese Gefühle waren in jenem letzten Kriegs- und Nazijahr schon deutlich grundiert von Hoffnung, denn dass der Krieg mit einer Niederlage Deutschlands enden und somit unvermeidlich auch das Ende der Nazizeit bringen würde, das war jedem denkenden Menschen in Deutschland im Jahre 1944 klar. Das ist auch der Grund, weshalb ich hier diesen letzten ein bis zwei Nazijahren ein besonderes Kapitel widme.

Unklar war nur, ob man Hitlers Ende erleben und überleben würde: daher die Angst, neben aller Hoffnung. – Wir verschlüsselten freilich unsere Tagebucheinträge anno 1944 nicht mehr nur aus Misstrauen, sondern weil das Verschlüsseln auch Spaß macht – wer kennt das nicht! Am 26. Juli '44 lautet ein Eintrag: „Alte Wandervogelgebräuche kommen wieder zu Ehren." Da war nach einem schweren Luftangriff tagelang die Gasversorgung unterbrochen, wir hatten im Garten aus Steinen einen primitiven Herd aufgebaut, und unsere Mutter kochte darauf. Und ganz wenige Tage vorher, am 20. Juli '44, schrieb Vater nur, er wolle heute „kein politisch Lied" singen, sondern seiner Schwester das, was ihn an diesem Tag bewegte, später mündlich mitteilen. Das war der Tag, an dem die Stauffenberg'sche Bombe im Führerhauptquartier hochging, ohne aber ihren Zweck zu erfüllen und Hitler zu töten. – Wir schrieben aber so verschlüsselt, dass wir einiges später selber nicht mehr entschlüsseln konnten. Es war dann auch nicht mehr nötig. Tante Mädi hat das Buch nie zu Gesicht bekommen. Sie ist vorher gestorben.

Schwer verstehbar war und ist das Tagebuch aber nicht nur wegen der Verschlüsselung, sondern auch durch die kuriose Ausdrucksweise, deren sich vor allem unser Vater bediente, die aber auch wir Kinder sehr gern übernahmen. Einen gewissen esoterischen Familienjargon gibt es wohl in jeder Familie, aber ich habe den Eindruck, bei uns war er besonders ausgeprägt. Es zeigt sich da wohl ein starkes „Wir-sind-wir"-Gefühl, vielleicht eine innere Gegenwehr gegen all das Miese und Feindselige, das uns umgab. Kurz: Mein Vater liebte unübliche Ausdrücke, etwa aus der Kindersprache – ein Kindernarr war er nun einmal. So schrieb er statt Bank lieber „Binken" (Kindersprache für Bänkchen), und, da wir ja nicht nur das Große, sondern mit gleicher Hingabe auch das Kleine eintrugen, liest man „Wuff" statt „Wurst", „Appelimi" statt „Apfelsine" und „bitti kalt" statt „bitter kalt". Übrigens: Lebensmittel-Sonderzuteilungen und winterliche Temperaturen waren damals ja gar nichts Geringes, darauf zu achten war überlebenswichtig. – Das Tagebuch selbst heißt nie Tagebuch, sondern immer „Dagbauk". Das Wort stammt aus dem oben genannten Roman von Fritz Reuter, in dem das „lütte Dagbauk von Paulen" eine gewichtige Rolle spielt. Statt „die Kinder" konnte der Vater jiddisch „die Kinderlich" schreiben. Sein Wandervogelfreund Xavier findet sich im Dagbauk manchmal als „Zaferle". Oder er schrieb mündlichen Jargon, etwa „nüscht Besonderes" oder „schluckzessive", oder benutzte eine ganz verrückte Orthographie wie „heut tauz" (= „heute taut's"). Auch Schwäbisch kommt vor: „Gsälz" wird eingekocht, jemand wird „der Rost runtergetan" (= „er wird abgekanzelt"); statt „die Sachen" liest man mehrmals schwäbisch „das Sach" und so weiter.

Die immer häufiger und zerstörerischer werdenden amerikanischen oder englischen Luftangriffe auf Stuttgart wurden im Tagebuch besonders streng „verschlüsselt", das heißt überhaupt nie in Worten, sondern nur mit schwarzen Kreuzchen am Rande vermerkt, und extrem schwere mit zwei, drei oder vier Kreuzchen. Denn, das könnt ihr euch wohl kaum vorstellen: Es war zwar eine schlichte Tatsache, dass diese Angriffe stattfanden, Zehntausende von Menschen verloren ihr Hab und Gut und ihr Leben dabei. Aber ganz offen darüber zu reden, etwa gar in dem Sinne, das man den Nazikrieg verfluchte oder den „Endsieg" in Frage stellte, das durfte man nicht wagen, oder nur, wenn man ganz sicher war, dass der Angeredete kein Nazi war. Das war aber sehr schwer herauszukriegen. Man konnte zwar mit aller Gewissheit annehmen, dass es in jenem letzten Kriegswinter schon viele Leute gab, die Hitler vielleicht einst sogar zugejubelt hatten, das aber jetzt mit Sicherheit nicht mehr taten. Es gab aber kaum jemand, der das offen sagte. Das war zu gefährlich.

Totalitäre Staaten und tyrannische Herrscher fürchten die Wahrheit, sie erfinden deshalb für ihren Bedarf Pseudo-Wahrheiten. Hitler hatte sich eine Spezialwerkstatt für die Herstellung gangbarer Lügen geschaffen, das von Goebbels geleitete Reichspropagandaministerium. – Albert Speer, Hitlers Rüstungsminister, berichtet in seinen „Erinnerungen" von einem aberwitzigen Streit zwischen Göring und dem Luftwaffengeneral Galland. Dieser hatte Göring gemeldet, dass amerikanische Flugzeuge überm Reichsgebiet abgeschossen worden seien. Das durfte nicht wahr sein, denn Göring hatte in seiner idiotischen Prahlerei geschworen, kein feindliches Flugzeug werde nach Deutschland eindringen. Also erteilte er Galland nach längerem, sehr heftigem Wortwechsel den „dienstlichen Befehl", die von jenem gemeldete Tatsache sei keine Tatsache, folglich dürfe man davon nicht reden.

Jetzt ist von Papas Wandervogel-Freund Xavier Wittmer zu erzählen. Auch er wurde uns in jenen apokalyptischen Jahren ein Grund zur Hoffnung. Er war im Ersten Weltkrieg in der gleichen elsässisch-bayerischen Kompanie wie mein Vater gewesen, war katholischer Theologe und Priester geworden und lebte 1943 als Gemeindepfarrer in Obermorschwiller südlich von Mulhouse. Da hatte er nicht geruht, bis er unsere Adresse ausfindig gemacht hatte, und im „Dagbauk" sind am 2. Januar '43 „von Xavier zwei Riesenpakete mit guten und nützlichen Sachen" festgehalten, die er in seiner Gemeinde für uns gesammelt hatte – später kamen noch ein paar weitere. Im Mai '44 besuchte er selbst uns in Stuttgart. Ich erinnere mich, dass ich ihn zu seiner pflichtgemäßen Frühmesse in die St. Elisabeth-Kirche begleiten durfte. Meine Mutter lud er damals zu einem Gegenbesuch

Xavier Wittmer, Jugendfreund des Vaters, links eine Aufnahme aus dem 1. Weltkrieg (zusammen mit Ludwig Steinthal), rechts als Priester.

ins Elsass ein – nicht seinen alten lieben Freund, unseren Vater: Für den war Reisen zu gefährlich. Die gute Mutter wollte aber nicht, ihr war's nur zu Hause wohl. So reiste ersatzweise Ruth am 4. Juni nach Obermorschwiller und kam am 11. reich beschenkt heim. Inzwischen waren aber am 6. Juni '44 die Alliierten in der Normandie gelandet; Ruth hatte sich überlegt, ob sie sofort abreisen sollte, blieb aber dann doch noch. Sie erzählte, die elsässischen Bauern hätten damals schon heimlich ihre Trikoloren bereitgelegt.

Mitte November 1944 bekam ich per Postkarte den Befehl, mich am 22. November um 5 Uhr früh auf dem Bahnhof Bietigheim einzufinden, mit Marschverpflegung für drei Tage. – 50 Jahre später besuchte mich in Tübingen ein amerikanischer Student namens Bryan Mark Rigg. Er war Halbjude wie ich und wollte in den USA eine wissenschaftliche Arbeit über Halb- und Viertelsjuden in Hitlers Armee schreiben – er hatte die Vermutung, es habe davon vielleicht ein paar Dutzend gegeben, die wollte er in Deutschland ausfindig machen und interviewen. Am Schluss hat er fast 500 Interviews geführt, und das waren noch keinesfalls alle, die in Frage gekommen wären. Aus der Arbeit ist ein dickes Buch mit dem Titel „Hitlers jüdische Soldaten“ geworden. – Bei mir fand er für sein Buch nichts, ich war ja nicht Soldat gewesen. Er unterhielt sich aber interessiert mit mir und fragte, warum ich denn damals diesem Postkartenbefehl so einfach gehorcht hätte. Darauf war die Antwort nicht schwer: weil es keinerlei realistische Alternative gab. Es gab zwar, wie man nach dem Krieg hörte, mutige Deutsche, die von Deportation bedrohte Juden verschwinden ließen und beschützten. Aber so jemanden kannte ich nicht, und man kann nicht zu irgendwem einfach hingehen und sagen „versteck' mich“. Aufs Geratewohl mich zu verdrücken, dafür war ich nicht mutig genug, war auch misstrauisch, ob das nicht böse Folgen für meine Familie gehabt hätte. Denn die Nazis praktizierten in solchen Fällen oft die sogenannte „Sippenhaftung“.

So fuhr ich mit dem ersten Zug um 3.50 Uhr nach Bietigheim, wo ich mit etwa 70 Schicksalsgenossen zusammentraf. In mehrtägiger Fahrt kamen wir nach Wolfenbüttel, wo zunächst kein Mensch wusste, was mit uns anzufangen sei. Das klärte sich, wir bekamen eine leer stehende Baracke auf dem Gelände des Bahnhofs Wolfenbüttel-West zugewiesen, wo wir die ersten Nächte auf dem Fußboden kampierten, bis Bretter und teils verlauste Strohsäcke zum Bau von „Fallen“ – so sagte man damals im Kasernenjargon für Betten – eintrafen. Als die Baracke so weit war, fuhren wir jeden Morgen um 6 Uhr in einem besonderen Wagen an einen planmäßigen Zug angehängt zirka 30 Kilometer weit – das dauerte damals etwa eine Stunde – nach Vienenburg am Harz, wo wir Pickel und Schaufeln „fassten“ und eine vermutlich sehr kriegswichtige Wasserleitung nach Goslar bauen mussten. Eigentlich war vorgesehen, dass wir dann eine neue Baracke in vernünftiger Nähe zu ‚unserer' Wasserleitung beziehen sollten, wir fingen auch an, sie zu bauen, aber es wurde sehr rasch sehr kalt, der Bau musste eingestellt werden, und es blieb bei der täglichen Bahnfahrt.

Die Arbeit war hart, keiner von uns war derlei von Berufs wegen gewohnt. In dem im ersten Kapitel erwähnten Tagebüchlein sehe ich heute aber meinen Eintrag vom 18. Dezember: „In sehr hartem Stein gegraben, aber trotzdem froh und guter Laune.“ Und ähnlich noch öfter. Wenn ich das lese, habe ich den Eindruck, dass ich doch ein halbwegs würdiger Sohn meines lebenskräftigen, lebensmutigen Vaters war, und ich freue mich darüber. Nun, ich war mit meinen 19 Jahren einer der Jüngsten dort; die Älteren hatten es sicher schwerer. – Beaufsichtigt wurden wir von einem Tiefbauarbeiter namens

Döpelheuer, der außerordentlich wenig sprach und dabei den Mund außerordentlich wenig öffnete. „Der Grahm muss noch brahta wean", sagte er beispielsweise. Aber er schikanierte uns nicht. Das Essen wurde von irgendwoher angekarrt, ein paar Mal war es sauer geworden, wurde aber doch gegessen. Briefe nach Hause durften wir schreiben und empfangen, mit Vorsicht wegen Zensur.

Das seltsame Nebeneinander von unbewachter Bahnfahrt und Eingesperrtsein im Lager war schwer zu begreifen. Es verlangte auch niemand, dass wir es begriffen. Das Lager in Wolfenbüttel unterstand, wie wir hörten, der Aufsicht eines gewissen Herrn Macke in Braunschweig, zirka 15 Kilometer entfernt. Auch das war seltsam. Zu ihm wurden immerhin gelegentlich einige von uns zwecks irgendeiner Zurechtweisung einbestellt. Ich habe ihn nie gesehen. Von dem anfänglichen strengen Ausgehverbot hieß es am 18. Februar '45, es könne „großzügig aufgefasst werden". Ich habe im Rückblick den Eindruck, dass ich die ganze Wolfenbütteler Zeit fern der Wirklichkeit wie in einem wenig angenehmen Traum lebte, dem leider nicht zu entrinnen war.

Dass unsere Lage trotzdem keinesfalls harmlos war, spürten wir irgendwie jederzeit, und ausdrücklich erfuhren wir es im Februar und März '45: Da wurde an zwei Tagen im Lager bekanntgemacht, dass mehrere Kameraden – namentlich genannt – wegen irgendwelcher mir nicht bekannten Vergehen „ins KZ überstellt" worden seien. – An den arbeitsfreien Sonntagen im Lager waren wir aber nicht gehindert, beispielsweise einen Lesekreis mit Shakespeare-Dramen zu veranstalten; wir hatten einen guten Shakespeare-Kenner unter uns. Auf Weihnachten erlaubte uns der Kapo Döpelheuer, in der Nähe der Baustelle ein kleines Tännchen zu fällen. – Ich fand in Wolfenbüttel Freunde, besonders die Brüder Heinz und Gustav Bleicher und den etwas älteren Fritz Majer-Leonhard. Ich muss mir nur vorwerfen, dass ich sie nach dem Krieg, als es mir um Abitur und Studium zu tun war, sehr vernachlässigt, also den bewussten ‚Steckkontakt' kaum mehr betätigt habe. Dass Krieg war, merkten natürlich auch wir. Unser Zug nach Vienenburg oder zurück kam oft um Stunden verspätet oder fuhr riesige Umwege oder fiel ganz aus. Nach einem Bombenangriff auf Vienenburg oder Oker wurden wir statt zum Tiefbau zum Katastropheneinsatz kommandiert, gruben Leichenteile aus Trümmern und schaufelten Gräber für sie.

Ich darf jetzt aber von einem Glücksfall berichten, der mir in Wolfenbüttel begegnete. Da muss ich vorausschicken, dass ich um

Ostern 1940 in der Stuttgarter Waldkirche am Kräherwald konfirmiert worden war. Unter meinen Mitkonfirmanden waren ein paar Schüler des Stuttgarter Eberhard-Ludwigs-Gymnasiums, genannt „Ebelu". Von ihnen hörte ich, dass sie Griechisch lernten, sie sprachen von Xenophon und derlei fremden Namen, und als wir einmal bei unserem Pfarrer Hans Stroh eingeladen waren, lernte ich durch neugierige Blicke in sein Neues Testament auch die griechische Schrift genauer als im Geometrieunterricht kennen. Ich konnte sogar das Wort „Apokálypsis" entziffern und konnte erraten, dass es wohl „Offenbarung" heißen muss: das war auf der gegenüber liegenden Seite im deutschen Text zu sehen. Ich kann nun unmöglich sagen, wie und warum: Mich erfasste eine ganz irrationale Lust, das alles auch lernen zu dürfen und mit jenen Jungen aus dem Ebelu auf gleichen Stand (heute sagt man: „auf Augenhöhe") zu gelangen. – Einstweilen blieb es aber bei dem stillen Wunsch.

Da fand sich nun ein paar Jahre später in Wolfenbüttel unter den Kameraden ein evangelischer Vikar, der oben genannte Fritz Majer-Leonhard – sein Vater war, soviel ich weiß, Oberstudiendirektor in Frankfurt gewesen. Als der hörte, dass ich Lust hatte, Griechisch zu lernen, sagte er gar nichts, ließ aber, schnörkellos wie er in allem war, prompt von daheim ein Griechischlehrbuch kommen, und nun wurde griechisch dekliniert und konjugiert, auf der Zugfahrt oder abends auf der heimischen „Falle" oder, wenn der Kapo mal gerade nicht hersah, auch in unserem Wasserleitungsgraben. Sehr weit war in der knappen Freizeit und bei der ständigen Müdigkeit nicht zu kommen, aber ein Grund war gelegt, und es sollte daraus mein Beruf werden.

Aus einem der Briefe von zuhause erfuhr ich, dass mein Vater sich am 12. Februar '45, genau wie ein knappes halbes Jahr zuvor ich selbst, um 5 Uhr auf dem Bahnhof Bietigheim hatte stellen müssen. Er folgte dem Befehl vermutlich ebenso wie ich aus dem Gefühl des Mangels jeglicher Alternative. Verhaftet wurde man damals nicht mehr, es genügte ein solcher Stellungsbefehl per Postkarte. Ganz Deutschland war im Laufe der Zeit ein riesiges Gefängnis geworden: Einige darin gehörten stets und grundsätzlich zu den Gefangenen, darunter die Juden, und auch mein Vater sah sicher klar, dass das „Privileg" seiner Ehe jetzt völlig wertlos geworden war. Einige andere, das waren aber nur ganz, ganz wenige, gehörten stets zum Wachpersonal; man kann sogar fast sagen, dass das nur einer war: Hitler selbst. Auch Leute, die ihm ganz nahe standen, konnten sich nämlich ihrer Freiheit und ihres Lebens nie ganz sicher fühlen. Die große Masse in dem „Gefängnis

Deutschland" gehörte, je nach Lage und Gelegenheit wechselnd, mal zu den Gefangenen und wurde entsprechend schikaniert und kujoniert, oder sie war Wachpersonal und durfte dann die anderen kujonieren, und sie glaubte das wohl sogar tun zu müssen, um nicht selbst unter die Räder zu kommen.

Wohin unser Vater damals kam, erfuhren meine Mutter und meine Schwestern nicht, und also auch ich nicht. Erst nach dem Krieg hörten wir: „Theresienstadt". Der Name war uns noch so gut wie unbekannt. Es war ein eigenes Juden-KZ in Tschechien, mit einer gewissen Selbstverwaltung der Häftlinge, aber harmlos war das nicht – harmlos war gar nichts. Von Zeit zu Zeit gingen, wie man heute weiß, große Transporte von dort in die östlichen Vernichtungslager.

Das alles hatte unser aller Angst verstärkt, aber zugleich damit wuchs immer auch jene tief-innere unbändige Hoffnung. Bei uns in Wolfenbüttel bekam sie den entscheidenden Auftrieb am 6. April '45, als plötzlich frühmorgens zwei von uns weg waren, und zwar ganz eindeutig nicht „ins KZ überstellt". Man flüsterte unter der Hand, sie hätten in der Nacht ein Schaufenster aufgebrochen, zwei Fahrräder geklaut und seien, hoffentlich, auf dem Weg nach Stuttgart. Ehe wir noch klar waren, was davon zu halten sei, verbreitete sich das Gerücht, jener ominöse Herr Macke in Braunschweig habe verlauten lassen, er gedenke wegen uns, oder besser gesagt gegen uns, nichts mehr zu unternehmen. Er hatte vermutlich, der Kriegslage entsprechend, „kalte Füße" bekommen. Am 7. April waren wir nochmals auf der Baustelle, aber am 8. April, das war ein Sonntag, also arbeitsfrei, machten wir uns in der Frühe davon, eine Gruppe von vier Kameraden, und andere Gruppen machten es vermutlich ebenso, das weiß ich im Einzelnen nicht: Jede Gruppe konnte nur für sich selbst sorgen.

Wir versuchten's zuerst per Anhalter, aber als wir am späten Nachmittag immer noch am Straßenrand standen – wir waren ja nicht die einzigen, die wegwollten, Verwundete standen da, deren Lazarett aufgelöst war, Zwangsarbeiter, Flüchtlinge aller Art: Wir hatten den Eindruck, alle Welt ist unterwegs – da marschierten wir zum Bahnhof und stiegen in den einzigen Zug, der zwei Stunden später, von vielen vorauseilenden Gerüchten angekündigt, abfuhr, nach Magdeburg. Das war zwar ganz die falsche Richtung, aber wir wollten erst mal nur weg. In Magdeburg nächtigten wir mit einer riesigen Menschenmenge dicht an dicht in der Unterführung.

Wie es von dort in insgesamt fünf Tagen weiterging bis Cannstatt, über Dessau, Leipzig, Hof, Regensburg, München, Augsburg, Ulm,

Münsingen, Reutlingen (von Münsingen nach Reutlingen gab es seinerzeit noch eine Bahn), manchmal im Zug, manchmal auf dem Trittbrett, lange Strecken auch einfach zu Fuß, unter gelegentlichem Beschuss durch Tiefflieger, das will ich nicht im Einzelnen herzählen. – Etwas vom Seltsamsten geschah in Regensburg. Da stiegen wir in den völlig überfüllten Zug nach München, und zwar durch ein Fenster, das die drinnen unvorsichtigerweise geöffnet hatten – es war recht warm. Zuerst stemmten die Kameraden mich hoch, ich zog sie dann nach. Die etwas dunkelhäutigen besseren Herren, die dicht gedrängt im Abteil saßen, betrachteten uns höchst indigniert, unternahmen aber nichts, denn vermutlich wollten auch sie um keinen Preis riskieren, dass etwa wegen ihres Protests der Zug nicht abgefahren wäre. Es stellte sich heraus, dass wir in einem Sonderwagen beim Gefolge des Großmuftis von Jerusalem gelandet waren. Der hatte soeben fünf vor zwölf noch einen Staatsbesuch bei Hitler gemacht.

In Cannstatt vor der Neckarbrücke war die Fahrt zu Ende. Der Stuttgarter Hauptbahnhof war nicht mehr anfahrbar. Die Brücke stand gottlob noch. Ich hatte zwar Bedenken, es gab aber keine Wahl. Ich kam unbehelligt hinüber. Auf möglichst abgelegenen Wegen schlich ich die weite Strecke hinauf zur Gustav-Siegle-Straße, legte mich, da niemand zu Hause war, hinter die Balkonbrüstung, um nicht sichtbar zu sein, und als ich dort von den Meinigen entdeckt wurde, war große Freude, die auch alsbald im Dagbauk notiert wurde. Das war am 12. April 1945, die folgenden neun Tage musste (und konnte) ich mich noch versteckt halten.

Der Krieg ging, so steht's in den Büchern, am 9. Mai '45 zu Ende, mit der Unterzeichnung der bedingungslosen Kapitulation durch Keitel. Das ist der offizielle Termin. In Stuttgart sahen wir schon am 21. April von der Höhe der Gustav-Siegle-Straße über den Stuttgarter Talkessel hinweg, wie auf der Degerlocher Seite die französischen Panzer die Alte Weinsteige herabrollten. Es war ein wunderbarer, sonniger Frühlingstag.

Damit waren noch keinesfalls alle Schwierigkeiten erledigt. Nicht nur die Versorgungslage war weiterhin miserabel, sondern auch wir in unserer Familie wurden von den Alliierten, wie alle anderen Leute, natürlich als Deutsche, also als Feinde, wahrgenommen. Zu genaueren Erklärungen hatte niemand Zeit noch Lust. – Wir erlebten das nicht so hart wie der aus Königsberg stammende, nach dem Krieg in Stuttgart wirkende Violinist Michael Wieck. Der war Halbjude wie ich, aber mit dem gewichtigen Unterschied, dass er der jüdischen

Religion angehörte, deshalb unter der Rubrik „Geltungsjude" lief – das war eine dieser zynischen Nazi-Unterscheidungen – und den Judenstern tragen musste; er ist drei Jahre jünger als ich.

In seinem Buch „Zeugnis vom Untergang Königsbergs" schildert er, wie er nach all den jahrelangen Nazi-Schikanen und Demütigungen, als dann die Russen in Königsberg waren, von einer Minute auf die andere nur noch Deutscher war und in dem russischen KZ Rothenstein Unsägliches zu erleiden hatte. Sein Buch ist aber vor allem auch ein Dokument menschlichen Verstehens, es lässt den Russen trotz allem Gerechtigkeit widerfahren. Sie hatten ja von den Deutschen wirklich Schreckliches ertragen und litten außerdem in Königsberg als siegreiche Eroberer fast genausoviel Not wie die besiegten Deutschen.

Das widerfuhr uns also nicht so hart, und vor allem kam das alles gar nicht auf gegen die überwältigende Empfindung des Befreitseins von den Schrecknissen der Bombennächte und den noch ärgeren der Naziherrschaft. – Wir bekamen acht marokkanische Soldaten als Einquartierung. Ich spielte mit ihnen stundenlang Domino und hielt sie dadurch erfolgreich davon ab, meinen Schwestern nachzustellen. Wenige Wochen später musste Stuttgart von den Franzosen an die Amerikaner übergeben werden: die Letzteren verlangten, dass die Autobahn Karlsruhe-München auf ihrer ganzen Länge durch die amerikanische Besatzungszone lief, und gegen das mächtige Amerika war das arme Frankreich machtlos – Sieger waren ja beide, aber mit Unterschied. Die „Amis" nahmen das Fraternisierungsverbot genauer als die Franzosen, ich spielte also nicht mehr Domino, aber vor den Amerikanern hatten meine Schwestern auch weniger Angst. – Die Amis nahmen Häuser auch nur in Beschlag, wenn sie von ihren Bewohnern vollständig geräumt waren. Das geschah manchmal mitten in der Nacht. Am 29. April mussten wir laut Dagbauk plötzlich die Bewohner mehrerer Nachbarhäuser aufnehmen: Da ‚wohnten' 24 Personen bei uns.

Bei der Eröffnung der provisorischen Stuttgarter Synagoge in der Reinsburgstraße gab der neue Oberbürgermeister Arnulf Klett bekannt, die Stadt Stuttgart werde Omnibusse nach Theresienstadt entsenden, um die Stuttgarter Juden von dort nach Hause zu holen. Dass das uns anging, war uns gar nicht klar. Es ging uns dann auch tatsächlich nichts an, denn unser Vater, selbsttätig wie immer, wartete diese Busse nicht ab, sondern machte sich mit ein paar Kameraden schon vorher auf den Weg. Am 1. Juni erreichte uns eine erste Postkarte von ihm, noch aus Theresienstadt, und am 18. Juni war er selber da, sehr abgekämpft und geschwächt, aber lebend, und unsere Freude und Dankbarkeit waren riesengroß: Wir konnten's kaum glauben, unsere ganze Familie war wieder beisammen.

In den folgenden Monaten stellten wir eine große Zahl von „Persilscheinen" aus: Bescheinigungen für Bekannte, die gegenüber den „Entnazifizierungs"-Spruchkammern nachweisen wollten, dass sie keine Nazis gewesen waren. Wir halfen großzügig, wo wir den Eindruck hatten, es sei am Platze. Dem hilfreichen Dr. Holz vom Landesarbeitsamt zu helfen war nicht leicht, denn er war Oberregierungsrat, und alles, was Rat hieß, stand bei den Amerikanern von vornherein im Verdacht, Nazi zu sein.

Es gab natürlich auch Jämmerlinge, die erst jetzt plötzlich entdeckten, dass sie „schon immer dagegen gewesen seien". Wie viele das waren, und wer im Einzelnen dazugehörte, das kann kein Mensch feststellen. Als wahrscheinlich darf man annehmen, dass es nur wenige gab, die von dieser Art von Jämmerlichkeit ganz frei waren, aber auch umgekehrt, dass es 1945 nur noch wenige gab, die unbeirrt an der Naziideologie festhielten. Man hat das Entnazifizierungsverfahren oft gescholten, aber dass es den Amerikanern Ernst damit war, den Nazigeist auszurotten, ohne gleich das ganze deutsche Volk auszurotten, das muss man annehmen, und ob das mit anderen Maßnahmen besser zu leisten gewesen wäre, darf bezweifelt werden. Es war für die demokratiegewohnten Alliierten sicher nicht leicht, sich in der von den Nazis hinterlassenen politischen Wüstenei gedanklich zurechtzufinden und gerecht zu verfahren. – Ich persönlich bin bereit, auch für die Deutschen Verständnis zu haben: Es war für viele von ihnen 1945 bestimmt nicht leicht, sich innerlich richtig zu „orten" und diesen ihren „Ort" nach außen in vertretbarer Weise zu zeigen.

Mindestens jetzt im Nachhinein sehe ich das alles so – damals '45 war ich politisch sehr naiv (im Grunde bin ich das meinem ganzen Naturell nach wohl durchweg). Ich dachte wenig daran, dass die alten Nazis zum Teil vermutlich noch immer Nazis oder mindestens von der Nazidenkweise, unbekannt wie tief, angekränkelt waren. Die anständigeren unter ihnen hielten sich wenigstens zurück; dem Herrn Globke, der es unter der Regierung Adenauer zum Staatssekretär brachte, obwohl er in der Nazizeit maßgebend an der Kommentierung der Nürnberger Judengesetze beteiligt gewesen war, muss man mindestens vorwerfen, dass ihm dieser erforderliche Grad von Anstand abging. – Dass es allerdings 50 Jahre später in Deutschland, und nicht nur hier, Neonazis geben würde, hat 1945 wohl kein Mensch angenommen. – Ach, was ist das alles für ein Elend!

Alsbald konstituierte sich die VVN (Vereinigung der Verfolgten des Naziregimes). Ich trat ihr, und zwar mit ganz bewusster Absicht, nicht bei. Ich hatte keinerlei Neigung, mich jetzt noch länger von den normalen Deutschen abzusetzen, sondern war froh, die Sonderrolle, die uns jahrelang aufgezwungen worden war, endlich los zu sein. – Viel später, lange nach dem Tod meines Vaters, als sich bei mir allmählich und sehr zaghaft das Verlangen regte, den elenden Nazizeiten forschend und begreifend nachzugehen, fand ich einen Brief von ihm, in dem er sich in ähnlichem Sinne äußerte. Er war zwar Mitglied jener VVN, vertrat in dem Brief auch die Meinung, dass geschehenes Unrecht ausgeglichen werden müsse, lehnte jedoch jede bevorzugte Begünstigung der Verfolgten ab. Hilfe und Begünstigung, so schrieb er, müsse jeder bekommen, der es nötig hat, auch die Flüchtlinge, die Ausgebombten und so weiter, und wer sich irgendwie selber helfen könne, solle das tun und Gott danken, dass er dazu fähig sei.

Mein Vater entschloss sich jetzt, die Konfession seiner Frau und seiner Familie anzunehmen. Er nahm Unterricht bei dem Stuttgarter Prälaten Erwin Issler, der in unserer Nähe wohnte, und wurde in unserer Waldkirche getauft. In den letzten Jahren seines Lebens war er gewähltes Mitglied des Kirchengemeinderates dieser Kirche.

Beim nachträglichen Lesen meiner Nazizeit-Kapitel fällt mir auf, dass ich sehr einseitig, nämlich fast nur das erzählt habe, was direkt mit dem Nationalsozialismus zu tun hatte, dagegen Normales und Privates so gut wie gar nicht. Natürlich gab es in jenen Jahren auch Normales und Privates: Es gab Geburtstage, Weihnachten und so weiter, ich wuchs heran und erlebte, was man dabei erlebt. Ob es allerdings wirklich alles, und ob wirklich alles normal war, was ich erlebte, wusste und weiß ich bis heute nicht: Ich habe keine Vergleiche. Es gab aber jedenfalls die Natur, gab Sommer und Winter, Tag und Nacht und so weiter. Es kommt mir aber so vor, als sei das alles damals wie unwirklich, wie hinter Schleiern vor sich gegangen, oder wie von Schimmel und Rost überzogen gewesen. – Eines, das meinem Alter wohl angemessen gewesen wäre, habe ich tatsächlich gar nicht erlebt: eine Tanzstunde und das dabei übliche harmlose Vergnügen des Umgangs mit Mädchen. Ich habe da wohl wirklich Unentbehrliches und auch Unwiederholbares versäumt und war und blieb auf diesem Gebiet immer tollpatschig. Nicht umsonst habe ich mich oben mit dem Kyklopen Polyphem verglichen. Welch eine Klärung,

Bereicherung, ja geradezu Erlösung es da war, als ich bald nach dem Kriegsende meine Christa fand und ihre Liebe gewann, das kann ich kaum beschreiben. Nun, es wird ja jetzt schon allmählich heller am Horizont meiner Erzählung, wir kommen gottlob bald auf einen ganz neuen Abschnitt meines Lebens zu sprechen.

Die Tatsache, dass der Vater wieder da war, bedeutete nämlich für mich vor allem dies, dass meinem Wunsch, das Abitur zu machen und ein Studium zu unternehmen, nichts Grundsätzliches mehr im Wege stand. Ich hatte zwar inzwischen wieder eine Stellung als eine Art Bürohilfe bei einer Cannstatter Firma angetreten – es musste ja Geld verdient werden – , nahm aber alsbald auch Griechischunterricht bei einem Lehrer des Ebelu, Dr. Rudolf Griesinger, und als Mitte September 1945 in Stuttgart die Schulen wieder aufmachten, meldete ich mich bei dieser Schule an. Das Schulhaus war zerbombt, der Unterricht fand notdürftig in anderen Schulen statt, aber unsere Abiturklasse, in die ich, unter großzügiger Überspringung zweier Zwischenklassen, gleich eintrat, erfuhr eine gewaltige Bevorzugung: Deutsch, Latein und Griechisch, also wohl die Hälfte aller Stunden, hatten wir bei unserem Klassenlehrer Dr. Paul Ludwig, und er lud uns dazu in seine nicht ausgebombte Wohnung in der Hasenbergstraße 54 ein. Da war es eng, aber die persönliche Atmosphäre war sehr wohltuend. Wir waren dankbar dafür. In Griechisch hatte ich natürlich noch erhebliche Lücken.

Da wir viele Instrumentalisten in der Klasse hatten, gründeten wir ein Klassenorchester, das sonntags im Familien-Wohnzimmer des Mitschülers Uli Weitbrecht in der Fraasstraße 12a unter der Leitung unseres vorzüglichen Pianisten Wolfgang Dittus musizierte. Eine Anzahl verbogener und verbrannter Metallnotenständer bargen wir aus den Trümmern des alten Ebelu in der Holzgartenstraße und malten sie orangefarben an –, es gab gerade nichts anderes. – 50 Jahre später hatte Uli Weitbrecht die hübsche Idee, dieses Orchester, nunmehr aus lauter grau- oder weißhaarigen Herren bestehend, wieder ins Leben zu rufen und in dasselbe, jetzt von ihm bewohnte Haus einzuladen. Ich konnte von Tübingen aus ein paar Mal teilnehmen. Die Leitung übernahm wieder unser Freund Wolfgang. Leider starb er im Januar 2004 ganz plötzlich.

Im März 1946 machte ich ein vorgezogenes Kriegsteilnehmerabitur, die meisten Klassenkameraden drückten die Schulbank noch bis Juni. Im Sommersemester '46 begann ich mein Studium in Tübingen.

Achtes Kapitel

Studium, Verlobung, Hochzeit

Das Hochgefühl, das ich im Sommer 1946 jedesmal beim Betreten der Neuen Aula in Tübingen empfand, oder auch das, mit dem ich erstmals von der Wielandshöhe aus die Stadt überblickte, lässt sich kaum beschreiben. – Vom Fachstudium soll hier nun noch nicht viel die Rede sein (davon erzähle ich später), sondern erst einmal davon, was Tübingen sonst bot – und es bot viel –, und dass ich dort sehr bald meine spätere Frau kennenlernte. Heute sind Rankings von Universitätsleistungen doch sehr beliebt, da müsste man einmal eine hochwissenschaftliche Untersuchung anstellen, ob die Uni Tübingen mehr Erfolg in der Wissens- oder in der Ehevermittlung aufzuweisen hat. Mir jedenfalls hat sie sehr erfolgreich beides zugleich vermittelt.

„Fräulein" (so nannte man damals unverheiratete Frauen) stud. rer. nat. Christa Goebel wechselte zum Sommersemester 1947 von der Universität Göttingen nach Tübingen, zusammen mit ihrer Freundin Elisabeth Kretzmeyer. Sie hatten vor, zwei Semester zu bleiben, und Elisabeth ging auch zum Sommer '48 wieder zurück. Nicht so Christa. Ihre Mutter sprach alsbald in einem ihrer Briefe davon, dass bei dieser Sinnesänderung ihrer Tochter doch wohl der Gedanke an einen gewissen Herrn Steinthal (die Studenten siezten sich damals!) eine Rolle gespielt habe. Sie hatte eben ein gutes mütterliches Gespür, und Christa hat gegenüber ihrer Mutter sicher kein Geheimnis aus ihren Empfindungen gemacht. So etwas lag ihr auch gar nicht.

Wie haben wir uns aber kennengelernt? Das war gar nicht einfach: Die Naturwissenschaftler hatten den ganzen Tag in ihren Instituten in Präparier- oder Experimentalkursen zu tun, und wir Altphilologen hatten unseren Wandel weit davon entfernt in der schönen Alten Aula, dem stattlichen Renaissancebau neben der Stiftskirche. Bei den täglichen Studien bestand also keine Chance. Wenn es da nicht nebenher noch die Kurrende gegeben hätte, wäre gar nichts zu machen gewesen.

Die Kurrende war der Chor der Evangelischen Studentengemeinde. Sie besteht heute noch als großer Chor mit einem professionellen Leiter, seit vielen Jahren heißt er Benedikt Brändle, und tritt mit vorzüglichen Aufführungen an die Öffentlichkeit. Damals war es ein kleines Chörle, die ganze Uni Tübingen hatte höchstens 2500 Studenten, heute sind es mehr als zehnmal soviel, und Kurrendeleiter war damals ein musikliebendes und musikverständiges Chormitglied, kein Profi, sondern eben ein Laie, zur Zeit meines Eintritts unser lebenslanger Freund Gottfried Roller. Wenn der Kurrendeleiter den Eindruck hatte, es sei Zeit, dass er sich wieder um sein Studium kümmern sollte – denn als Kurrendeleiter hatte er es freilich sehr vernachlässigt –, dann ließ er seine Blicke über sein Grüppchen schweifen, sprach mit dem oder jenem, wohl auch mit dem ganzen Chor, und dann ernannte er seinen Nachfolger. So hatte einst Jan Hermelink (er war meines Wissens der erste Kurrendeleiter nach dem Krieg gewesen, oder aber der letzte während des Krieges, oder auch beides) sein Amt an Gottfried Roller übergeben, der gab es zum Sommersemester '47 an mich weiter, ich dann an Wolfram Glüer, dieser an Martin Hermann; weitere Namen weiß ich nicht. Außer mir waren alle soeben Genannten Theologen, außer Wolfram alle Schwaben – Wolfram kam aus Dankersen, heute ist das ein Stadtteil von Minden in Westfalen. Ein einziges Mal ergab es sich, ich weiß nicht wie, dass vier aufeinanderfolgende Kurrendeleiter in Tübingen zusammentrafen: Wolfram Glüer (hoher Tenor), Gottfried Roller (zweiter Tenor), Jan Hermelink (erster Bass) und ich (Kontrabass). Wir nahmen ein Boot auf dem Neckar – die Stiftler hatten dazu immer irgendwie Zugang – und sangen vierstimmige Männerchöre, unter anderem Hugo Distlers Mörikelieder.

Ich hatte den ersten Kontakt mit Chormusik erst im Dezember 1943 gehabt. Damals wurde in Stuttgart ein Chor zusammengesucht, der im Weihnachtsgottesdienst der Leonhardskirche singen sollte. Ich kam mir schon in der ersten Probe vor wie im siebenten Himmel und merkte mit erstauntem Vergnügen, dass ich sehr sicher vom Blatt sang und mich in den vier- und fünfstimmigen Sätzen bewegte wie der Fisch im Wasser. Von da an ließ mich das Chorsingen nicht mehr los: Ich sang, mit meinen Schwestern zusammen, besonders in Hans Grischkats Stuttgarter Singkreis. Grischkat veranstaltete auch einmal einen kleinen Chorleiter-Kursus, an dem ich teilnahm – das war meine Vorschule für die Kurrendeleitung.

Wohl wissend, dass ich zwar Kurrendeleiter, aber kein Musiker vom Fach war, lud ich mir einmal einen solchen als „Gastdirigenten" ein: den Stifts-Musikdirektor Walther Kiefner, mit dem ich auch sonst guten Kontakt hatte; ich sang ein Semester lang jeden Morgen um 7 Uhr in der großen Akustik der Stiftskirche zusammen mit einer Gruppe Theologen unter Kiefners Leitung klösterliche Mönchsgebete in den Kirchentonarten. Mit unserer Kurrende studierte er in einigen Abenden die fünfstimmige Motette „Viel werden kommen von Morgen und von Abend" aus der „Geistlichen Chormusik 1648" von Heinrich Schütz ein, und ich „schaute ihm auf die Finger". Kiefner leitete einen Chor anders als Grischkat, viel zurückhaltender, aber nicht weniger fesselnd. Vor allem entwickelte er, in aller Zurückhaltung, unser stimmliches Vermögen ungemein. Ich glaubte, in den paar Proben ein ganz neues Organ mit viel größerem Umfang bekommen zu haben.

An den Wochenenden unternahm die Kurrende ein- oder zweimal im Semester einen Ausflug in ein Dorf nicht allzu weit von Tübingen und verschönerte dort mit ihrem Chorgesang den Sonntagsgottesdienst. Da die evangelische Klerisei überall, und so auch in Württemberg, aufs Engste miteinander verwandt und verschwägert ist, hatte immer eines der Kurrendemitglieder Kontakt zu irgendeinem Pfarrhaus in der Umgebung und konnte unsere ganze Gesellschaft unschwer zu solchen Ausflügen einladen lassen. Nach der Kirche verteilten wir uns auf die Familien der Kirchgänger und wurden dort zu einem guten Mittagessen eingeladen, was, im Vergleich zu der kargen Studentenmensa in Tübingen, für uns hungrige Studiosen natürlich eine Hauptattraktion bei diesen Ausflügen war. Nachmittags sangen wir noch im Pfarrgarten oder sonst wo, und dann fuhren wir erlebnisfroh wieder in unsere Universitätsstadt zurück. – Ja, da wäre noch viel zu erzählen: von unseren Mondschein-Spaziergängen („Spuhz" nannten wir so etwas) zur Wurmlinger Kapelle etwa, aber das und vieles andere fällt jetzt notgedrungen und unerzählt unter den Tisch und bleibt eurer Phantasie überlassen. Ihr dürft euch ruhig vorstellen, dass es allzu schön war, um erzählt werden zu können. „O Traum der Jugend, o goldner Stern".

Sonntags traf sich die Kurrende, wie es ihrem traditionellen Namen entspricht, um 8 Uhr früh am „Kurrende-Eck", da wo Hölderlin-, Rümelin- und Silcherstraße zusammenstoßen, ging in eine oder auch zwei der nahegelegenen Kliniken und sang dort Choräle und andere geistliche oder weltliche Musik, von Schwestern und Patienten überall freundlich begrüßt. Anschließend zog man in die Stiftskirche zum Universitäts-Gottesdienst um 11 Uhr, und danach ging man in irgendwelchen Grüppchen essen. Da blieben einmal zwei Mitglieder alleine übrig, als alle anderen weg waren, das waren Christa Goebel und ich. Wir waren aber einander gegenseitig Gesellschaft genug und wanderten zum Essen in den „Ochsen" nach Derendingen. So fing es an. – Als wir im Januar 1999 in aller Stille, wir zwei ganz allein für uns, unsere „Goldene Verlobung" mit einem Spaziergang an der Steinlach entlang „begingen", spazierten wir noch ein bisschen weiter bis zum Derendinger „Ochsen"; der war kein Gasthaus mehr, aber doch durch seinen Aufgang noch als ehemals solches zu erkennen.

Wir blieben natürlich noch einige Zeit, aber höchstens ein Jährchen, beim formellen „Sie". Ich weiß nicht mehr wann, aber noch wo ich Christa das freundschaftlich-vertrauliche „Du" vorschlug: Es war ein Sonntags-Nachmittags-Spaziergang mit einer Gruppe aus der Kurrende zu Wolfram Glüer, der dazumal in Kusterdingen wohnte und uns zum gemeinsamen Singen und Abendessen eingeladen hatte, wie das unter uns in der Kurrende häufig geschah. – Christa ging bereitwillig auf das „Du" ein. Unser beider Beziehung war durch viele gemeinsame Interessen schon eine enge geworden. Eines Tages hatte sie mich noch zusätzlich in Erstaunen gesetzt, als ich entdeckte, dass sie griechische Gedichte in deutscher Übersetzung kannte und schätzte und einige davon auswendig gelernt hatte. Eine Naturwissenschaftlerin mit solchen Interessen, dies seltene Phänomen schien mir doch sehr der Beachtung wert.

Ich erinnere mich aber auch noch einer Gelegenheit, bei der umgekehrt Christa von mir mehr als bisher beeindruckt war: Da spielte ich Bratsche bei einem Hauskonzert im Stadtdekanat in der Neckarhalde. Jeder Mitspieler hatte einen Gast mitbringen dürfen, mein Gast war Christa. Schuberts Forellenquintett stand auf dem Programm, ein Werk, zu dem Laienmusiker nicht oft kommen, wegen seiner extraordinären Besetzung. Auch ich hatte es bis dahin nur ein Mal gespielt, unter etwas abenteuerlichen Umständen: Im Winter 1945/46 gleich nach dem Krieg, und zwar in meiner alten Feuerbacher Oberschule, an der damals unser Streichquartett-Primarius Erich Bracher als Aushilfslehrer Latein gab, um die Zwischenzeit zu überbrücken, bis er anfangen konnte zu studieren. Er hatte uns die Erlaubnis erwirkt, den Flügel im Musiksaal zu benutzen. Wir hatten aber nicht geahnt, wie kalt es bis zu dem vereinbarten Termin würde, und der Saal war in den Weihnachtsferien natürlich ungeheizt. Wir spielten unser Werk aber trotzdem ganz durch, bei einer Temperatur von schätzungsweise 10 oder 12 Grad Celsius. – Bei jenem Hauskonzert in der Tübinger Neckarhalde spielte der Sohn des Hauses, Joachim Keller, Klavier; er war später mein Schulleiterkollege am Ulmer Humboldtgymnasium. Den Kontrabass strich sein Klassenkamerad aus dem Tübinger Uhlandgymnasium Gottfried Kiefner, Sohn des erwähnten Kurrende-„Gastdirigenten". Christa hörte das herrliche Werk mit voller Anteilnahme und sprach auf unserem gemeinsamen Heimweg mit Begeisterung über den Hörgenuss.

Die Tübinger Studentenchöre unterschieden sich damals in einem Punkt von heutigen normalen Chören. Da das Studium in jenen

Jahren noch überwiegend Männersache war, hatte ein Studentenchor fast nie Probleme wegen fehlender Männerstimmen, wohl aber wegen Mangels an Frauenstimmen, und so waren auch in unserer Kurrende sangesfreudige Töchter aus Tübinger Bürgerfamilien immer willkommen. Einige dieser Familien will ich euch kurz vorstellen. Das Haus des bekannten Geologen Georg Wagner (alle Welt sprach von ihm nur als vom „Schorsch Wagner"), dessen Tochter Gerlinde, spätere Frau Oelschläger, lange Zeit bei uns mitsang, und ebenso das Haus unserer Kurrendefreundin Erika Kemmeter, der späteren Frau Spittler, hatten beide den sehr bedeutenden Vorzug, dass es da ein Klavier gab, und nicht nur gab (das gab's anderswo auch), sondern das man uns, Christa und mir, aufs Großzügigste zum gemeinsamen Musizieren zur Verfügung stellte. Herzlichen Dank dafür jetzt noch! – Die Familie Appel in der Gartenstraße war bei uns mit zwei Töchtern vertreten, Gunda und Ortrud, die Familie von Harnack in der Hirschauer Straße sogar mit dreien: Marianne, Erika und Gabi. Der Vater Harnack (er war der jüngste Sohn des seinerzeit hochberühmten Theologen) scherzte über die Sangesbegeisterung seiner Nachkommenschaft und erklärte sie aus dem Namen Kurrende: Es soll und muss gerannt werden. Seine Frau und er luden Christa und mich manchmal zum Essen ein.

Nicht selten waren wir bei der Mutter unserer Kurrendefreundin Barbara Wetzel in der Waldhäuser Straße 16 zu Gast. Ihr Mann, Barbaras Vater, der Anatomieprofessor Robert Wetzel, hat sich außerfachlich einen Namen gemacht durch Forschungen über die prähistorischen Tierskulpturen, deren berühmteste aus der „Vogelherdhöhle" im Lonetal stammen; sie sind heute alle im Museum Schloss Hohentübingen zu bewundern. – In der Nazizeit war Robert Wetzel jedoch als Tübinger „Dozentenführer" hervorgetreten (es gab ja in der Hitlerzeit auf allen Gebieten „Führer") und hatte sich dadurch jede weitere Universitätskarriere und vielleicht sogar jedes bloße Auftreten in Tübingen unmöglich gemacht. Ich habe ihn meiner Erinnerung nach nicht kennengelernt, obwohl er in der Zeit unserer Besuche in der Waldhäuser Straße noch lebte. Er war, glaube ich, zwar ein überzeugter, aber kein gemeiner und kein unmenschlicher, sondern eben ein idealistisch denkender Nazi. Diese Sorte war unter den Nazis wohl nicht allzu häufig, aber es gab sie.

Es gibt ja überhaupt alles, auch das kaum Glaubliche kommt irgendwann vor. Zum Beispiel war einer von uns im Wolfenbütteler Arbeitslager der Stuttgarter Zahnarzt Dr. Erwin Goldmann. Der war, ich weiß das nicht genau, Jude oder Halbjude (eines von beidem war er zweifellos), aber man sagte ihm in Stuttgart ganz allgemein nach, er sei zugleich überzeugter Nazi. Die betont stramme, militärische Haltung, die er an den Tag legte, macht das für mich auch nicht unwahrscheinlich. In Wolfenbüttel war er kein unebener Kamerad. Er hatte seine „Falle“ zwar am anderen Ende unserer Baracke, und ich hatte keinen direkten Kontakt mit ihm, kannte ihn aber doch, insofern er anfangs, wahrscheinlich weil sich sonst niemand gemeldet hatte und er so etwas gern machte, zusammen mit zwei anderen unsere Gruppe gegenüber unserer Tiefbaufirma und auch gegenüber jenem Herrn Macke in Braunschweig vertrat. Mein Wolfenbütteler Tagebuch vermerkt allerdings unterm 28. Dezember 1944: „Kohls, Goldmann und Schöpfer abgesetzt“. Der Grund ist mir nicht erinnerlich, ich habe bei der Absetzung auch nicht mitgewirkt, ich lebte ja wie im Traum.

Zum schier Unglaublichen, wenn ich schon beim Thema bin, gehört auch, was der oben genannte Bryan Mark Rigg in seinem Buch „Hitlers jüdische Soldaten“ berichtet. Halb- und Viertelsjuden galten im Allgemeinen als „wehrunwürdig“ – wie ja auch mein kommunistischer KZ-Onkel Willi, und wie ich selbst. Ich wurde zwar, das muss etwa 1943 gewesen sein, zur Musterung einberufen und auch gemustert, aber das Ende vom Lied war, dass ich wegen meiner Abstammung als „wehrunwürdig“ nach Hause geschickt wurde. Ich hielt das, genau wie Onkel Willi, für ein Glück. Es gab aber andere, die beispielsweise aus alten Offiziersfamilien stammten und es für entehrend hielten, wenn sie nicht wie ihre Väter Soldaten sein durften. Und von denen bekamen tatsächlich nicht ganz wenige von Hitler höchstpersönlich eine Bescheinigung, sie seien als „deutschblütig“ anzusehen. – Der prominenteste „jüdische Soldat Hitlers“ war der Generalfeldmarschall Erhard Milch.

Der frühere Bundeskanzler Dr. Helmut Schmidt gehörte auch zu den von Rigg Interviewten. Er war Viertelsjude und trotzdem Oberleutnant – wenn man Schmidt heißt, brauchte man wohl keine Bescheinigung, um Offizier zu sein, weil man mit diesem Namen nicht auffällt. Ganz anders wenn man etwa den typischen Judennamen Zukertort trug. Es gab in Hitlers Armee, wie Rigg schreibt, zwei Generale dieses Namens, sie waren Brüder. Der eine blieb Soldat und General, ohne dass irgendjemand eine Bescheinigung von ihm wollte, dem anderen wurde die beantragte Deutschblütigkeits-Bescheinigung so lange nicht erteilt, dass er verärgert seinen Abschied nahm. An all dem zeigt sich nicht nur, dass in Hitlers Armee kein Mensch genau wusste, wie viele Soldaten zu wie viel Prozent jüdisch waren, sondern auch allgemein, wie unsinnig es ist, überhaupt von „reiner“ jüdischer oder deutscher Rasse zu reden. Dr. Karl Lueger, Bürgermeister von Wien in den Jahren um 1910, sagte über dies Problem einfach: „Wer Jud ist, bestimm ich.“ Das war für die paar, die er nicht Juden nannte, eine glatte Lösung, für die anderen aber ein schweres Handicap.

Ich weiß weder von Robert Wetzel noch von Erwin Goldmann, wie sie nach 1945 innerlich eingestellt waren. Ins Innere des Menschen schaut man nicht hinein. Anzunehmen ist wohl auch, dass niemand permanent eine problemlos-einheitliche, unangefochtene „innere Einstellung“ hat. Von Goldmann habe ich nie mehr etwas gehört. Robert Wetzel ist 1962 verstorben, das ist im Museum Hohentübingen zu lesen, wo sein Name bei den ausgestellten prähistorischen Skulpturen genannt ist.

Um wieder auf unsere Besuche bei Wetzels in der Waldhäuser Straße zu kommen: Ich hätte mich mit Robert Wetzel wahrscheinlich trotz allem nicht besonders gut verstanden. Mit seiner Frau Lore Wetzel – sie war künstlerisch, unter anderem als Holzschnitzerin, hoch befähigt –, verstand ich mich gut. Sie kannte sehr wahrscheinlich meine Herkunft, sprach davon zwar nie, ich ebenso wenig, auch von der nationalsozialistischen Verstrickung ihres Mannes war nie die Rede. Ich habe aber den Eindruck, dass das allseits ein ‚beredtes Schweigen‘ war, und ich war ja in dieser Sorte von Schweigen und Schweigen-Verstehen nicht ungeübt. Lore Wetzel verstand es jedenfalls, mich spüren zu lassen, dass sie mich gerade deshalb in besonders liebevolle Betreuung nahm. Als ihre Tochter Barbara später Frau Zielke hieß, gab sie ihrem ersten Sohn den Namen Robert, nach seinem Großvater; er war mein Patensohn, von dessen frühem Tod ich schon erzählt habe.

Jetzt aber endlich zu unserer Verlobung. – Christa wohnte in der Steinlachallee 24 bei der damals schon hochbetagten Pfarrerswitwe Bertha Schüle – die war, beiläufig, die erste Person, von der man einige Jahre später hörte, sie sei 100 Jahre alt; heute ist das nicht mehr so ganz selten. Da Christa mich schon ein paar Mal zum Essen eingeladen hatte, kannte mich Frau Schüle und sagte jedesmal, wenn sie mir auf mein Klingeln öffnete: „Ich weiß, Sie gehören da hinein“, und schubste mich freundlich auf Christas Zimmertüre zu. – Ich begleitete Christa gerne auf dem Nachhauseweg, und eines Abends, es war der 18. Januar 1949, dachte ich, oder vielleicht war es auch Christa, welche dachte, – am ehesten aber dachten wir alle beide, wie schön es doch ist, so nebeneinander zu gehen; und dann gab Christa, oder ich, diesem Gedanken auch Ausdruck. Aber dann war es ich, das weiß ich ganz sicher, der hinzufügte: „Ich habe schon gedacht, wir beide könnten das ganze Leben so miteinander gehen.“ Da sagte Christa einfach und ohne jedes Zögern: „Das habe ich auch gedacht.“ Da waren wir verlobt, und es war uns ernst und feierlich zumute. – Ob wir uns anschließend sofort küssten, kann ich heute nicht mehr mit Bestimmtheit sagen; eigentlich gehört das ja irgendwie dazu, aber vielleicht waren wir im Moment dafür doch allzu feierlich gestimmt.

Dass Christa, nachdem wir noch einige Male auf und ab gegangen waren und dabei das Nötigste verabredet und uns Gute Nacht gewünscht hatten, sich sofort hinsetzte und einen sehr langen Brief nach Hause schrieb, worin sie meinen Besuch ankündigte, das wisst ihr schon. Aber über die leicht grotesken äußeren Umstände dieses meines Besuchs bin ich noch Auskunft schuldig. – Ihr fragt vielleicht als Erstes, weshalb denn Christa nicht mitfuhr zu diesem Besuch, sie hätte mir doch eine erwünschte Unterstützung sein können. Ich kann die Frage nicht zuverlässig klären; vielleicht hatte sie viel zu tun, sie war damals mit einer botanischen Doktorarbeit beschäftigt. Die gab sie zwar später auf, als die dafür nötigen Pflanzungen ein paar Jahre nicht gediehen. Diese Pflänzchen waren jetzt aber da und bedurften täglicher zuverlässiger Betreuung. Vielleicht scheute sie auch die Fahrtkosten, es war ganz kurz nach der Währungsreform, da gab es in Deutschland zwar endlich wieder etwas Rechtes zu kaufen, aber Bargeld war äußerst knapp. Oder aber sie dachte ganz einfach, dass es nach traditioneller Auffassung doch mein Gewerbe sei, das jetzt bei ihren Eltern zu verrichten wäre.

Kurz, ich fuhr allein, und zwar mit dem Nachtzug. Da kommt man meistens nicht besonders ausgeschlafen und ‚adjustiert‘ am Zielort an, und das ist unangenehm, wenn man auf Brautwerbung ausgeht. Ich hatte keine recht ansehnliche Garderobe, es war Winter, ich trug meinen alten, zu langen schwarzen Mantel – wenn ich nicht irre, war es ein Straßenbahnermantel meines Hasper Opas. Statt eines Koffers hatte ich einen sehr groben, schweren, abgeschabten Militärrucksack meines Vaters aus dem Ersten Weltkrieg. Wir hatten eben nichts Anderes. Ich habe ja schon gesagt, dass ich mir manchmal wie der grausliche Kyklop vorkam, aber nie war das in so hohem Grade der Fall wie damals, als ich nach durchfahrener Nacht leicht frierend bei Goebels in der Großen Drakenburger Straße in Nienburg mich aufrecht vor die Haustüre hinstellte, mir ein Herz fasste und klingelte. Was aber taten die lieben Schwiegereltern in spe? Sie empfingen mich trotz allem mustergültig zuvorkommend, ja freundlich. Sie wussten, dass man damals noch nicht viel anzuziehen hatte, hatten sie doch in den Bombennächten in Berlin ihre Habe auch verloren. – Nun ja, sie wussten das; aber ich wusste eben nicht, dass sie das wussten, oder ich hatte es mir nicht klargemacht. – So konnte ich bald aufatmen, es war lange nicht so schlimm wie befürchtet.

Was wir damals in unserer ersten Unterredung besprachen, habe ich im „Stall"-Kapitel schon erzählt, nicht dagegen, was mein Schwiegervater spät am Nachmittag noch, in etwas fragendem Tone, in Anregung brachte. Er regte nämlich fragend an, ob wir beiden, Christa und ich, da wir uns nach damaliger bürgerlicher Anschauung noch nicht gleich heiraten konnten, uns nicht noch eine gewisse Zeit der Trennung auferlegen wollten, zur Erprobung der Festigkeit unserer Gefühle? Und ob ich nicht Lust hätte, die nächsten zwei Semester außerhalb Tübingens zu studieren? – Hmmmm?! – Zwar was die „Erprobung unserer Gefühle" anbetraf, so hielt ich das sofort für ausgemachten Quatsch, – ohne es freilich auszudrücken, das wäre zu unhöflich gewesen. Aber im Übrigen gab seine fragende Anregung mir doch zu denken, und nicht nur, weil es halt seine war.

Die Schwiegereltern Charlotte und Fedor Goebel.

Da muss ich nun einfügen, dass ich an ein Auslandssemester schon einmal gedacht, den Gedanken aber sofort wieder aufgegeben hatte, als ich einstmals in Tübingen zum Rector magnificentissimus persönlich zitiert worden war. Ich dachte, was will seine Magnifizenz von mir? Ausgefressen hatte ich meines Wissens nichts, wenigstens nicht so Arges, dass der Rektor sich damit selbst hätte befassen müssen. – Nun, er wollte mir nur erfreut mitteilen, dass eine große französische Tageszeitung eine Anzahl Stipendien für Tübinger Studenten, aus jeder Fakultät einen, ausgelobt hatte, je 200 Mark, und dass die Philosophische Fakultät mich als den dieser Auszeichnung Würdigsten benannt habe. Da musste ich erst einmal tief Atem holen. Diese Ehre! Und 200 Mark, das war der Reichtum des Krösus! Dafür gab ich das gerade geplante Auslandssemester sofort auf.

Das Krösus-Stipendien-Semester war aber inzwischen vorbei, und mir ging, bei der fragenden Anregung des Schwiegerpapas, blitzschnell einiges durch den Kopf: Erstens dass, wenn schon nicht Ausland, auch zwei Semester an einer anderen deutschen Uni etwas für sich hätten. Die Verhältnisse waren nämlich damals anders als heute: Heute gibt es an unseren Riesen-Unis in jedem Fach viele Professoren, damals an den kleinen hatte jedes Fach eben einen, und in Tübingen war derzeit sogar für Latein und Griechisch zusammen nur einer da, der Latinist Otto Weinreich. Wer mal etwas anderes hören wollte, musste die Universität wechseln. Zweitens, dass in Frankfurt am Main damals ein berühmter Gräzist, Karl Reinhardt, lehrte. Und drittens, dass Frankfurt ungefähr in der Mitte zwischen Tübingen und Nienburg liegt, so dass wir uns trotz der ‚fragend angeregten' Trennung im Semester ab und zu sehen könnten. Kurz: Ich sagte nach kurzem Nachdenken einfach „Ja" zu der Anregung.

Auf der Rückreise machte ich Station in Frankfurt und regelte den Studienplatzwechsel. Man musste dazu einen Tauschpartner haben, und zwar für Studienplatz und Bude, aber das Frankfurter Studentenwerk konnte mir auf Anhieb eine Frankfurter Bäckerstochter nennen, die nach Tübingen wollte. Bäckerstochter war mir sehr angenehm, ich träumte schon von lauter Frühstücksbrötchen und einer warmen Bude direkt über der Backstub', hatte aber die Rechnung ohne den Wirt, das heißt ohne den Vater Bäcker gemacht, der in seinem Hause zwar Platz für die Tochter, aber nicht für jemand anders hatte. Er besorgte mir eine andere Bude im Stadtteil Rödelheim, die Gegend war, um das Mindeste zu sagen, nicht gerade attraktiv, lag aber auch im Westen von Frankfurt und nicht allzu weit von der Uni. Nun gut.

In Tübingen erzählte ich das alles meiner Christa, sie hatte ja noch keine Ahnung. Wenn es irgend im Bereich des Möglichen gelegen hätte, dass Christa mir ernstlich böse würde, dann wäre sie es mir damals geworden. Gottlob lag es nicht im Bereich des Möglichen. Stattdessen wurde sie ihren Eltern böse, die mir, wie sie dachte, „die Pistole auf die Brust gesetzt" hätten. Ich wandte begütigend ein, dass ich ja nicht nach Nienburg gereist war, um ihre Eltern zu ärgern, sondern um mich als akzeptablen Schwiegersohn zu präsentieren. Christa beruhigte sich denn auch bald, sie sah die relativen Vorzüge Frankfurts auch, und damit war das Drama unserer Verlobung zu Ende. – Das heißt: Nein. Ich muss erst noch, gewissermaßen als Satyrspiel nach dem Drama, von Franz Lange erzählen. Franz Lange war unser ewiger Student. Er ging in jede Vorlesung, kam aber in jede zu spät, schlich etwas geduckt mit seinem schlurfenden Schritt zum nächstgelegenen Sitz, – wir hätten ihm notfalls immer einen freigehalten. Als Franz Lange an meiner linken Hand den Verlobungsring erblickte – dessen Bedeutung war ihm offensichtlich klar –, da fragte er angelegentlich mit etwas gesenkter Stimme: „Herr Steinthal, sind Sie verlobt?" Auf mein „Ja" fragte er weiter, noch etwas dringlicher: „Kannten Sie die Dame schon vorher?" Der Arme wollte offenbar wissen, wie man es anstellt, um zu einer Braut zu kommen. Ob ihm meine Auskunft weitergeholfen hat, kann ich leider nicht sagen.

Ich möchte aber über Franz Lange nicht herzlos spotten. Er war ja, wie alle, im Krieg gewesen, und was er da durchgemacht hatte, um so zu werden, wie er nun war, das weiß ich nicht. Ich hatte ein paar Jahre später einen Kollegen, der war im Krieg verschüttet gewesen, und wie sie ihn endlich mit viel Mühe wieder ausgebuddelt hatten, da hatte er völlig weiße Haare, als so junger Mensch, und behielt sie sein Leben lang.

Inzwischen ist mir aber doch noch etwas zum Thema Verlobungskuss eingefallen. Zwar ob gleich abends noch geküsst wurde, weiß ich immer noch nicht, aber *wenn*, dann nicht auf den Mund, das steht fest. Christa und ich haben uns in unseren 56 Verlobungs- und Ehejahren nicht ein einziges Mal auf den Mund geküsst, Christa mochte das nicht. Ich habe es, da ich das anfangs noch nicht wusste, erst mal probiert; ich dachte halt, das macht man so, aber sie drehte mir jedesmal sogleich ihr hübsches Bäckchen zu. – Weshalb ich mit solcher Bestimmtheit zu wissen meinte, dass zu einem regelrechten Kuss der Mund, genauer gesagt beide Münder gehörten, ist mir nachträglich gar nicht ganz klar: Man sah damals noch längst nicht so häufig wie heute Küsse kunstvoll in Großaufnahme abgebildet, und im realen Leben küsste man sich in der Öffentlichkeit überhaupt nie, das wäre schlechterdings shocking gewesen. – Als ich 1966 mein Amt als Schulleiter in Tübingen antrat, erzählte mir mein Vorgänger Erich Haag im Tone leisen Schauders, er habe kürzlich zum ersten Male gesehen, dass sich im Schulhaus ein Schüler und eine Schülerin ungeniert küssten. Ich habe das als Schulleiter dann sehr oft gesehen und mich jedes Mal gefreut, denn ich dachte: Bei diesen beiden ist jetzt, wenigstens für einen kurzen Moment, oder solange der Kuss eben dauert (manchmal dauert so etwas ja auch länger), die ganze Welt „im Lot", und dieses seltene Gefühl dürfte man jedem von Herzen gönnen. – Übrigens: Dass in meinen Schulleiterjahren alle Schülerinnen und Schüler sich so unbekümmert in der Schule geküsst haben, behaupte ich nicht, bin sogar ziemlich sicher, dass es viele gab, die das nicht taten und nie getan hätten. Es gibt auf diesem wie auf allen anderen Gebieten Kecke und Zurückhaltende, und man darf nicht zulassen, dass die Kecken so tun, als gehöre ihnen die Welt ganz alleine.

Aber Christa mochte nun mal nicht auf den Mund, ich begriff das und war einverstanden, dass sie in diesem Punkt zu den Zurückhaltenderen gehören wollte. Auch war ihr Bäckchen wirklich sehr lieb zu küssen. – Wenn mir damals der bekannte Schlager eingefallen wäre (hab' ich den auch von meinem Vater aus den 1920er-Jahren, oder ist der erst später aufgekommen?), dann hätte ich jetzt singen können: „Sie war das allerschönste Kind, das man in Polen findt, aber Nein aber Nein sprach sie: Ich küsse nie." Er fiel mir aber nicht ein, wahrscheinlich weil er auch nur halb stimmte, denn das „Nein" galt nur für den Mund, ansonsten war Christa für meine Küsse jederzeit sehr zu haben. Auch habe ich sie ja nicht „in Polen" gefunden, sondern in Tübingen, und geboren und aufgewachsen war sie in Berlin. Diese Millionenstadt mochte sie aber gar nicht, und wenn sie als Kind aus den großen Ferien nach Hause kam, musste sie – so hat sie mir erzählt – öfter mal sogar weinen, zum Kummer ihrer Eltern.

Die Ferien verbrachte sie nämlich regelmäßig in Zoppot an der Danziger Bucht; ihre beiden Großmütter wohnten dort. Und weil Zoppot heute seit vielen Jahrzehnten, und auf Dauer und zu Recht, zu Polen gehört, sagt jener Schlager mit dem „in Polen" doch nichts ganz Falsches. – Auch im heute polnischen Sopot ist aber der Großvater meiner Christa nicht vergessen. Dieser Großvater, Otto Bowien, war lange Jahre Pfarrer in Zoppot gewesen, hatte dort seinerzeit ein Altersheim gestiftet, da er, ich nehme an: durch seine Frau, einigermaßen betucht war; auch sonst war er in Zoppot sehr bekannt und beliebt. In Erinnerung daran heißt der Platz vor der evangelischen Kirche in Sopot heute „Pfarrer-Otto-Bowien-Platz", auf Polnisch „Skwer ks. Otto Bowiena". Das polnische Wort „Skwer" ist offensichtlich dasselbe wie engl. square , die Abkürzung „ks." bedeutet vermutlich „Pfarrer" (lat. curatus, franz. curé), und das „-a" am Ende von Bowien ist das Genitivzeichen.

Ich hoffe sehr, ihr Lieben, niemand von euch denkt jetzt, dass ich mit der Mitteilung unserer Kuss-Interna die Grenze des Schicklichen überschritten habe. Das zu tun, war nicht im Mindesten meine Absicht, und ich werde mich auch weiterhin streng an diese Grenze halten.

In Frankfurt haben wir uns tatsächlich bei jeder Hin- und Rückfahrt Christas im Hauptbahnhof getroffen und sind in diesem stattlichen Bauwerk herumspaziert, oder, wenn mehr Zeit war, in einem der dürftigen Kiefernwäldchen am Stadtrand. Dieser wie üblich potthässliche Stadtrand und seine kläglichen Pfostenwäldchen erschienen uns seinerzeit sehr lieblich. – Einmal machten wir aber eine zweitägige Wanderung im Taunus, es war, wie ich aus dem im ersten Kapitel erwähnten Tagebüchlein ersehe, am 21. und 22. Mai 1949, und es war so schön, dass wir uns prompt verirrten und, als es schon dämmerig wurde, nicht wussten, wo wir eigentlich sind – bis wir, eine steile Schneise abwärts blickend, tief unten ein Lichtlein blinken sahen. Wir kletterten die Schneise hinab, was wegen des dichten Gestrüpps gar nicht einfach war: Das Lichtlein blinkte in dem Dorf Unterreifenberg, und ein freundliches Gasthaus nahm uns auf. Dass ihr euch da aber bitte nichts Falsches vorstellt: nicht etwa in einem Doppelzimmer. Das hätte weder unser Schicklichkeitsgefühl zugelassen noch die Rechtslage. Der Gastwirt hätte sich wegen Kuppelei strafbar gemacht.

Sogar als wir zwei Jahre später, im dritten Verlobungsjahr, also doch praktisch dicht vor der Hochzeit, in den Löwensteiner und Waldenburger Bergen wanderten und eines sehr späten Abends endlich in einem idyllisch gelegenen Forsthaus Unterkunft fanden – aber es war, oh Schreck!, nur ein Doppelzimmer frei; und sogar als Christa zu allem Unglück beim Ergreifen ihres Rucksacks eine Hornisse mitgriff und a tempo in den Daumen gestochen wurde, welcher in Sekundenschnelle zu gewaltiger Größe anschwoll, von den Schmerzen gar nicht zu reden: da hätte, dachte ich, Christa in der Nacht meinen Zuspruch doch wirklich nötig gehabt. „Aber Nein aber Nein, sprachen sie (nämlich Christa und die Försterin unisono): im Doppelzimmer nie!" Christa kriegte das Doppelzimmer allein, und mir bereitete die Försterin eine Schlafstätte auf einer Couch in dem sehr geräumigen Flur vor dem Zimmer.

In meinen beiden Frankfurter Semestern hörte ich sehr wenig Vorlesungen, sondern war fast ganz mit den unendlichen, geradezu verzweiflungsvoll zahlreichen und verschiedenartigen Einzelheiten beschäftigt, die bei meiner Doktorarbeit zu kennen und vernünftig einzuordnen waren. Mein Thema hatte ich noch in Tübingen von Otto Weinreich bekommen: „Formen gottmenschlicher Steigerung bei Homer, Hesiod und Apollonios Rhodios". Das Thema sagt euch wohl nichts, wir lassen es aber mal vorläufig so stehen. Ich habe nämlich im Laufe meiner Schriftstellerei meinen Erinnerungsstoff doch schon so weit zurechtgedacht, dass ich ihn jetzt einigermaßen im Blick habe und sicher bin, dass es noch ein Kapitel „Altphilologie" geben wird. In diesem Kapitel dann also Weiteres auch zu meiner Doktorfrage.

Im Übrigen lernte ich in Frankfurt interessante Menschen kennen, nicht nur den bekannten Karl Reinhardt, sondern unter anderem auch den kaum bekannten Professor Erwin Wolff. Er publizierte ganz wenig, sondern hielt fast nur Vorlesung, dies aber vorzüglich. Ich habe von ihm viel gelernt und ihn hoch geschätzt. Außer diesen beiden den späteren Münchener Gräzisten Uvo Hölscher, der Reinhardt zeitweise vertrat, und vor allem den damaligen frisch gebackenen Dozenten, späteren Freiburger Professor für Alte Geschichte Hermann Strasburger. Dem schaute, so möchte ich sagen, die urbane Gescheitheit aus allen Knopflöchern heraus. Dazuhin war er ein höchst liebenswürdiger und geistreicher, auch hochmusikalischer Mensch. Seine damalige Verlobte und spätere Frau Gisela geborene Pfleiderer war Studentin der Altphilologie und stammte aus Stuttgart. Ich hatte das Vergnügen, öfter bei Strasburger zu Gaste zu sein, und Gisela Pfleiderer spielte dabei die Hauswirtin. Die Hochzeit der beiden wurde im elterlichen Hause Pfleiderer auf der Gänsheide in Stuttgart gefeiert, und ich war als Vertreter der Frankfurter Kommilitonen eingeladen und durfte mitfeiern. – Eine Hauptattraktion der Uni war auch der eben erst aus dem Exil zurückgekehrte Theodor W. Adorno.

Irgendwann machte ich einen Fahrradausflug in den Westerwald, nicht nur zum Besuch unserer Kurredefreundin Barbara Wetzel; die absolvierte dort, im „Kannebäckerländche", ihre Töpferlehre. Sondern vor allem um die Heimat eines Zweiges meiner väterlichen Vorfahren, Mogendorf, kennenzulernen. Ich fand den jüdischen Friedhof; er war eindrucksvoll, wie sie es alle sind, jedoch konnte ich keine eindeutigen Vorfahrengräber identifizieren. Dass mein Urgroßvater gar nicht dort, sondern in Koblenz bestattet war, wusste ich damals noch nicht. Die Grabinschriften waren zudem ausnahmslos hebräisch, ich hatte zwar mein Hebraicum mit Note „sehr gut" gemacht, aber das half mir hier nicht weit. (Später habe ich dann sowieso fast alles vergessen.) Beim Pfarramt nähere Auskunft einzuholen, scheute ich mich – die Nazizeit war mir damals noch nicht fern genug gerückt. Zurück radelte ich auf einem großen Umweg am Rhein entlang, das war herrlich. Bei der Ankunft in Frankfurt war ich so ausgehungert und durstig, dass ich nacheinander weg ich weiß nicht mehr wie viele Liter Milch trank.

Als Stadt war Frankfurt damals schauderös, wie wir in der Familie sagten, weitgehend bombenzerstört, aber in der Innenstadt schon wieder äußerst betriebsam. An der Hauptwache gab es einen Zeitungsverkäufer, der seine Ware mit heller Tenorstimme in einem sehr melodiösen Arioso anpries. – Das Schauderöseste war leider die Mensa. In Tübingen war die Lage schon unerfreulich gewesen, und man hatte eigentlich nur bestehen können, wenn man zwischen Mensa, Schlatterhaus und Volksküche abwechselte. Am besten war in Tübingen der „Fromme Löffel" in der Poststraße, der von einer amerikanischen kirchlichen Kongregation betrieben wurde, wo man aber nur selten und nie länger hintereinander als eine Woche verpflegt wurde; dann musste man wieder mit den anderen Gelegenheiten vorliebnehmen.

In Frankfurt machte ich meine eigene Mensa auf. Es kostete einige Mühe, meine Wirtin, Frau Müller, dazu zu bewegen, dass sie mich in ihre Küche ließ. Als sie merkte, dass ich es sehr spartanisch im Sinne hatte, gab sie probeweise nach, und bald köchelte ich regelmäßig. Mein Speiseplan richtete sich danach, was es „ohne" gab, das heißt ohne Lebensmittelkarten. So kochte ich längere Zeit in regelmäßigem Wechsel den einen Tag Haferflockenbrei mit Rhabarber oder anderen Früchten je nach Saison, am nächsten Tag Weißkohleintopf mit Kartoffeln und einem bisschen angebratenen Speck. Man wird zugeben, dass das ernährungsphysiologisch und in Anbetracht der Nachkriegslage mindestens passabel war. Meine Bude war auch passabel, bis auf den völlig unerzogenen Spitz der Frau Müller, der sie fast jeden Tag irgendwann dazu brachte, ihren Entsetzensschrei loszulassen: „Bello, du Schweinepriester, du machst mich schwach!" Als ich einmal unvorsichtigerweise meine Zimmertür offengelassen hatte, fand ich beim Nachhausekommen das Viech in meinem Bett. – Das mag an Frankfurtiana genügen.

Als Christa uns das erste Mal in Stuttgart besuchte, ging ihr mein Vater im feierlichen schwarzen Anzug ein Stück weit entgegen. Auch meine Mutter und die Schwestern nahmen sie herzlich auf. – Im November 1951 reiste Herta nach Rio de Janeiro zu Tante Mädi, um für unbestimmte Dauer dort zu bleiben. Die Reise geschah keinesfalls im Luxusliner, sondern aufs Primitivste auf einem billigen Auswandererschiff. Darüber sowie über den sehr turbulenten und etwas unheimlichen Markt bei der Zwischenlandung in Dakar, und über die Zeit nachher in Rio hat sie vor kurzem einen spannenden Bericht niedergeschrieben. – Durch ihre Abreise wurde für Christa bei uns eine Schlafstelle frei, die ihr später als Referendarin in Stuttgart und Esslingen zupass kam.

Meine Eltern hatten nach dem Krieg am oberen steilen Herdweg in Stuttgart ein Gartenstück gepachtet, in der Hoffnung, dort wieder ein eigenes Haus bauen zu können. Es erwies sich freilich, dass die kleine Entschädigung, die sie für den erzwungenen Verkauf des Weilimdorfer Hauses bekommen hatten, in dieser guten Wohnlage nicht einmal für den Erwerb des Grundstücks ausreichte. Sie gaben den Garten dann wieder auf, aber nicht ehe wir beiden, Christa und ich, in diesem Garten, den wir sehr liebten, im Frühjahr 1952 eine fröhlich-feierliche Besprechung abgehalten und dabei unseren Hochzeitstermin und anderes Hochzeitliche festgelegt hatten.

Das „andere Hochzeitliche" war insbesondere die Liste der Einzuladenden und der Ort der Eheschließung. Wenn es nach der guten Tradition gegangen wäre, hätten Christas Eltern die Hochzeit, mit viel Verwandtschaft von beiden Seiten, in Nienburg ausgerichtet. Aber da kam noch einmal das „Stall"-Problem auf. Meine lieben Eltern hatten zwar den Beweis erbracht, dass zwei einander sehr fremde „Ställe" für eine glückliche Ehe durchaus zusammenkommen können, und wir, Christa und ich, fühlten uns uneingeschränkt fähig, diesen Beweis auch für unsere Personen noch einmal zu erbringen. Aber eine lebenslange Ehe zweier Zusammengehöriger ist das eine, und ein eintägiges Hochzeitsfest mit vielen einander ganz Fremden ist etwas anderes. Wie die Leute aus den diversen „Ställen", beispielsweise an der festlichen Tafel, ‚zusammenzuschirren' wären, das war das Problem. Wir hatten tatsächlich den Eindruck, dass Christas sonst so entschlussfreudige Mutter da ein bisschen ratlos war. Aber da nahmen wir beide das Heft in die Hand und erklärten: „Wir heiraten in Stuttgart und machen keine Verwandtschafts-, sondern eine Freunde-Hochzeit." Damit war alles geklärt. Eingeladen wurden aus den beiden Familien nur die Allernächsten: Eltern und Geschwister, sonst niemand, dazu aber viele junge Freunde. Da die fast alle verlobt waren (wir beiden spielten die Hochzeits-Vorreiter), wurden die jeweiligen Zukünftigen mit eingeladen, und dass unser Hochzeitsfest am 9. August 1952, mit so vielen verliebten jungen Menschen, wunderschön wurde, könnt ihr euch denken. Bei der kirchlichen Trauung in unserer Waldkirche spielte unser Kurrendefreund Wolfram Glüer die Orgel, und 50 Jahre später bei unserer „Goldenen" spielte er genau dasselbe große

Präludium noch einmal in der kleinen Dorfkirche von Ulsenheim in Mittelfranken. Wir machten auch nach der Trauung bei der Feier im Hotel Kräherwald viel gemeinschaftliche Musik, und als der älteren Generation ein Tänzchen beliebte, spielten wir Jungen ihnen auf. Es wurde so schön, dass der Oberkellner vom Hotel spontan erklärte, wenn er einmal heiraten würde, dann würde er's genauso machen. Wenn das kein Lob aus berufenem Munde war!

Für die Nacht hatten Christas Eltern für Christa und mich ein feudales Zimmer im Hotel Kräherwald gebucht, und sie selbst wohnten derweil in unserem neu gemieteten möblierten Zimmer in der Schützenstraße 10 bei Frau Gmelin. Dorthin gingen wir am anderen Morgen, um Christas Vater kurz zum 55. Geburtstag zu gratulieren, und dann fuhren wir sehr glücklich mit dem Zug nach Cham im Bayerischen Wald, um von dort aus 14 Tage zu wandern. Davon erzähle ich euch bei anderer passender Gelegenheit.

Unser Hochzeitsfest liegt nun mehr als 56 Jahre zurück, meine liebe Christa weilt seit länger als einem Jahr nicht mehr unter uns, und geblieben sind die Erinnerungen, – „alte, unnennbare Tage". Unnennbar sind und bleiben sie, auch wenn ich hier den schwachen Versuch unternehme, sie stückchenweise nennbar zu machen. – Als nach Christas Tode einige Monate verflossen waren, holte ich aus der großen Kiste auf dem Dachboden als erstes die Briefe hervor, die wir vor der Hochzeit zwischen Frankfurt, Tübingen, Nienburg und Stuttgart gewechselt hatten. Christa hatte die ihren, ich die meinen aufbewahrt, je mit einem roten Schleifchen umwunden, wohl an die 300 Briefe, zwei stattliche Konvolute. Da hätte ich, wenn ich daran gedacht hätte, jene seinerzeitige „fragende Anregung" des Vaters Goebel, ob wir uns nicht noch eine Zeit der Trennung auferlegen wollten, sehr wohl preisen dürfen. Was hätte ich denn jetzt aus der Kiste holen können, wenn wir sie uns nicht auferlegt hätten? Ich las viele davon noch einmal, nicht alle, denn auch Liebesbriefe sind nach vielen Jahrzehnten, zumal wenn die Lektüre von so frischer Trauer beschwert ist, für den kiloweisen Verzehr ungeeignet. Es „übernimmt einen" ganz einfach.

In den folgenden Wochen und Monaten „dachte ich dies und dachte das" über jene Briefe, und es reifte in mir die Einsicht, dass dieser Schatz nur uns beiden, meiner lieben Christa und mir, angehöre und dass es keinen Sinn habe, sie, da Christa nun dahingegangen war, für mich allein aufzubewahren, nicht wissend, wem sie denn zu hinterlassen wären. Dass Liebesbriefe so gut wie keinen sachlichen

Mitteilungswert haben, ist ohnehin klar. Als es deshalb nach dem sehr langen Winter 2005/06 wieder Frühling und fast gleichzeitig auch schon Sommer geworden war, stand mein Entschluss fest, die Briefe angemessen feierlich zu verbrennen.

Im Goldersbachtal gibt es im Wald auf einer kleinen Wiesenlichtung eine gemauerte Feuerstelle für Wandergruppen. Auf der anderen Seite der Wiese steht die kleine Goldersbachklause, in der wir in Christas letzten Monaten ein paar Mal eingekehrt sind. Mitte August waren dort aber Betriebsferien, und ich durfte damit rechnen, ganz ungestört zu bleiben. Als ich mein Fahrrad abgestellt und die Pakete aus den beiden Seitentaschen geholt hatte, machte ich Feuer, knitterte Blatt um Blatt ein wenig zusammen, damit sie besser Feuer fingen, und warf sie eines ums andere in die Flammen. Die Sache dauerte gut zweieinhalb Stunden – schöne Stunden! – und mir gingen die letzten Verse aus Mörikes Gedicht „Im Frühling" durch den Sinn, aus dem mir soeben wieder einige Worte in die Feder, vielmehr in die Tastatur meines Computers geflossen sind. Es war eines von Christas Lieblingsgedichten, wir hatten es auch, in der wunderbaren Vertonung von Hugo Wolf, miteinander musiziert. Wer diese Vertonung ein paar Mal gesungen hat, dem fallen Mörikes Worte nicht mehr ohne Wolfs Musik ein:

Die Wolke seh ich wandeln und den Fluss,
Es dringt der Sonne goldner Kuss
Mir tief bis ins Geblüt hinein;
Die Augen, wunderbar berauschet,
Tun, als schliefen sie ein,
Nur noch das Ohr dem Ton der Biene lauschet.

Ich denke dies und denke das,
Ich sehne mich, und weiß nicht recht, nach was:
Halb ist es Lust, halb ist es Klage;
Mein Herz, o sage,
Was webst du für Erinnerung
In golden grüner Zweige Dämmerung?
– Alte unnennbare Tage!

Neuntes Kapitel

Stuttgart

Frau Mathilde Gmelin, in deren Wohnung wir ein möbliertes Zimmer, Schützenstraße 10, III. Etage, als unsere erste eheliche Bleibe bezogen, diese alte Dame ist am besten durch ihre eigenen Worte zu charakterisieren: „Wissen Sie, tagsüber bin ich eben das Dienstmädchen der Frau Gmelin, erst am Abend bin ich Frau Gmelin persönlich". Als ich später in Tübingen mit dem Oberbürgermeister Gmelin von unserer ersten Stuttgarter Vermieterin sprach, lachte er: „Ah ja, die Tante Mathilde!"

Das Zimmer war groß und hoch, es gehörte noch ein sehr enges ehemaliges Badezimmer dazu, dessen Wanne mit einem dicken Brett bedeckt war und uns zuerst als Küchentisch, nach der Geburt unserer Henriette aber als Wickeltisch diente. Auf dem schmalen, eisenvergitterten Balkonchen hoch über dem Hinterhof konnte Henriette die frische Luft genießen. – Übrigens: wenn ich „Balkonchen" statt Normal-Deutsch „Balkönchen" schreibe, so müsst ihr wissen, dass das ostpreußisch ist. Da gibt es zwar sehr viele Verkleinerungswörter, aber keine mit Umlaut. Ich habe mir das von Christa angewöhnt und sage auch „Kusschen, Hutchen, Stallchen" und so weiter. Christa selbst nannte ich „Schatzchen" oder „Frauchen".

Unsere erste eigene Anschaffung im möblierten Ensemble ging auf eine Anregung von Christas lebenserfahrener Mutter zurück. Sie sagte nämlich: „Wenn ihr später keine Betten oder Stühle habt, die schenkt euch vielleicht jemand, aber ein Klavier schenkt euch niemand, dafür müsst ihr selbst sorgen." Nun: Wir sorgten. Wir kauften keines der billigen Kleinklaviere, deren Basssaiten immer zu kurz sind und keinen Klang geben, auch fanden wir kein gebrauchtes, das uns zugesagt hätte: Wir schafften ein neues, für unsere Verhältnisse teures Pfeiffer-Klavier an. Es hat sich in den mehr als 50 Jahren bis heute vortrefflich gehalten.

Die Schützenstraße liegt unmittelbar am Kern der Stuttgarter Innenstadt, in ein paar Minuten ist man am Opernhaus, an der Staatsgalerie oder im ausgedehnten Schlossgarten. Sonntags nach dem Gottesdienst in der Schlosskirche (die Stiftskirche war noch zerstört) hörten wir uns auf dem Schlossplatz hin und wieder das Platzkonzert an. Wir fühlten uns in den zwei Jahren dort als richtige Residenzler.

Christa war mir in der dienstlichen Karriere immer ein Jahr voraus. Bei der Hochzeit war sie schon Assessorin, ich erst Referendar an meinem alten Ebelu. Als ich im Herbst 1952 auch Assessor wurde, bekam ich sogleich ein Stellenangebot vom Stuttgarter Mörike-Gymnasium. Das war mir lieb, weil ich, mit diesem Angebot in der Hinterhand, im Eberhard-Ludwigs-Gymnasium beim Direktor Sontheimer „anklopfen“ konnte, ob Aussicht bestände, auch an seiner Schule, die ich aus alter Anhänglichkeit vorzog, eine „ständige“ Stelle zu bekommen. Er riet mir prompt, die Mörike-Stelle sausen zu lassen, es werde auch bei ihm eine Stelle frei, und er werde dafür sorgen, dass ich sie bekäme. Das war genau das, was ich hören wollte. – Als Assessoren arbeiteten Christa und ich zwar an zwei verschiedenen Schulen, die aber, glücklicherweise-notgedrungen, im selben Gebäude hausten: Mein bombenzerstörtes Gymnasium war kurz vor meinem Abitur in Christas erhalten gebliebenem Zeppelin-Gymnasium untergeschlupft. Dieses Nebeneinander war für uns beide ein Glücksfall. Wir erlebten dabei aber auch, was Hausfrauen in einer gemeinsam benutzten Küche an Unerquicklichem erleben, oder was Pastoren in dem Stoßseufzer ausdrücken: „O wie ist's dem Pastor bene, steht er am Altar alleene.“ Sobald etwas kaputtging, und in einer Schule geht immer mal wieder was kaputt, besonders wenn sie so überbelegt ist, dann waren halt immer „die anderen“ die Übeltäter.

Ich war von der Schützenstraße aus oft und lange ‚nebenberuflich' auf Wohnungssuche. Im noch großteils bombenzerstörten Stuttgart war es nicht einfach, etwas zu bekommen. Als im Mai 1954 aber Henriette da war, wurde es höchste Zeit, und wir fanden etwas geradezu Ideales. Auf Dreiviertel-Höhe der Degerlocher Seite des Stuttgarter Talkessels springt eine Art Bergnase vor, der „Haigst“. Dort war seit einigen Jahren ein Neubauviertel im Entstehen, in dem, wie üblich, alle Straßen nach einem einheitlichen Schema benannt wurden, hier nach Wagner'schen Opern. In der Rienzistraße 3 bezogen wir im Sommer 1954 eine Erdgeschoss-Dreizimmerwohnung. Die Vermieter, Familie Stoll, wohnten über uns; wir hatten gleich ein sehr gutes Verhältnis mit ihnen. Besonders lieb war uns später die Erinnerung an die erste Familienweihnacht, die wir mit unserem Kleinchen in der Rienzistraße feierten. Es war schönstes Weihnachtswetter, wir machten am Heiligen Abend im stillen Treiben großer Schneeflocken einen Spaziergang mit dem Kinderwagen und waren sehr glücklich.

Wenn aber nun von unserer kleinen Henriette die Rede ist, muss unbedingt auch von den frischgebackenen Großeltern gesprochen werden, besonders von meinem Vater. Das neugeborene kleine Lebewesen war *die* Freude seines letzten Lebensjahres. Dass wir ihr den Namen seines Jettchens gegeben hatten, rührte ihn sehr. Er besuchte uns auf dem Haigst, zusammen mit der glücklichen Oma oder auch allein, so oft er nur konnte.

Die Eltern Ludwig und Henriette Steinthal, nach dem 2. Weltkrieg.

Meine Eltern hatten inzwischen einen Bauplatz in der Freibadstraße in Stuttgart-Vaihingen gekauft. Dort gedachte nun mein Vater endlich, zum glücklichen Neuanfang und um alle Leiden und alles Unrecht der Nazijahre hinter sich zu werfen, das neue Haus für sich und seine Familie zu errichten. Von seinem Hochgefühl zeugt das Tagebuch, das er über den Grundstückskauf, die Planung und den allmählichen Fortschritt des Baus anlegte. Er benutzte dazu ein altes, in edles Leder gebundenes Buch, auf dem in Golddruck sein Name eingeprägt stand. Das Buch hatte er einst als Heranwachsender von seiner Mutter bekommen, damit er darin seine Erlebnisse und Erfahrungen festhalten sollte, was damals jedoch unterblieben war. Jetzt wollte er dem würdigen Buch einen würdigen Zweck geben. Auf der ersten Seite steht in seiner saubersten Schönschrift: „Ich betrachte diesen Hausbau als die Krönung, den Höhepunkt meines Lebens. Wolle Gott, dass es uns in Frieden erhalten bleibe und ich einen friedlichen Lebensabend darin verleben darf. Stuttgart, den 22. April 1955." Das war, fast auf den Tag genau, vier Monate vor seinem Tode. Er war damals 57 Jahre alt. Dass er da von seinem Lebensabend spricht, lässt vermuten, dass er diesen frühen Tod ahnte. Dass er sehr krank war, war ihm jedenfalls klar. Auf den wenigen beschriebenen Seiten des recht voluminösen Buches liest man von der Beurkundung des Grundstückskaufs, von den Darlehen der Leonberger Bausparkasse und der Allianz, von den Nachbarn Kübler, den Bauherrn der anderen Doppelhaushälfte und so fort. Auch gibt es ein paar Fotos, unter anderem vom Richtfest am 3. Juni – wobei ich mit größtem Kummer lese „Hermann hat leider gefehlt", – da ist wieder einmal, und sehr am unrechten Fleck, der ‚Steckkontakt' ausgeblieben. Es war mir damals längst nicht so klar wie heute, welche Bedeutung dieser Hausbau für meinen Vater hatte. Auch das Tagebuch habe ich erst viel später, lange Jahre nach seinem Tode, zu Gesicht bekommen.

Herzkrank war mein Vater möglicherweise schon von Theresienstadt und all den Belastungen der Nazizeit her. Ein „Myocard-Infarkt" war schon vor Monaten bei ihm diagnostiziert worden. Und die Herzmedizin steckte damals, wenn man sie mit heute vergleicht, geradezu noch in den allerersten Kinderschuhen; wenn heute ein Arzt die Medikamente nennen hört, die seinerzeit unserem Vater verordnet wurden, schlägt er die Hände überm Kopf zusammen. – Gegen Mitte August konsultierte der Vater in Stuttgart-Vaihingen, als seinem künftigen Wohnort, eine Internistin. Sie riet zu einem Erholungsurlaub in Freudenstadt. Seine Frau, unsere Mutter, begleitete ihn. Als sie am 21. August von einem Einkauf zurückkam, fand sie ihn entseelt vor, zehn Tage vor seinem 58. Geburtstag. – Christa und ich waren derzeit im Urlaub in Horumersiel nördlich von Wilhelmshaven. Wir reisten sofort zurück, über Nienburg, wo wir unsere kleine Henriette in der Obhut der Eltern Goebel gelassen hatten.

Der Hausbau ging weiter. Meine Mutter aber war ganz untröstlich. Sie hatte jetzt nur den einen dringenden Wunsch (es war im Grunde immer der einzige Wunsch der sonst ganz wunschlosen Mutter gewesen), dass ihre Kinder um sie wären. Herta war in Brasilien, die konnte nicht kommen. Ruth, die Getreue, war ohnehin da. Christa und ich entschlossen uns schweren Herzens, die uns so lieb gewordene Wohnung in der Rienzistraße zu kündigen. Ich musste außerdem mit dem jungen Ehepaar verhandeln, das die zweite Wohnung in dem im Bau befindlichen Haus in Vaihingen vor ganz kurzem erst gemietet hatte, und bat darum, den Mietvertrag rückgängig machen zu dürfen, was nicht ohne einigen Ärger, aber schließlich doch gelang. So zogen wir Ende November nach Stuttgart-Vaihingen. Vorher schon, bei der Beerdigung ihres Opas, war die kleine Henriette die Freude und der Trost aller, besonders der Oma.

Wir verlebten auch in Vaihingen glückliche Jahre. Im Mai 1956 wurde unsere zweite Tochter Charlotte geboren. Wir hatten jetzt einen großen Garten, auf dessen Anlage und Pflege Christa alle ihre botanische Liebe und Kenntnis verwendete. In diesem Garten hatten unsere zwei oft andere Kinder zum Spielen zu Gast, vor allem Gerhard Kübler von nebenan und Gabi Holzer, die ein Haus weiter wohnte. Als Henriette in die Schule kam (wobei Lottchen von Anfang an alles mit ihr mitlernte), vermehrten sich die Kinderbesuche noch erheblich, und Christa begann, eine Gruppe im Blockflötenspiel zu unterrichten. – Ihre Berufstätigkeit hatte Christa nach der Geburt der Kinder aufgegeben, wie es noch weitgehend üblich war. Es war aber schon spürbar, dass das nicht lange mehr üblich bleiben würde: auch Christa sprach nicht ohne Bewunderung von einer in der Nähe wohnenden Familie mit vier Kindern, deren Mutter weiter als Lehrerin tätig blieb.

Unser Eberhard-Ludwigs-Gymnasium bezog 1957 in schönster Hanglage am Herdweg ein wegen seiner gelungenen Architektur viel gerühmtes neues Schulhaus. Auf dem Grundstück war ehemals die Villa des Luftschiff-Grafen Zeppelin gestanden, die in der Nazizeit für eine hohe SA-Dienststelle beschlagnahmt gewesen war. An jenem selben Apriltag 1945, an dem am uns gegenüber liegenden Berg die französischen Panzer nach Stuttgart herunterrollten, stand am diesseitigen Hang die Villa Zeppelin in hellen Flammen. Wahrscheinlich hat die SA auf diese Weise kurzerhand kompromittierende Dokumente verschwinden lassen, die nicht in die Hände des Feindes fallen sollten.

Auf den Schulleiter Dr. Sontheimer folgte Dr. Walther Haußmann aus Tübingen, auch er ein vorzüglicher Philologe. Ich habe kaum einmal einen ähnlich umfassend belesenen Menschen kennen gelernt. Da er auch mit viel Geschick Spenden für die Schule warb, wurde die Bibliothek wesentlich erweitert. Auch dem Musikleben der Schule, das ihm sehr am Herzen lag, halfen diese Spenden. Ebenso pflegte Haußmann das Andenken zweier berühmter früherer Schüler unserer Schule: Ein besonderer Raum wurde als „Hegel-Zimmer" eingerichtet, und eine Bronzebüste des Hitler-Attentäters Graf Stauffenberg bekam einen Ehrenplatz im Foyer auf dem Rektoratsstockwerk. – Mit den Kollegen, auch mit mir, stand Haußmann gut, er konnte allerdings hin und wieder, ohne es zu wollen oder auch nur zu merken, durch irgendeine Ungeschicklichkeit Ärger erregen; das hat dann vor allem ihm selber Kummer gemacht. Überhaupt hatte ich den Eindruck, dass er die Schulleitung manchmal, vielleicht sogar oft, als Last empfand. In den Anfangswochen, als er noch in Tübingen wohnte, erzählte er mir einmal, etwas wehmütig lächelnd, von seiner

Familie werde er beim Nachhausekommen nur gefragt: „Welche Seite möchtest du denn heute hören?" Gemeint war eine Schallplatte mit zwei Bachkantaten, auf der einen Seite „Ich habe genug!" und auf der anderen „Ich will den Kreuzstab gerne tragen".

Haußmann war Mitglied der Stuttgarter Privatstudiengesellschaft. Diese Gesellschaft, zum Teil aus dem in den 1920er-Jahren blühenden Volkacher Bund hervorgegangen, war nach 1945 von Stuttgarter Bürgern gegründet worden, die, 15 oder 20 Jahre älter als ich, aus dem Krieg als Männer in den besten Jahren heimgekehrt und entschlossen waren, durch gemeinsame Studien dazu beizutragen, dass der Nazi-Ungeist für alle Zeiten in Deutschland unmöglich und statt dessen das Fundament für einen neuen Staat und ein diesen Staat bestimmendes geistiges Leben gelegt würde. Eines der herausragenden Gründungsmitglieder war der Rechtsanwalt Otto Küster; er hatte sich nach dem Krieg um die rechtliche Klärung und Durchsetzung der Wiedergutmachung an den Opfern des Nazismus verdient gemacht, vor allem zugunsten der Zwangsarbeiter und des neuen Staates Israel, den er auch als einer der ersten Deutschen besuchte. Juristen waren auch die drei Brüder Raiser – der spätere Rektor der Universität Tübingen Ludwig Raiser, der Präsident des Oberlandesgerichts Karl-Dietrich Raiser und der Chef der Württembergischen Feuerversicherung Rolf Raiser. Dazu gab es einige hervorragende Theologen, unter anderem ‚unseren' späteren Pfrondorfer Pfarrer Dr. Heinrich Buhr, dessen klare und gescheite Predigten wir von Lustnau aus jahrelang fast jeden Sonntag hörten und die auch ein weiteres Tübinger Publikum anzogen. Zu den bestimmenden Köpfen der Gesellschaft gehörten weiterhin der Verleger Ernst Klett und der damals im Staatsministerium tätige spätere Tübinger Regierungspräsident Willi Birn.

Dieser illustre Club lud eines Tages durch Herrn Haußmann auch mich ein, zuerst gastweise, und ich wurde wenig später ordentliches Mitglied. Da sich die Gesellschaft ein strenges Studien- und Diskussions-Statut gegeben hatte, verliefen die Leseabende und die Plenarsitzungen sehr diszipliniert und man brachte, soweit das überhaupt geht, wirkliche Ergebnisse zustande. Ich habe dort viel gelernt bei fundierten Referaten und konzentrierten Debatten, habe auch einige Male selbst referiert. Auch von Tübingen aus kam ich noch einige Zeit zu den Veranstaltungen, bat aber nach ein paar Jahren, meine Mitgliedschaft beenden zu dürfen.

Noch rede ich aber von Stuttgart. Meine Tätigkeit am Ebelu weitete sich aus. Der Schule war unmittelbar nach dem Krieg das neu gegründete „Abendgymnasium der Volkshochschule Stuttgart" angegliedert worden. Mitbegründer und erster Leiter dieses Instituts war ein Mathematiker des Ebelu, Helmut Sieber, – bei ihm hatte auch ich als Abiturient Mathe gehabt. Weitere nebenberufliche Lehrer konnte er nach eigenem Ermessen als freiwillige Kräfte aus den Stuttgarter Gymnasien werben. – Der Schulbesuch dauerte dort zwei Jahre in Abendunterricht (später wurden daraus zweieinhalb, schließlich drei Jahre), und daran schloss sich ein Jahr Tagesunterricht in der „Sonderklasse am Eberhard-Ludwigs-Gymnasium" an. Alljährlich begannen 70 oder mehr Schülerinnen und Schüler mit abgeschlossener Berufsausbildung (das war Bedingung) den Kursus. Aber nur eine wesentlich kleinere Zahl konnte die großen Anforderungen durchstehen: pro Jahr eine Sonderklasse. Die aber schafften dann auch ein Studium, oft sogar ein hervorragendes. – Auf Siebers Bitte übernahm ich schon 1953 einige Stunden Latein und Deutsch in diesen Kursen. Bei so hochmotivierten Schülern war das eine Freude, die didaktische Nutzung der überaus knappen Unterrichtszeit war aber zugleich eine schwierige und interessante Herausforderung.

1955 bat mich Sieber, die Leitung dieser Schule zu übernehmen. So wurde ich mit 30 Jahren erstmals Schulleiter, zwar einer kleinen Schule, aber eine große Aufgabe war das doch – nicht nur, weil fast alle ‚meine' Lehrer älter als ich waren. Nach fünf anstrengenden, interessanten Jahren übergab ich die Leitung 1960 an meinen Nachfolger Günter Walther. Er war später Oberstudiendirektor in Weilderstadt – ihr kennt dies Städtchen aus dem vierten Kapitel. Ich treffe ihn noch ab und zu bei Zusammenkünften ehemaliger Klassen. – Ich übernahm eine neue Aufgabe als Fachleiter, das heißt als Ausbilder und begleitender Betreuer altsprachlicher Referendare.

Auch über meine beiden Schwestern sei hier kurz berichtet: Ruth hatte nach dem Krieg eine Stelle als Kontoristin und dann als Sekretärin des Verwaltungsleiters bei der Evangelischen Gesellschaft in Stuttgart gefunden. Die Gesellschaft (kurz „Eva" genannt) betrieb Heime und andere soziale Einrichtungen sowie einen Verlag und eine Buchhandlung. Ruth fühlte sich bei dieser Gesellschaft und in ihrem Aufgabengebiet sehr wohl und blieb dort, bis eine schwere Erkrankung, eine Form von Knochenkrebs, sie aufzuhören nötigte. Sie starb nach langem Kranksein im Januar 1982.

Herta war, wie ihr euch erinnert, im November 1951 nach Brasilien ausgewandert. Ihre, unsere Mutter war zwar sehr gegen dieses ‚Abenteuer' gewesen, aber da wir anderen alle, besonders der Vater,

Herta den Rücken stärkten, gab die Mutter ihren Widerstand doch schließlich auf. Tante Mädi, voller Freude auf die nahe Verwandte, und dazu eine so junge und unternehmungslustige, hatte für sie beide eine neue Wohnung gekauft, im vornehmen Stadtteil Ipanema, mit prächtigem Blick aufs Meer. Schon wenige Wochen später erkrankte sie aber an einem Herzinfarkt und starb nach zweiwöchiger Bewusstlosigkeit. Für Herta war also die erste Zeit in Rio sehr hart. Gottlob stand sie nicht ganz allein: Onkel Lothar und Tante Letty (Letizia) mit ihren beiden Mädchen Butzi (auch sie heißt eigentlich Letizia) und Carla waren da, und Lothar half finanziell. Mädi hinterließ so gut wie nichts Bares. Auch Herta selbst zeigte aber in all den Schwierigkeiten, was in ihr steckt: Sie fand bald Freunde und Arbeit und eine Wohnung, und sie wurde für ihre Tüchtigkeit dadurch belohnt, dass das folgende Jahr, in dem sie mit zwei lebens- und unternehmungslustigen Freundinnen zusammen wieder dicht am Meeresstrand wohnte, eines der schönsten ihres Lebens wurde: So steht es in ihrem oben schon erwähnten Lebensbericht, den sie auch mir zu lesen gegeben hat.

Im Jahre 1954 heiratete Herta in Rio den aus Wien stammenden Hanns Pellischek. Ihre beiden Töchter kamen, Jahr um Jahr hübsch abwechselnd mit unseren beiden, immer im Mai und Juni zur Welt: Unsere Henriette am 7. Mai 1954, Hertas Elisabeth (genannt Bethsy) am 11. Mai '55, dann unsere Charlotte am 27. Mai '56 und schließlich Hertas Tochter Susanne (genannt Bummi) am 19. Juni '57.

Herta kam uns mit ihren Mädchen aus Rio 1958 für einige Wochen besuchen. Ich entsinne mich, dass Bethsy, als beim Spielen im Wald einmal der Ball weit wegflog, auf die Frage, wo er denn zu suchen sei, antwortete: „Da hinten in der Steppe." Denn unseren deutschen Wald, durch den man in alle Richtungen 100 Meter weit hindurchsieht, konnte sie nach ihren brasilianischen Urwaldmaßstäben natürlich nicht als Wald bezeichnen. – Im September 1964 kehrte Herta, nach 13 Brasilienjahren, mit ihren Kindern auf Dauer wieder nach Stuttgart zurück. Ihre Ehe war im Laufe der Jahre eine große Enttäuschung für sie geworden, sie wurde schließlich geschieden. Herta kam völlig abgekämpft bei uns an, aber tapfer wie sie war und ist, biss sie sich schließlich auch jetzt wieder durch.

Im Hause in Stuttgart-Vaihingen wurde es durch die Neuankömmlinge spürbar eng, und Christa und ich begannen, einen eigenen Hausbau zu planen. Wir hatten Glück, es fand sich ein Platz für eine Doppelhaushälfte in sehr günstiger Lage in Rohr. Das ist der äußerste Stuttgarter Stadtteil gleich hinter Vaihingen, noch höher als dieses gelegen; Schulen und Einkaufsmöglichkeiten waren nah, und wir hatten es nicht weit nach Vaihingen zu unseren Verwandten. Ebenso fanden wir in Herrn Ulmer einen Architekten, dessen Vorschläge mit unseren Wünschen von Anfang an gut übereinstimmten. Auch mit unserer Nachbarfamilie von der anderen Doppelhaushälfte freundeten wir uns rasch an. Sie war unserer Familie fast gleich: Eltern und zwei Töchter, jeweils nur wenige Jahre älter als auf unserer Seite. – Diese Nachbarn hatten aber später, als wir, wie man gleich hören wird, sehr bald schon nicht mehr neben ihnen wohnten, viel Unglück: Die jüngere Tochter wurde schwer krank, die ältere nahm sich das Leben. Christa hat in den folgenden Jahren, wenn Frau S. anrief, sie oft liebevoll teilnehmend besucht.

In Rohr feierten wir also im Sommer 1965 glücklichen Einzug. Aber es geschah Ähnliches wie zehn Jahren zuvor in der Rienzistraße: Das Schicksal hatte es anders mit uns vor. Wir saßen ganz buchstäblich auf den noch nicht ausgepackten Umzugskisten, da erreichte mich ein inhaltsschwerer Brief aus Tübingen: Der vor seiner Pensionierung stehende Leiter des Uhlandgymnasiums, Prof. Erich Haag, bat mich, ich möge mich um seine Nachfolge bewerben. Am nächsten Tag sprach ein Brief des Personalrats dieselbe Bitte im Namen des Lehrerkollegiums aus.

Was tun? Ein altsprachliches Gymnasium in einer Universitätsstadt zu leiten, und noch dazu in „unserer", an die wir so viele liebe Erinnerungen hatten, war sehr verlockend. Der Gedanke, gleich wieder umzuziehen, schreckte aber doch ab. Da war es Christa, die sagte: „Das ist deine Lebensaufgabe", und so bestärkt, sagte ich zu – und habe es nicht bereut. Vorsichtig, wie wir sind, haben wir aber dann unser schönes neues Haus in Rohr verkauft. Das war zweifellos die größte finanzielle Dummheit unseres Lebens – hinterher ist man bekanntlich immer schlauer. Wir haben unter der Dummheit aber auch hinterher, als sie auch für uns klar am Tage lag, nicht allzu sehr gelitten. Dass wir beide keine Finanzgenies sind, war uns immer bewusst. Wir blieben in Rohr also nicht einmal zwei Jahre wohnen.

Im November 1965 stellte ich mich in Tübingen dem Gemeinderat und den Bürgermeistern vor und wurde freundlich begrüßt. Auf meine Frage nach einer Wohnmöglichkeit sagte der Erste Bürgermeister sehr jovial: „Nun, da hilft man Ihnen selbstverständlich." Davon war später freilich wenig zu spüren, wir mussten alles allein zu Wege bringen. Ein halbes Jahr fuhr ich täglich mit dem Auto hin und her, die Kinder fuhren mit, denn beide wollten unbedingt in Vaters Schule gehen: Charlotte trat gerade in die Anfangsklasse 5 ein, Henriette in Klasse 7, sie lernte mit Hilfe ihrer Mutter zwei Jahre Latein nach. Unsere Mittagspause verbrachten wir oft auf dem Schlossberg mit freiem Blick auf die Stadt, den Rammert und die blauen Berge der Alb. Fürs erste Mal hatte ich Brötchen und Bierschinken eingekauft, dies letztere Wort war den Kindern unbekannt und animierte sie sehr zum Lachen, und dann natürlich auch mich. Folglich wollen sie dann jedes Mal Bierschinken, und noch heute sind wir alle, wenn Bierschinken erwähnt oder gar bei besonderen Gelegenheiten aufgetischt wird, sofort ungemein aufgeräumt. So einfach und billig kann man zu Familienvergnügungen kommen.

Dann wohnten wir fast ein Jahr in Derendingen in der möblierten Wohnung eines jungen Dozentenehepaares, das für ein Jahr in den USA war, und erst 1968 konnten wir unser Haus in der Steinbößstraße in Tübingen-Lustnau beziehen. In die andere Doppelhaushälfte zog die Familie des aus Berlin neu berufenen Psychologieprofessors Gerhard Kaminski ein. Als wir, 17 Jahre später, beide 60 waren, merkten wir zu beiderseitiger Überraschung an dem Andrang von Gratulanten, dass wir im gleichen Jahr und, mit nur drei Tagen Unterschied, fast am selben Tag geboren sind. Mit Kaminskis pflegten wir allerbeste freundschaftlich-nachbarschaftliche Beziehungen, und zwischen ihnen und mir setzt sich das bis heute fort.

Zehntes Kapitel

Wie es in Tübingen anfing und ein bisschen vom Weiteren

Als wir in Tübingen einzogen, wussten wir, dass das unsere Bleibe auf Dauer sein würde. Demgemäß hängten wir nicht nur Bilder an die Wand, sondern bauten Geeignetes dauerhaft ein. Christas Großonkel Erwin Bowien war von Beruf Maler – nicht Anstreicher, sondern Kunstmaler – und hat sein Leben lang von seiner Kunst gelebt, was sogar für einen aller Welt bekannten, „arrivierten" Meister nicht immer ganz einfach ist. Ein tüchtiger Künstler war Onkel Erwin, aber doch nicht so allbekannt. Aber durchgehalten hat er's. Eines seiner Geschäfts-Prinzipien dabei war: Reisen. Denn der Prophet, und ebenso der Künstler, gilt in seinem Vaterland, wenn nicht geradezu nichts, doch jedenfalls wenig. Er malte also jahrelang den Sommer über in Norwegen, während des Winters im Tessin oder in Italien. Die norwegischen Stücke ließen sich besonders im Süden verkaufen, die südlichen eher in Norwegen – gar nicht dumm! Das zweite Prinzip: Überall zwischen Tessin und Norwegen bei Verwandten oder Bekannten zwar immer Station machen und Bilder vorführen – kann doch immer mal sein, dass da eines gekauft wird –, aber diese Besuche auf gar keinen Fall vorher anmelden, denn das hätte nur zur Folge gehabt, dass der mit dem Besuch zu Beglückende todsicher gerade keine Zeit gehabt hätte oder es sonstwie zufällig nicht gepasst hätte. Dagegen wenn der Onkel abends, sagen wir: um 23 Uhr, an der Haustüre klingelt, dann sagt jeder (was könnte er denn anderes sagen?): „Ach, du bist das, na, dann komm mal rein, sei willkommen!" So war es: Onkel Erwin war überall willkommen. Unsere Kinder jauchzten jedes Mal, denn einige unterhaltsame Stunden oder Tage waren ihnen (und natürlich auch uns) sicher. Und gelernt haben sie von seiner Kunst jedes Mal irgendetwas. Er schleppte immer eine schwere Rolle Bilder mit, wickelte sie sorgsam auseinander und zeigte sie unter fortlaufenden launigen Anekdoten, denn er hatte ja auf seinen Reisen wirklich etwas erlebt, und wir haben gar nicht wenige Bilder gekauft.

Als er älter wurde, fiel ihm das Reisen schwerer, und er verlegte sich auf das Malen keramischer Kacheln. Von denen haben wir in unserem Haus viele eingebaut, im WC etwa einen Fries der „Sieben Schwestern": das sind sieben Inseln, die irgendwo in Nordnorwegen entlang der Meeresküste pittoresk aneinandergereiht sind. Im Treppenhaus ließen wir durch alle Stockwerke ein schmiedeeisernes Gitter mit geeigneten Flächen zum Einlassen von Kacheln einbauen. – Von der Kachel-Maltechnik ließ ich mich dann selbst inspirieren, und einige von meinen sind nicht nur im Treppenhaus, sondern auch auf unserem großen Wohnzimmertisch zu sehen. Einen Schreiner zu bekommen, der uns um diese Kacheln herum einen Tisch baute, war gar nicht leicht. In Backnang wurden wir nach längerer Suche fündig.

Ich habe in jenen Jahren nicht nur Kacheln gemalt, sondern auch Holzfiguren für unsere Weihnachtskrippe geschnitzt – beim Kachelmalen machte übrigens unsere Henriette mit, beim Figurenschnitzen Charlotte. Als ich viel später, nach meinem Eintritt in den Ruhestand, noch einmal mit Schnitzen anfangen wollte – es fehlten halt noch einige typische Figuren – und in der Gegend von Scheinfeld, wo Charlotte mit ihrer Familie wohnt und wo alles viel billiger ist als in Tübingen, schönes Lindenholz zu kaufen bekam, da sägte ich mir die dicken Bretter in dem profimäßig ausgestatteten Hobbyraum meines Schwiegersohnes Jochen auf der Kreissäge zurecht und war gerade mit allem fertig, – da war plötzlich, ich weiß nicht, wie das zuging, das oberste Glied an meinem rechten Daumen zerfetzt. Schmerz verspürte ich kaum, vielleicht war's der Schock? Ich drückte ein paar Tempotaschentücher auf den blutenden Daumen und lief, von Christa begleitet, ein paar Straßen weit zum nächsten Arzt. Als die Wunde vorläufig versorgt war, brachte mich ein hilfreicher Nachbar sofort mit dem Auto ins Kreiskrankenhaus nach Neustadt an der Aisch. Dort war der leitende Chirurg gerade frei und flickte den Daumen kunstgerecht. Kurz: Ich hatte auf der ganzen Linie mehr Glück als Verstand, – aber das war dann doch das Ende meiner Schnitzerei.

Am 1. April 1966 wurde ich Leiter des Uhlandgymnasiums Tübingen – kein Aprilscherz! Das Schuljahr fing damals bei uns noch im Frühjahr an, aber gerade im Jahre 1966 wurde der Anfang auf nach den Sommerferien verlegt. Meine Uhlandjahre begannen also mit zwei Kurzschuljahren, und auf die Frage, wie lange ich Schulleiter war, sage ich: 23 ½ Jahre oder 24 Schuljahre.

Irgendwann schon in den ersten Wochen fiel mir auf, dass ich, obwohl ich nun Uhland-Rektor war, nicht wusste, wann Uhland geboren ist. Das war leicht nachzuschlagen: am 26. April 1787. Dies neue Wissen verstaute ich vorerst ganz unten in meinem Gedächtnis, aber dort hielt ich es doch parat, bis ich rund 20 Jahre später, etwa zwei Jahre vor dem 200. Geburtstag unseres Namenspatrons, der ganzen Uhland-Korona, Lehrkräften, Schülerschaft und Eltern, den Vorschlag machen konnte: In zwei Jahren, am 26. April 1987, machen wir ein großes Uhland-Fest. So geschah's. Wir haben alle Ehemaligen dazu eingeladen und eine inhaltsreiche Uhland-Festschrift herausgebracht.

Wie leitet man denn aber eine Schule? Eine Schule ist ein Ort voller Leben, nicht unähnlich einem Bienenstock, nur mit dem sehr beachtlichen Unterschied, dass die Bienen in ihrem lebendigen Tun ziemlich festgelegt sind und kaum abweichen können vom Festgelegten, und falsch machen können sie eigentlich gar nichts. Das Leben in der Schule ist das wenig festgelegte Leben und Treiben von Menschen: Schülern und Schülerinnen, Eltern, Lehrern und Lehrerinnen, Hausmeister, Reinigungskräften, gelegentlich auch Bauhandwerkern und so weiter. Wenn ein Schulleiter es nicht fertigbringt, sie alle letztlich selbst tätig sein zu lassen, geht er unter. Und wenn sie in dieser bunten Selbsttätigkeit allzu viel untereinander nicht verträglichen Unsinn machen, dann geht die Schule unter. Eine gewisse Menge Unsinn, sogar eine recht große, hält eine Schule aus, und eine große Menge von miteinander Unverträglichem hält sie ebenfalls aus. Ich denke sogar: Beides ist ihr nötig. Ganz stromlinienförmig darf eine Schule nicht sein. Aber allzu viel Buntscheckiges ist natürlich schädlich.

Man kann fragen, ob bei so viel Selbsttätigkeit die Schule nicht „aus dem Leim geht" und kein verstehbares und gemeinsam erstrebenswertes Ziel mehr vorweisen kann. Ich hege diese Befürchtung doch eher nicht. Wenn man sich dies „Ziel" hoch genug und allgemein genug definiert vorstellt (in ausdrücklichen Worten rundum braucht man es nicht unbedingt zu definieren), dann geht Vieles und Gutes unter diesen einen „Hut". Ich denke also, es führen zwar in einer Schule nicht ausnahmslos „alle Wege nach Rom", aber doch erstaunlich viele, zur Engherzigkeit ist kein Anlass, es gibt ja auch Lehrpläne, die den Rahmen im großen Ganzen vorgeben. Vor allem werden diese vielen Wege ja nicht sachlich-unpersönlich konzipiert, sondern von einer oder mehreren Lehrpersonen oder auch einer ganzen Fachschaft als ihr Ziel für ihre Klassen, ihre Schüler und Schülerinnen vernünftig ins Auge gefasst; da kann es doch kaum ausbleiben, dass sie sogar erfreulich konvergieren, – vermutlich nicht immer ganz problemlos, aber das ist auch nicht erforderlich.

Freilich: Am Ende ist der Schulleiter dafür verantwortlich, dass nicht aus viel primärem Sinn schließlich doch allzu viel Unsinn wird. Wie macht er das? – Ich wurde mir darüber erst im Laufe der Jahre klar – anfangs handelt man ja nur, ohne seine Grundsätze zu kennen. Mein allgemeinster Grundsatz hieß: Möglichst wenig Sinnvolles behindern, und möglichst wenig Sinnloses geschehen lassen. Man sieht: Das ist ein sehr bescheidener Grundsatz, der damit rechnet, dass man gar nicht alles, sei's zulassend, sei's hindernd, lenken kann.

Zu seiner Ergänzung hatte ich hilfsweise einen zweiten, spezielleren, aber ebenfalls bescheidenen Grundsatz: „Es muss nicht immer alles nach meinem Kopf gehen." Der ist nötig, weil es einen, unter der Last der letzten Verantwortung, doch manchmal zu früh zum Reglementieren drängt.

Wonach man sich jedoch angesichts jener unabweislichen Letztverantwortung richten soll, das hätte ich noch weniger in allgemeinen Worten ausdrücken können. Wohl aber kannte und kenne ich einige lebendige Gestalten, an denen ich mich dabei gerne orientierte. Drei wären besonders zu nennen: Erstens der Lügenbaron von Münchhausen, der sich bekanntlich am eigenen Schopf aus dem Sumpf zog. Diese Selbstständigkeit, dies Sich-selbst-Gegenübertreten, Sich-Selbst-Beurteilen und – Zurechtweisen ist eine wichtige, typisch menschliche Möglichkeit, und sie darf wohl maßgebend sein für den Schulleiter, aber eben auch für alle an der Schule Beteiligten. – Die zweite Person hat sogar wirklich gelebt: der polnische Arzt und Kinderfreund Janusz Korczak, der mit den ihm anvertrauten Kindern in den Tod ging. Das habe ich nun zwar nie getan. Eine gnädige Fügung hat mir eine solche Entscheidung erspart. Aber dass er die Kinder ungemein ernst nahm und ihnen viel zutraute, das konnte ein Leitstern sein, hilfreich und klärend. – Das dritte Leitbild entstammt wieder der Literatur, es steht dahinter aber auch ein lebender Mensch: der russische Generalissimus im Napoleonischen Krieg, Kutusow. Literarisch gestaltet hat ihn Tolstoj in seinem Roman „Krieg und Frieden". Da ist er ein sehr alter Mann, beim Kriegsrat vor der entscheidenden Schlacht bei Borodino schläft er fast ein, weil ihn die klugen Pläne wenig interessieren: Er weiß, dass nachher doch das meiste anders kommt als geplant. In der Schlacht selbst sitzt er auf seinem Feldherrnhügel, da schläft er natürlich nicht, sondern ist hellwach, und tatsächlich kommt jetzt alle Augenblicke von rechts oder links eine Ordonnanz angesprengt und meldet zum Beispiel, das Regiment soundso steht im Moment eben da und da, und nicht dort wo es geplant war. Das Wichtigste aber ist, dass an jede Meldung sofort ungefragt ein Verfahrensvorschlag angefügt wird, etwa „Wollen Euer Exzellenz genehmigen, dass man jetzt dies und das tut?" Darauf gibt Kutusow fast stets die gleiche Antwort. Einmal lautet sie klassisch-einfach: „Tu das, mein Sohn, und Christus sei mit dir." – Das Tübinger Oberschulamt hatte die weise Gepflogenheit, bei Schulleitertagungen ab und zu einen Schulleiter aus seinen Erfahrungen berichten zu lassen, und da ich ein sehr ‚langwieriger' Schulleiter war, kam die Reihe auch an mich. Da habe ich vom Generalissimus Kutusow erzählt, und die Worte „Tu das, mein Sohn, und Christus sei mit dir" waren eine Zeitlang ein Geflügeltes Wort unter den Schulleiter-Kollegen.

Jetzt möchte ich aber nicht weiter in Grundsätzen kramen, sondern erst einmal erzählen, was denn in meinen ersten Tübinger Jahren so ablief. – Mein erstes Uhlandjahr war wohl sehr ereignisarm, jedenfalls haben sich die Erinnerungen daran so wenig eingeprägt, dass sie von denen der nachfolgenden drei bis fünf Jahre vollkommen überdeckt worden sind. Diese nachfolgenden Jahre waren die berühmt-berüchtigten „68er". Im Sommer 1967 war der persische Schah zum Staatsbesuch in Berlin. Bei den stürmischen und im weiteren Verlauf wohl auch stellenweise gewalttätigen Demonstrationen gegen sein Regime wurde am 2. Juni '67 der Student Benno Ohnesorg von einem jungen Polizisten erschossen. Wie es dazu kam, ist bis heute umstritten und wird wohl nie mehr geklärt werden. An diesen schrecklichen Vorfall schlossen sich Riesenkrawalle an, die sich besonders in den Universitätsstädten rasant ausbreiteten. In dem kleinen Tübingen mit seiner großen Uni griff die gewaltige Unruhe sofort auch auf die Gymnasien über, wobei „das Uhland" sich als das weitaus anfälligste erwies. Diese Anfälligkeit darf man positiv werten: Sie zeigt, dass unsere Schülerschaft allgemein-geistig und politisch besonders sensibel war, und sie ist es auch heute noch.

Wenn wir es dabei nur mit unseren Schülern zu tun gehabt hätten, wäre aus dieser Unruhe vielleicht nur Gutes hervorgegangen. Oder ich muss richtiger sagen: Das Gute, das letztlich aus den wilden Geschehnissen trotz allem hervorging, wäre in diesem Fall wohl rascher, einfacher und klarer zu Tage getreten. Auch bei uns gab es zwar, fast möchte ich sagen: selbstverständlich, nicht wenige Schüler, deren revolutionäre Vorstellungen maßlos unsinnig waren: Erstens wollten sie alles auf einmal ändern. Ihre Zielvorstellungen waren wirr, aber dumm waren sie nicht, wenigstens nicht alle. Aber sie standen sich halt selbst im Wege: alles auf einmal ändern, das ist eben unmöglich. Zweitens hatten sie sich von ihren großen Vorbildern Ho Chi Minh und Che Guevara die Auffassung einreden lassen, man dürfe den Konflikt mit dem „Establishment" keinesfalls durch Gespräch und Kompromiss verringern und am Ende sogar beilegen, sondern müsse ihn bis zur Explosion verschärfen: Eine bockbeinige, tollwütige Alles-oder-nichts-Strategie, die (vielleicht!) in Südamerika oder Südostasien sinnvoll war, aber nicht überall auf der Welt, und sicher nicht in unseren deutschen Verhältnissen.

Auch in unserem Uhlandgymnasium wurden jetzt also fleißig „Go-ins" und „Sit-ins" und alle Sorten von Revolutions-Szenarien veranstaltet. Aber wenn das ‚unter uns' hätte ausgetragen werden können, wäre jenes oben erwähnte erträgliche, ja sogar nötige Maß an Unsinn vermutlich nicht überschritten worden, denn den Revoluzzern in unserer Schülerschaft hätten sich, wenn auch nicht in Sekundenschnelle, aber doch mit Sicherheit binnen sehr kurzer Zeit, andere entgegengestellt, die realistisch-sinnvoller dachten, und man hätte auf das freie Spiel dieses Antagonismus vertrauen dürfen.

Aber es ward uns nicht so bequem gebettet. In jeder Veranstaltung unserer Schülerschaft erschienen ungerufen Scharen von Nicht-Schülern, und sicher nicht nur Studenten. Es traten häufig auch großmäulige, dickbäuchige, glatzköpfige, betont abgerissen gekleidete Individuen auf, entweder „ewige" Studenten oder eben Berufsrevolutionäre, professionelle Krawallmacher. Loszukriegen waren sie nicht, gegen Vorhaltungen waren sie taub, und sie gewaltsam hinauszuwerfen, etwa gar durch Polizei, wäre ganz unratsam gewesen, das hätte ihnen nur Sympathien geschaffen und die Emotionen angeheizt. Also hieß die Devise eben wieder einmal: Möglichst wenig Sinnloses geschehen lassen. „Geduld überwindet Sauerkraut", sagt man, und mit viel, viel Geduld, gelegentlich sogar vermischt mit einem heiligen Zornesausbruch, kam man allmählich doch voran. Wenn solche Zorneswallungen nur ganz selten hochkamen, ließen die Revolutionäre sie manchmal sogar mit einer Art Respekt gelten.

Mitunter waren die suspekten Individuen, die da von irgendwoher auftauchten, nicht schlampig gekleidet, sondern zur Abwechslung super-elegant. So kamen zu mir einmal zwei Geschniegelte in Zweireiher-Sakkos mit schwarzen Diplomatenköfferchen und verlangten, in unsere Schule als Schüler aufgenommen zu werden. Als ich das ablehnte, weil sie keinen plausiblen Grund dafür nennen konnten, belästigten sie mich mitten in der Nacht telefonisch: Sie hätten sich soeben in Berlin (!) erkundigt, und ich müsse sie sofort aufnehmen. – Als mich in jener Zeit einmal jemand fragte, wie ich es denn schaffe, mit dem allem fertig zu werden, antwortete ich: „Ich argumentiere, ich argumentiere, den ganzen Tag, und in den schlaflosen Stunden der Nacht noch dazu."

Einst war ein studentischer Demonstrationszug angekündigt: Gerade am Ende der großen Pause sollte er durch unsere Uhlandstraße kommen. Das war natürlich mit Absicht so terminiert, und unsere Haus-Revoluzzer glaubten wohl ehrlich, dass da *nicht* mitzumachen eine Versündigung gegen die hehrsten revolutionären Prinzipien gewesen wäre. Diese Erzrevoluzzer waren aber jederzeit in der Minderzahl (wenn sie sich auch überlaut bemerkbar machten); weitaus die Mehrheit der Schulangehörigen: Lehrerkollegium, Eltern, ich als Schulleiter, und zweifellos auch viele Schüler und Schülerinnen hielten mehr davon, im Normalfall unserer Aufgabe, also dem Unterricht, nachzugehen. Nun läuft in unserem Treppenhaus die Treppe zweiflügelig, und an jenem Tage stand am Ende der Pause auf dem einen Treppenflügel einer unserer Revolutions-Protagonisten, mit einem Megaphon bewaffnet, und tönte fortwährend: „Geht 'raus zur Demonstration"; auf dem gegenüberliegenden Flügel stand ich, ebenfalls mit Megaphon, und konterte jedes Mal: „Geht 'rauf in euren Unterricht!" Ich musste aber über diese rasend komische Lage unwillkürlich lachen und meine sogar, mein Gegenüber hat nach einiger Zeit heimlich mitgelacht. Das hat natürlich per saldo meine Position gestärkt.

Hermann Steinthal, ca. 1970.

Mir kam damals eine Eigenschaft zustatten, die ich seither kenne und für eine günstige halte: dass ich in brenzlichen Situationen nicht sofort anfange zu handeln, sondern, und sei es nur für einen allerkürzesten Moment, erst einmal, gewissermaßen achselzuckend oder kopfschüttelnd, innerlich einen kleinen Schritt zurücktrete. Wie gesagt: Lange war solches Distanznehmen nicht möglich, aber auch wenige Sekunden können Abstand und Ruhe schaffen. – Man kann in dieser Gewohnheit, zuerst einmal ‚zurückzutreten', vielleicht eine positive Kehrseite der Zögerlichkeit meiner mitmenschlichen ‚Steckkontakte' sehen, die ich im sechsten Kapitel nicht loben konnte, sondern beklagt habe.

Ich habe die wilden Jahre schließlich überstanden. Viel geholfen haben mir dabei die vielen kooperativen Schüler, Schülerinnen, Eltern, mein Kollegium – und, das darf ich doch erwähnen, auch das

Tübinger Oberschulamt, das sich insgesamt als eine treffliche Behörde erwies. Man hat es spürbar vermieden, uns Schulleitern die schwierige Situation mit nicht ganz treffenden Reglementierungen noch zusätzlich zu erschweren (und ganz treffend konnte eine Reglementierung von außen in jener turbulenten Lage kaum sein). – Einmal rief der Präsident an, als wir Schulleiter der drei benachbarten Gymnasien gerade beratend zusammensaßen, es stand nämlich wieder eine Demonstration bevor, diesmal vor den beiden letzten Stunden. Er erkundigte sich, was wir zu tun gedächten, ob es vielleicht möglich oder ratsam wäre, einfach das Haus abzuschließen. Ich sagte, ein bisschen konsterniert und reichlich kess: „Ja, wenn Sie das anordnen, machen wir das natürlich." (Wir hätten es aber auf gar keinen Fall gemacht.) Darauf er: „Nein, nein, ich ordne nichts an, Sie müssen sehen, was zu tun ist." Nun also: Wir sahen. Ich persönlich sah mir nachher den Demonstrationszug an und hätte vielleicht auch, wenn ich darauf geachtet hätte, gesehen, ob Schüler von uns davonliefen. Aber es war mir egal. Viele waren's bestimmt nicht.

Mehr als zehn Jahre später, als sich die Lage im Ganzen sehr beruhigt hatte, gab es nochmals einen kurzen, aber sehr heftigen Konflikt. Wir arbeiteten damals seit Jahren schon mit unseren jährlich neu gewählten, und immer geradezu bewundernswert klug gewählten Schülervertretern hervorragend zusammen: Es war wirklich staunenswert, mit welcher Sicherheit die Schülerschaft sich fähige, einfallsreiche, tatenlustige, couragierte Vertreter bestellte, und mit welcher Sicherheit sie bloße Schreier und Wichtigtuer sang- und klanglos durchfallen ließ. Wir nahmen die Wahl aber auch immer wichtig und gaben den Schülern die Möglichkeit, sie auch in der Unterrichtszeit gut vorzubereiten. Die Vorschläge dieser Schülersprecher haben unsere Arbeit oft spürbar bereichert, und wenn ich wirklich einmal anfangs Bedenken gegen einen ihrer Pläne hatte, half mir mein Aushilfs-Grundsatz „Es muss nicht immer nach meinem Kopf gehen" meist darüber weg, und oft genug war ich bald froh darüber.

Nun hatten wir auf den 6. April 1984 einen Studientag zum Thema „Frieden" angesetzt und ausgiebig vorbereitet. Das Thema war damals „in", kurz nach den Demonstrationen gegen die Raketenstationierung in Mutlangen, und es ist ja wirklich wichtig. Ob solche Studientage damals eigentlich schon ‚erlaubt' waren, weiß ich gar nicht (später waren sie es, waren sogar empfohlen). Man hat uns jedenfalls nie daran gehindert. Dass im kleinen und sehr redefreudigen Tübingen die Behörde von allen derartigen Unternehmungen unverzüglich erfuhr, stand außer Zweifel. (In Stuttgart war das dortige Oberschulamt geradezu meilenweit vom Geschehen in den Gymnasien entfernt gewesen, in Tübingen nicht.) Es gab also bei uns mit Studientagen schon reichlich Erfahrung, und wir (Lehrer-, Schüler- und Elternschaft) hatten, wohl auf Grund einschlägiger Erfahrungen, für den genannten 6. April den Beschluss gefasst, diesmal ohne auswärtige Referenten zu arbeiten. Dafür hatten wir den Tagesablauf, die Arbeitsgruppen, ihre Arbeitsunterlagen, die Referate und so weiter besonders eingehend vorbereitet.

Wenige Tage vor dem Termin wurde bekannt, dass zufällig in denselben Tagen an der Uni ein Medizinerkongress unter dem Motto „Ärzte für den Frieden“ stattfinden würde. Das Thema war halt auch dort „in“. Die beiden Veranstaltungen hätten sich sicher in keiner Weise behindert, wenn nicht irgendjemand auch (soviel ich damals gehört habe, eine unserer Schülermütter, aber ohne dass ich oder sonstwer in der Schule darüber informiert oder gar gefragt worden wäre) an einen der Vortragenden jenes Ärztekongresses mit dem Vorschlag herangetreten wäre, er solle doch auch bei unserem Studientag reden. Dass dieser Vorschlag ohne jede böse Absicht, einfach naiv getan wurde, darf man als sicher voraussetzen. In der damaligen unruhigen Lage, so erkläre ich mir das, trauten die verunsicherten Menschen manchen tagesberühmten Rednern zu, sie könnten überall und für alle Probleme auf Anhieb geradezu wunderbare Lösungen bieten, – und da sie könnten, sollten sie doch auch.

Der ‚Wundertäter‘, den jene Mutter, oder wer es eben war, bei unserem Studientag haben wollte, war Horst Eberhard Richter aus Gießen. Dass H. E. Richter selbst sich *nicht* für einen Wundertäter hielt (etwa nach dem bei Johannes überlieferten Jesus-Wort „Ohne mich könnt ihr nichts tun“), davon war und bin ich überzeugt, habe das auch in einem Leserbrief bei der nun ausbrechenden gewaltigen Zeitungskampagne klar zum Ausdruck gebracht.

Als ich hörte, was da ohne unser Wissen in Gang kommen sollte, rief ich eine Konferenz zusammen. Wir kamen rasch und einhellig zu der Auffassung, dass das Auftreten Richters bei unserem Studientag nicht besonders hilfreich wäre, eher würden manche Schüler, die sich intensiv vorbereitet hatten, enttäuscht sein, wenn ihre Studiengruppe(n) seinetwegen nicht wie geplant ablaufen könnte(n). Ich ließ also Herrn Richter wissen, die Einladung an ihn beruhe auf einem Missverständnis. Ich vermute, er hat das gelassen zur Kenntnis genommen.

Nicht so das Schwäbische Tagblatt. Dessen damaliger Chefredakteur Christoph Müller, – dem ich gerne zugebe, dass er aus seinem Blatt aufs Ganze gesehen eine überdurchschnittlich interessante Gazette gemacht hat, nur ging ihm eben ab und zu schon mal „der Gaul durch“ – Christoph Müller also witterte Unrat. Nun, das müssen Zeitungsleute, zugegebermaßen, manchmal tun. Aber auch er hätte mich ja mal kurz anrufen können. Das tat er nicht – bei der Zeitung muss es, zugegebenermaßen, manchmal schnell gehen. Kurz, er machte lieber von seinem witternden Gespür Gebrauch und schrieb, dem Sinne nach: der Oberstudiendirektor Steinthal habe Herrn H. E. Richter ausgeladen (dass er gar nicht eingeladen gewesen war, schrieb er nicht), weil er seine Schüler vor dem verderblichen Einfluss Richters schützen zu müssen (und zu können!) glaubte.

Was die Zeitung schreibt, muss wahr sein, und wenn sie gar schreibt, dass ein Oberstudiendirektor sich wie ein Rindvieh benommen hat, dann wirkte das damals so überzeugend, dass es auch weiterhin niemand für nötig hielt, genauer nachzufragen. Die Sache lief in ganz Deutschland durch die Presse, ich bekam höhnische oder wütende Zuschriften von überall her und kübelweise. Der überall und jederzeit zur Kritik berufene Klaus Staeck zum Beispiel schickte mir per Postkarte einen seiner Denksprüche: „Die von Ausgewogenheit reden, halten nichts von Gewichten“, so etwa lautete er, sehr hübsch, nur hatte ich ja nie von Ausgewogenheit geredet. Wer da ‚Ausgewogenheit‘ ins Spiel gebracht hat, weiß ich nicht.

Das alles hätte mir noch relativ egal sein können. Aber auch ein paar ehemalige Schüler fragten empört an, was denn in mich gefahren sei, sie kennten mich gar nicht wieder. Das bekümmerte mich wirklich, ich konnte aber den Kuddelmuddel bei Weitem nicht überall richtigstellen.

Als sich die Sache nach und nach totgelaufen hatte, schrieb mir Horst E. Richter, er habe, da er nun besser informiert sei, den Eindruck, dass die Kampagne diesmal den Unrechten getroffen habe. Und Christoph Müller schickte mir ein Büchlein, sinnigerweise eines von H. E. Richter, mit der handschriftlichen Widmung „Nichts für ungut!“ – Ob es damit „voll gut“ war, bleibe dahingestellt, ich habe auch das jedenfalls überstanden. Meiner Gesundheit haben die ganzen tollen Jahre zweifellos etwas zugesetzt, aber meiner Reputation in Tübingen haben sie nicht geschadet, eher im Gegenteil: Ich wurde nach und nach zu einer Art Institution, die man, wie wenn's so sein müsste, allgemein achtete.

Dass die bewegten Jahre zuletzt auch einiges Gute, ja sogar viel Gutes zutage gefördert haben, habe ich schon oben gesagt. Unserer Schülerschaft haben sie zum Mindesten einen erheblichen Zuwachs an politischer Urteilsfähigkeit nebst Rede-, Argumentations- und Diskussionsgeschick gebracht. Einige wenige besonders Rabiate und Unbelehrbare haben sich allerdings selbst geschadet. Zwei von ihnen meldeten sich schließlich ab, als sie erkannten, dass wir sie aus der Schule ausschließen müssten und auch würden.

Im Übrigen darf man aber nicht vergessen, dass die revolutionäre Bewegung sich auch mit abscheulichen Untaten schwer befleckt hat, unter anderem mit grässlichen Morden an Hanns-Eberhard Schleyer, Siegfried Buback, Jürgen Ponto, Alfred Herrhausen und anderen (und in mehreren Fällen auch an ganz unschuldigen Begleitern dieser Mordopfer). Das alles bleibt abscheulich. Gegeneinander aufrechnen lassen sich das errungene Gute und das Abscheuliche nicht.

Durchaus im lockeren Zusammenhang mit jenen unruhigen Zeiten und mit den Erfahrungen, die ich da gewonnen hatte, standen drei große Schultheater-Aufführungen, die ich in den folgenden Jahren und Jahrzehnten, jeweils mit einer aus freiwilligen Mitspielern aus den Klassenstufen 5 bis 12 sich zusammenfindenden Theatergruppe auf die Schulbühne brachte – einmal, im „Cenodoxus", übernahm sogar ein Abiturient die Hauptrolle, Peter Czisch hieß er; er fühle sich sonst nicht genug ausgelastet, sagte er. – Der Terminus technicus „Schulbühne", den ich oben verwendet habe, ist aber ein arger Euphemismus: Unser armes Gymnasium hatte in den ganzen Jahren meines Wirkens keine eigene Aula und keine eigene Bühne, wir mussten immer die Gastfreundschaft besser gestellter Institutionen ansprechen, und wie karg, selbst bei gutem Willen, uns die Probenzeiten zugeteilt wurden, mag sich jeder selbst ausmalen. 1979 brachten wir die „Vögel" des Aristophanes, 1981 den „Cenodoxus" des frühbarocken Jesuiten Jakob Bidermann, und als Krönung, mit besonders deutlichem Bezug auf jene Jahre der Unruhe, 1988 den „Frieden" des Aristophanes.

An Aristophanes hatte ich eine Zeitlang, man darf schon sagen, „einen Narren gefressen". Dass dieser geniale Komödiendichter fast nie aufgeführt wird, hat einen sehr einfachen Grund: Seine Stücke sind hageldicht mit zeitgeschichtlichen Anspielungen und Bosheiten gespickt, die man weder übersetzen noch ohne Kommentar verstehen kann. Ein Witz, den man erst erklären muss, ist aber kein Witz mehr. Diese Komödien aufzuführen, ist aber trotzdem ungemein lockend

Schulaufführung der Komödie „Frieden" des Aristophanes in freier Bearbeitung von Hermann Steinthal, 1988. Szene zum Lied: „Alle ziehn an einem Strang".

und lohnend, denn es sind nie seichte Blödeleien, sondern viel eher verkleidete Tragödien, über die man heulen müsste, wenn sie nicht so unfasslich komisch daherkämen, oder auch umgekehrt: über die man hemmungslos lachen möchte, wenn sie nicht gleichzeitig so tragisch wären.

Ich habe Aristophanes beide Male in einer Art ‚Verkleidung ins Heutige' aufgeführt, habe also die zeitgeschichtlichen Anspielungen von vor über 2000 Jahren durch heutige ersetzt: Anlass zu derlei gibt es ja auch heute massenweise. Dabei geht zwar vieles vom Original unvermeidlich verloren, aber Aristophanes ist so überreich an Witz, dass immer noch genug übrig bleibt. Beim „Frieden" habe ich den Ort des Geschehens einfach nach „Tybingen" verlegt. Die Hauptperson, ein athenischer Winzer, der auf einem Riesen-Stinktier zum Olymp aufsteigt, um den Frieden von dort herabzuholen (aber er wird bezeichnenderweise auf die irdischen Möglichkeiten zurückverwiesen), heißt im Original Trygaios (das bedeutet einfach so viel wie „Winzer"); ich habe ihn in „Tybaios" umgetauft und ihn als „tybischen Tybinger" charakterisiert: „supergescheit, folglich dumm, und 20 Prozent grün". Dem Krieg, der auch bei Aristophanes in Person auftritt, habe ich zwei Zwillingstöchter beigegeben: „Rüstung des Westens" und „Rüstung des Ostens", und so weiter und so fort.

Beim Thema Schultheater möchte ich noch von einem schrecklichen Vorfall erzählen, der mich damals sehr bewegt hat und bis heute bewegt. Oben im dritten Kapitel habe ich die Aufführung der Dürrenmatt'schen „Physiker" durch die Theaterarbeitsgemeinschaft meines Kollegen Dr. Otto erwähnt, bei der ich überraschend als ‚Theatermaler' mitwirken durfte. Herr Otto hatte eine tragende Rolle in dem Stück einem klugen und tüchtigen, aber etwas schwierigen, introvertierten Schüler angeboten und hatte sich gefreut, dass der seine Schüchternheit überwand und annahm. Wenige Tage nach der Aufführung bekam ich frühmorgens in der Schule einen Anruf von der Kriminalpolizei, ein junger Mann sei vom obersten Stock des Parkhauses in der Wöhrdstraße gestürzt und tot aufgefunden worden. Man habe einen Schülerausweis unserer Schule bei ihm gefunden, und ich möge kommen, um bei der Identifizierung zu helfen. Es gab leider keinen Zweifel: Es handelte sich um den oben erwähnten Schüler, und es war auch kaum zu bezweifeln, dass kein Unfall vorlag, sondern dass er sich selbst in die Tiefe gestürzt hatte. Warum? Das war und blieb dunkel. Diesen Tag, den 3. März 1978, vergesse ich im Leben nicht. – Gottlob ist mir Derartiges in der Schule nie mehr begegnet. Von Suiziden junger Menschen während ihres Studiums hörte man gelegentlich, und einmal auch von einer Studentin, die einige Jahre vorher bei uns ihr Abitur bestanden hatte. – Unser Religions-Fachleiter Robert Schütz war Mitbegründer und zeitweise Leiter eines „Arbeitskreises Leben", der sich suizidgefährdeter Menschen annahm. Der Kreis besteht heute noch.

Um wieder auf normaleres Schulgeschehen zurückzukommen, so will ich mich, – oder richtiger: muss ich mich auf Weniges beschränken. Wenn ich alles erzählen wollte, was in meinen langen Schulleiter-Jahren passiert ist – nicht auszudenken! Einiges sei aber noch erwähnt:

Am Ende eines Schuljahres hat man als Schulleiter regelmäßig mehr um die Ohren, als man verkraften kann. Das ist die Zeit der alljährlichen Versetzungs- und Nichtversetzungs-Nöte. Da will ich doch zwischendurch erwähnen, dass unser Uhlandgymnasium kurz nach jenen unruhigen 68er-Jahren bei der Behörde einen im Lehrerkollegium und unter Mitwirkung der Eltern- und Schülerschaft detailliert ausgearbeiteten Schulversuch beantragt hat: Demzufolge sollten bei den Übergängen zwischen den Klassen 6 und 11 keine Nicht-Versetzungen mehr beschlossen, sondern alle Schüler versetzt werden. Es sei denn, die Eltern (oder bei Volljährigkeit die Schüler selbst) stellten den Antrag, die Klasse zu wiederholen; über diesen Antrag sollte dann gemeinsam beraten werden. Ich war nämlich schon lange der Ansicht, dass eine von der Schule angeordnete Nichtversetzung im Ganzen wenig Nutzen, im Einzelfall aber viel Schaden bewirken konnte. Nun, unser Antrag wurde gelobt, telefonisch (schriftlich bekam man so etwas normalerweise nicht), aber bewilligt wurde er nicht. Die Behörde hatte damals schon viele Schulversuche laufen und wollte keine weiteren.

In diesen Wochen vor dem Ende des Schuljahres bekam ich also regelmäßig zahlreichere, zeitraubendere und schwierigere Elternbesuche als irgendwann sonst. Außerdem leitet der Schulleiter aber natürlich zu gleicher Zeit die Zeugniskonferenzen und versucht dabei, für ein tragfähiges Gleichgewicht zwischen Milde der persönlich-menschlichen Beurteilungen und Strenge der fachlichen Anforderungen zu sorgen – so gut es ihm eben gelingen mag. Es gelingt nicht immer zu seiner Zufriedenheit; den einzelnen Lehrkräften in ihre Beurteilung der Leistungen ihrer Schüler hineinzureden: das ist, so muss er sich sagen, nur in sehr engen Grenzen seine Aufgabe. Und drittens muss er in diesen Wochen die Lehrauftragsverteilung für das kommende Schuljahr mit den Fachabteilungen und den einzelnen Lehrkräften soweit abklären, dass er sie in den ersten Ferienwochen vollends fertig stellen kann, und dass in den nachfolgenden Ferienwochen die Stunden- und Raumpläne festgelegt werden können, damit am ersten Tag des neuen Schuljahres die Arbeit auch wirklich losgehen kann. Ich hatte es an meiner früheren Schule in Stuttgart jahrelang erlebt, dass das neue Schuljahr in den ersten Wochen mit tagtäglich wiederholten Not-Stundenplänen anfing, weil da erst die Lehrauftragsverteilung und dann auch der endgültige Stundenplan in fertige Form gebracht werden konnten. Das ist ein sehr wenig befriedigender Zustand.

Und zu all dem soll und möchte man als Schulleiter doch bei der Abschlussfeier zur Verabschiedung der Abiturienten eine vernünftige Rede halten. Damals hat sich meine Praxis des Frei-Redens vollends herausgebildet – es blieb mir buchstäblich nichts anderes übrig. Themen dafür hatte ich stets genug und übergenug. Ich ließ mir schon im Laufe des Schuljahres einiges, was zu sagen wäre, durch den Kopf gehen. Unmittelbar vor Beginn der Feier zwackte ich meinen übrigen Pflichten zehn Minuten oder eine Viertelstunde für einen stillen Spaziergang ab, und dann redete ich frei. Nicht selten habe ich aber die Rede später, in den Ferien, noch etwas ausgearbeitet und niedergeschrieben. – Wenn ich mit der Rede fertig war, in der Pause, wenn

Jung und Alt sich ums Kalte Buffet drängten, machte ich mich dann, quasi zur Belohnung, gerne für eine halbe oder ganze Stunde unsichtbar – vermisst hat mich in dem Gewühle vermutlich niemand – setzte mich in ein Restaurant in der Nähe, nahm in Ruhe einen Happen zu mir, und wenn nach der Pause das Programm weiterging, war ich auch wieder da.

Was wäre noch herauszupicken aus dem Vielen, das da im Laufe der Jahre passierte? Von zwei wichtigen Einschnitten im Zeitablauf soll noch die Rede sein, erstens vom Ende meiner aktiven Dienstzeit im Sommer 1989. Bei der offiziellen Verabschiedung samt Einsetzung des Nachfolgers wurden, wie es sich gehört, viele Reden gehalten: Der stellvertretende Schulleiter, der Personalrat, die Elternschaft, die Schülerschaft, die Stadtgemeinde, nicht zu vergessen die vorgesetzte Dienstbehörde, der Verein der Freunde der Schule kommen zu Wort, jeder lobt den abgehenden Chef nach Kräften und wünscht dem kommenden viel Glück und gutes Gelingen. Mir fiel bei diesen Reden auf, dass man mir (natürlich nicht von Seiten der Behörde, aber doch aus schulinterner Sicht) sehr einhellig und in sehr lobendem Tone nachsagte, ich hätte doch oftmals den Weisungen „von oben", wenn ich das für nötig hielt, auch zuwider gehandelt, – so gleichmäßig kam das zur Sprache, dass ich in mich ging und mich besorgt fragte, ob ich das wirklich so oft und so auffällig getan habe. Und da ich das Frei-Reden gewohnt war, redete ich, als ich dann an der Reihe war (denn gottlob haben der abgehende und dann der kommende Schulleiter bei diesen Veranstaltungen herkömmlicherweise das letzte Wort) aus dem Stegreif über diesen mir so auffällig gleichen Tenor in den Worten meiner hochgeschätzten Damen und Herren Vorredner.

Ich konnte dabei guten Gewissens erklären, dass ich zwar – erstens – öfter einmal eine vorsorglich-spezielle behördliche Anordnung, die in ihrem speziellen Gehalt, nach meiner pflichtmäßigen Einschätzung, auf unsere Schule nicht zutraf, nicht an das Kollegium weitergeleitet habe – weshalb hätte ich Unruhe stiften sollen mit Besorgnissen, die uns nicht betrafen, und weshalb hätte die Behörde derartige nicht betreffende Beunruhigung für erforderlich halten sollen? – In analoger Weise habe ich – zweitens – hin und wieder allgemein geltende behördliche Anordnungen zunächst für unsere besonderen Gegebenheiten sinnvoll interpretiert, manchmal in Zusammenarbeit mit Kollegen oder mit der Schüler- oder Elternvertretung, und sie dann erst in dieser Interpretation weitergegeben. Für dies Letztere ein Beispiel: In den Jahren nach den unruhigen „68ern" wurde irgendwann das Schulgesetz novelliert, den Eltern- und Schülervertretern wurden zeitgemäß größere Mitwirkungsrechte eingeräumt: Die Beschlüsse der Lehrerkonferenz sollten zunächst immer nur vorläufig gefasst werden. Der Schulleiter sollte sodann die Eltern- und die Schülervertreter über das Beschlossene informieren, und anschließend sollte in der Schul-Konferenz, in der die Lehrer-, die Eltern- und die Schülerschaft je durch Repräsentanten vertreten waren, endgültig beschlossen werden. Diese Konstruktion erschien uns, und mir selbst, unnötig umständlich. Wir hielten es für produktiver und bei unserer sehr aufgeschlossenen Eltern- und Schülerschaft auch ohne Weiteres für praktikabel, dass sich Eltern- und Schülerbeauftragte schon gleich anfangs in der Lehrerkonferenz informierten. Lehrer- und Schulkonferenz fanden bei uns also im Regelfall gemeinsam statt. Wir mussten dann nur manchmal, um dem Gesetz Genüge zu tun, in einer und derselben Sitzung hintereinander zweimal abstimmen, einmal qua Lehrerkonferenz ohne die Stimmen von Eltern und Schülern, und das zweite Mal qua Schulkonferenz mit den Stimmen der jeweiligen Repräsentanten.

Diese meine oben dargestellten Verfahrensweisen beim Umgang mit behördlichen Vorschriften sind einfach Beispiele meiner Selbstständigkeit, wohlgemerkt: meiner nie absolut verstandenen, sondern immer ‚eingebundenen' Selbstständigkeit, wie ich sie am Ende des sechsten Kapitels erläutert habe. Ich habe diese Verfahren nie als willkürlich, sondern schlicht als notwendig empfunden, notwendig auch und gerade im Sinne der Behörde selbst, von der ich stets den Eindruck hatte, dass sie genau einen solchen Umgang mit Vorschriften wünscht. Dass ich irgendwann einer behördlichen Weisung geradezu entgegen gehandelt hätte, war ich mir nicht bewusst. Ich war im Gegenteil immer froh, dass es zuallermeist doch sehr vernünftige behördliche Anweisungen gab und dass ich, oder die Schule, oder das Lehrerkollegium, nicht alles und jedes selbst regeln mussten. Heutzutage, so höre ich gelegentlich, geht man in der Freiheit so weit, dass tatsächlich vieles (vielleicht allzu vieles), das vernünftiger Weise allgemein geregelt werden könnte, speziell und mit viel Zeitaufwand in den Schulen erarbeitet werden muss. – Aber ich sollte wohl zu den Zuständen heute lieber nichts sagen, ich bin zu weit weg vom Schulgeschehen.

Wenn ich, sehr selten, je einmal einen Tadel, eine Rüge von der Behörde bekam (dass im kleinen Tübingen nichts vor ihr verborgen blieb, habe ich schon gesagt; ich fand das auch gut so), dann habe ich mir das gerne gefallen lassen: Das ist gegebenenfalls die selbstverständliche Pflicht der Behörde. Insbesondere die Weisung „Das nächste Mal bitte nicht mehr so" konnte ich immer akzeptieren. Jedes nächste Mal ist ohnehin wieder ganz anders.

Ausdrücklich und respektvoll, in freundschaftlicher Verehrung gedenke ich hier all der Persönlichkeiten, die meine Vorgesetzten im Oberschulamt Tübingen waren, vor allem der beiden für die Gymnasien zuständigen Abteilungsleiter, unter denen ich in meiner Dienstzeit arbeitete: Eugen Reiner und Herbert Wagner. Beide waren uns Schulleitern kundige und stets wohlwollende Ratgeber und Helfer.

Beschließen möchte ich dies Kapitel, indem ich von einem gravierenden Einschnitt im ganz privaten, familiären Bereich erzähle. In den Sommerferien 1982 hatten Christa und ich, wie jedes Jahr, eine schöne dreiwöchige Fahrradreise gemacht, diesmal durch die Oberpfalz, immer ungefähr entlang der tschechischen Grenze, hatten Waldsassen und vieles andere Schöne bewundert und zuletzt am 30. Juli noch die Maximiliansgrotte bei Neuhaus nordöstlich von Nürnberg besucht. Am Abend riefen wir vom Hotel aus unseren Schwiegersohn Jochen Abele an und hörten, dass soeben unser erstes Enkelkind Iris das Licht der Welt erblickt hatte. Wir erlebten staunend, wie sich die Welt mit den Augen von Großeltern ansieht. Man kann das jemand, der es (noch) nicht selbst kennt, kaum recht schildern: Sie sieht sich mit einem Male anders an als je zuvor, als sei sie unendlich viel schöner, reicher und ‚richtiger' geworden.

Ich könnte sogar sagen: Jetzt ist es Zeit, dieses Manuskript zu beenden, denn im Weiteren geschehen ja nun auch Dinge, die ihr dermaleinst selbst euren Kindern und Enkeln erzählen werdet. Aber bitte, so rasch möchte ich das Wort nicht abgeben, ich bin ich noch nicht zu Ende, ein paar Kapitel liegen mir noch am Herzen.

Elftes Kapitel

„Alles zum Besten kehren“

Die Überschrift dieses Kapitels ist ein Zitat aus dem Lutherisch-Brenz'schen Katechismus, den wir im Konfirmanden-Unterricht auswendig gelernt haben. Wie viel davon auf Martin Luther und wie viel auf den württembergischen Reformator Johannes Brenz zurückgeht, weiß ich nicht. Auch kann ich nicht mehr sagen, ob auf mich als 14-Jährigen diese Worte schon besonderen Eindruck gemacht haben. Im Laufe des Lebens allerdings habe ich die Weisheit, die darin ausgesprochen liegt, zu bewundern gelernt.

Die Worte gehören eigentlich in die Erläuterung zum achten Gebot „Du sollst kein falsch Zeugnis reden wider deinen Nächsten", es handelt sich also im spezielleren Sinn um ein Gebot fürs Reden, – und zwar stehen sie im letzten Teil dieser Erläuterungen, der so beginnt: „Wir sollen ihn (den Nächsten) entschuldigen, Gutes von ihm reden und alles zum Besten kehren." Da wird zweifellos vorausgesetzt, dass der ‚Nächste' manchmal etwas sagt oder tut, das der Entschuldigung bedarf, und dass man deshalb sehr wohl auch böse über ihn reden könnte. – Wenn ich mir das alles nun recht überlege, ist in den zitierten Worten, besonders in dem Wörtchen „alles", nicht nur ein Gebot fürs Reden, sondern viel allgemeiner fürs Urteilen und fürs Handeln gegeben. Und nicht nur, was der Nächste vielleicht Böses getan hat, steht dann zur Debatte, sondern auch, was ich selbst getan oder unterlassen, gesagt oder verschwiegen habe. Das alles war und ist ja leider nicht immer gut, es soll und kann aber alles zum Besten gekehrt werden.

Dass ich dies Kapitel unter dieser Überschrift gerade an dieser Stelle in meine Erzählungen einfüge, hat seinen guten Grund. Es kann einem zwar an jeder Ecke des tätigen Lebens passieren, dass man etwas tut, das einem später als falsch erscheint und von dem man lebhaft wünschen möchte, es nicht oder anders getan zu haben, aber ich habe den Eindruck, nie begegnet einem das so regelmäßig und so unvermeidlich wie in der Erziehung junger Menschen, die einem anvertraut sind, ganz gleich, ob es nun die familiäre Erziehung oder die in der Schule ist. Da ich also in den zurückliegenden Kapiteln von den Jahren erzählt habe, in denen ich als Vater, Lehrer und Schulleiter mit nichts so regelmäßig und unablässig befasst war wie mit dem Erziehen, ist genau hier der rechte Ort für dies Kapitel. Ja sogar im genauesten Bezug auf das Ende des vorigen Kapitels ist hier der rechte Ort dazu. Ich hatte und habe nämlich manchmal den Eindruck, dass es mir, gottlob, vergönnt war, als Großvater an meinen Enkeln manches gut zu machen und „zum Besten zu kehren", das ich bei meinen eigenen Kindern nicht gut gemacht habe. Und wenn mich nicht alles täuscht, machen andere Väter und Großväter (oder Mütter und Großmütter) diese Erfahrung auch, und das ist sicher einer der Gründe, weshalb es so überwältigend schön ist, Großvater und Großmutter zu sein.

Was geschehen ist, ist unwiderruflich geschehen. Ungeschehen machen kann man es nicht. Ich rede nun hier nicht von Verfehlungen, die von der öffentlichen Rechtsordnung mit Strafe bedroht sind. Es gibt sicherlich Menschen, und sie sind doch wohl weitaus in der Mehrzahl, die sich solch schwerer Vergehen während der ganzen Zeit ihres Lebens enthalten. Diese tadellosen Menschen darf man glücklich preisen, denn, wie die Dinge liegen: Ganz sich selbst zum Lobe anrechnen kann sich diese Tadellosigkeit niemand. Jeder muss sich sagen: „Es hätte auch mir einmal etwas so Schlimmes unterlaufen können, ich darf von Glück sagen, dass es mir nicht passiert ist." – Dass hingegen ein Vater, eine Mutter, ein Lehrer oder eine Lehrerin, ein Schulleiter, eine Schulleiterin sich vor dem erzieherischen Falsch-Machen zeitlebens mit vollem Erfolg hüten kann, das ist gänzlich unmöglich. In dieser Hinsicht hätte kein einziger, keine einzige eine Glücklichpreisung verdient. Verdienen kann man da nur noch ein Glück zweiten Ranges: wenn man nämlich „alles" schief Gelaufene endlich doch noch irgendwie „zum Besten kehrt". Das soll man sich dann aber auch von Herzen angelegen sein lassen. So verstehe ich heute die Worte in der Überschrift.

Es könnte sein, dass jemand das Gesagte doch bezweifelt: Weshalb sollte es denn so ganz und gar unmöglich sein, in der Erziehung Fehler zu meiden? – Das Fehlermachen gehört, wie ich denke, tatsächlich unvermeidlich zum Wesen des Erziehens, und ich habe den Eindruck, dass diese Unvermeidlichkeit manchen beruflichen Erziehern, ja sogar manchen Erziehungswissenschaftlern nicht immer genügend bewusst ist. Ich schließe das daraus, dass immer wieder einmal Erzieher oder Erziehungswissenschaftler alles daran setzen, das, was sie tun oder lehren, ganz gut im Sinne von „ganz perfekt" zu machen und zu lehren. In diesem Ganz-perfekt-machen-Wollen liegt aber ein Kardinalfehler verborgen. Das ganz Gute in der Erziehung schließlich zustande zu bringen, das kommt dem Kind, dem Zögling, dem Schüler, der Schülerin zu, nicht aber den Eltern, dem Lehrer, der Lehrerin. Alle diese Erzieher dürfen ihre Sache nicht zu perfekt machen wollen, sie müssen immer ein letztes Wort, eine letzte Aktivität dem jungen Menschen überlassen. Der junge Mensch muss immer noch etwas Gutes draufsetzen können, er muss die Möglichkeit haben, es noch besser zu machen als die Erzieher. Wenn die Erzieher das nicht beachten und ihre erzieherische Sache allzu raffiniert perfektionieren, dann kann der junge Mensch ja nur noch blanken Unsinn oder Zerstörung draufsetzen.

Man kann das, was ich hier meine, auch so ausdrücken: Die Erziehenden müssen es verstehen, sich gegebenenfalls zurückzuhalten und sich irgendwann überflüssig zu machen. Das darf nicht zu früh, aber auch nicht zu spät geschehen, und schon dass sie darin immer den genau richtigen Zeitpunkt treffen, das ist schlechtweg unmöglich. Man darf sogar sagen: Den einen genau richtigen Zeitpunkt gibt es gar nicht, irgendwie ist jeder falsch. – Man kann das Gemeinte schließlich auch noch in einer dritten Formulierung sagen: In der Erziehung sind Konflikte zwischen Jung und Alt absolut unvermeidlich. Aber ausnahmslos immer ist es hinterher möglich „alles, auch das sehr schief Gelaufene, zum Besten zu kehren". Deshalb bewundere ich die in diesen Worten ausgedrückte Weisheit so sehr.

Nun, wenn das Falsche tatsächlich unvermeidlich ist, muss man es sich nicht unbedingt und unnachsichtig zum Tadel anrechnen, ebenso wenig wie man sich die oben erwähnte bürgerliche Tadellosigkeit unbedingt zum eigenen Lobe anrechnen darf. – In diesem Gedanken liegt ein großer Trost, und eben daraus kann dem, der einen unvermeidlichen Fehler gemacht hat, der Mut und die Zuversicht erwachsen, dass sich doch noch „alles zum Besten kehren" lässt. – Idealzustände sollte man nirgends erwarten, und in der Erziehung am wenigsten.

Nur ein Beispiel: In jenen „wilden" 68er-Jahren haben uns manche Leute weismachen wollen, dass alle Kinder gleich begabt sind. Das ist leider ein Irrtum: Begabt, sogar sehr begabt, sind zwar alle, und diese Begabungen zu erkennen und zu entwickeln, ist eine Hauptaufgabe aller Erziehung. Aber zu keiner Zeit kann man einen Zustand herstellen, dass alle in jeder Hinsicht gleich begabt sind. Aber „alles zum Besten kehren", das kann man tatsächlich immer, ein relativ Besseres ist immer möglich, aus jeder noch so verfahrenen erzieherischen Lage, auch nach jedem Verkennen einer speziellen Begabung, ist ein Weg zu einer besseren Lage denkbar und möglich. Und ein Weg zum Besseren ist sogar jedem Erzieher, jeder Erzieherin möglich. Vermutlich ist zwar nicht jedem und jeder haargenau der gleiche Weg möglich, aber immerhin ein Weg zum Besseren ist jedem möglich, und niemand kann verpflichtet sein, unbedingt einen Weg zu suchen und zu begehen, der ihm nun einmal nicht möglich ist. Es genügt, wenn er oder sie den ihm/ihr möglichen sucht und findet.

Auf welche Weise, mit welchen Methoden man das Verkehrte, schief Gelaufene zum Besseren kehrt, dafür gibt es sicher kein ein für alle Mal gültiges Rezept. Aber ein paar Ratschläge kann man doch geben. Der erste heißt (und er gilt schon für sehr viele Fälle): um Verzeihung bitten. Schlicht in Worten: „Ich bitte dich um Verzeihung." Oder auch ganz ohne Worte, aber dann mit einem deutlichen, hinreichenden Tun. – Ebenso wie man nicht unbedingt in Worten sagen muss „Verzeih!", muss man auch nicht unbedingt ausdrücklich auseinandersetzen, was verziehen werden soll, es genügt vielleicht ein Wort, oder auch keines, wenn man annehmen darf, dass der Angesprochene Bescheid weiß, was gemeint ist. – Das hat viel Ähnlichkeit mit der christlichen Vorstellung der Sündenvergebung, bei der ja auch anerkannt wird, dass das verkehrt Geschehene nicht ungeschehen gemacht werden kann. Es kann aber vergeben werden.

Der zweite Ratschlag geht in die umgekehrte Richtung: Das Geschehene nun tatsächlich ausführlich gemeinsam zur Sprache bringen und es dadurch aufarbeiten und abarbeiten, in eine erträgliche Fasson bringen, bei der man sich beruhigen kann. Dieser Ratschlag ist komplizierter, er ist nicht so einfach anwendbar wie der erste, und vermutlich ist er auch nicht so allgemein anwendbar.

Man muss deshalb zu diesem zweiten Ratschlag manchmal noch einen zusätzlichen Rat bereithalten: Wenn das zu Beredende erst einmal wirklich zur Sprache gebracht ist, und jemand hat trotzdem den Eindruck, dass immer noch nicht alles aufgearbeitet und abgearbeitet und in eine erträgliche Fasson gebracht ist, – und dieser Eindruck kann sich in solchen Fällen schon sehr leicht einstellen, denn ungeschehen machen kann man ja Geschehenes eben nie, durch das Darüber-Reden wird es aber sogar erst einmal wieder scharf und schmerzlich bewusst gemacht, – dann ist es manchmal ratsam, das Gespräch nicht ins Unabsehbare fortzusetzen, sondern erst einmal Pause zu machen, nach dem schwäbischen Sprichwort „Etz isch g'nug Heu onte", auf Hochdeutsch: „Jetzt ist genug Heu unten", nämlich vom Heuwagen herabgeworfen in die tiefer liegenden Fächer der Scheune. Die schwäbischen Lande sind oft bergig, und man baut dort die Scheune gerne so, dass der Erntewagen oben in die Scheune einfährt und das Eingefahrene einfach hinabgeworfen werden kann. In dem unteren Fach der Scheune ist aber einer dabei, das herabgeworfene Heu festzutreten, und der kann kaum zum Schnaufen kommen, wenn ihm immer mehr auf den Kopf herunter kommt. Ich kann da mitreden, ich habe bei der Erntehilfe unten in der Scheune gestanden und Heu getreten, konnte nicht mehr aus den Augen sehen und kam nicht zum Schnaufen, weil mir immer mehr über den Kopf herab geschmissen wurde. –

Das „immer mehr“ macht die Sache beim Heu-Abladen, aber auch beim Drüber-Reden nicht besser. Aber Pause machen, zwischendurch sich besinnen und den anderen schnaufen lassen, davon wird's manchmal besser, und manchmal wird es, wenn man erst einmal abwartet und ruhiger wird, sogar vollends ganz gut und erträglich, ohne dass man noch viel sprechen muss. Wenn man sich nämlich fragt, wieviel Rede nötig ist, um Schiefgelaufenes erfolgreich zum Besten zu kehren, dann merkt man sehr rasch, dass dieser erwünschte Erfolg von der Menge des Redens und von der Gescheitheit der Argumente hüben und drüben so gut wie gar nicht abhängt, sondern nur von dem Geist, in dem das Reden (und ebenso dann gegebenenfalls auch das Schweigen) sich vollzieht. Solange das ein Geist des Recht-behalten-Müssens-und-Wollens ist, oder auch nur des peniblen sachlichen Richtigstellens, wird die deprimierende Last durch die trefflichsten Argumente nicht verringert. Nur wer bereit ist, im Geist der Vergebung und des mitmenschlichen Verstehens den Gegner zu entlasten, kann erfahren, dass diese Selbstüberwindung auch ihm selbst die bedrückende Last von der Seele nimmt.

Für das Erst-einmal-Abwarten gibt es noch einen weiteren trefflichen Ratschlag, den ich mir oft, mit einem Vers des Goethe'schen „Hochzeitliedes“, innerlich vorhalte: „Der Morgen hat alles wohl besser gemacht.“ Weder Rom ist an einem Tage erbaut worden, noch Lösungen und Entlastungen in den mitmenschlichen Beziehungen muss man unbedingt an einem Tage finden. Einmal oder auch ein paar Mal darüber schlafen bringt einen oft weiter. – Das erwähnte „Hochzeitlied“, eine Ballade, erzählt von einem Grafen, der nach langer Abwesenheit eines späten Abends aus dem Krieg nach Hause kommt - „Da fand er sein Schlösselein oben / doch Diener und Habe zerstoben.“ Der Heimgekehrte lässt sich aber nicht entmutigen:

„Was wäre zu tun in der herbstlichen Nacht?
So hab ich doch manche noch schlimmer vollbracht,
Der Morgen hat alles wohl besser gemacht.
Drum rasch bei der mondlichen Helle
Ins Bett, in das Stroh, ins Gestelle.“

Und wenn von „Bett“, in der gegebenen Situation, ja leider offensichtlich keine Rede sein kann, ja nicht einmal von „Stroh“, dann nimmt er eben mit dem bloßen „Gestelle“ vorlieb und hofft auf den morgigen Tag.

Zwölftes Kapitel

Musik, Freunde und anderes

Zum 15. Geburtstag im September 1940 bekam ich meine Geige geschenkt, von Tante Mädi, die als Kind dies Instrument gelernt hatte, was bei ihr aber, soweit mir bekannt ist, keine nennenswerten Folgen zeitigte. Auch dass ich die Geige bekam, und gerade jetzt bekam, war eher ein erfreulicher Zufall – es kam wahrscheinlich gerade jemand von Rio nach Deutschland und konnte sie mitnehmen. Dass man für seine Kinder von vornherein das Erlernen von Musikinstrumenten plant, war weder in der Familie meines Vaters noch in der meiner Mutter üblich. Ich bin aber mit diesen Bewandtnissen im Ganzen zufrieden und wünsche sie mir nicht anders, obwohl 15 Jahre fürs Geigenlernen etwas spät ist. Ich habe wegen meines nicht mehr kindlichen Alters relativ rasche Fortschritte gemacht, andererseits gewisse Feinheiten der Technik nie mehr so ganz hingekriegt.

Das liegt allerdings auch daran, dass mein Ideal (nicht nur beim Geigen, sondern allgemeiner im Leben) eher das des vielseitigen Dilettanten, zu Deutsch: des Liebhabers ist. Durchaus auch eines auf ein paar Gebieten möglichst tüchtigen Liebhabers, aber eben doch nicht so sehr das des notgedrungen etwas einseitigen Profis. – Den unerquicklichen Zustand, den viele andere Kinder erleben, dass sie ihren Instrumentalunterricht zeitweise hassen, den habe ich aber nie erlebt.

Diese Geige von der Tante war nicht wertvoll, sie ist mir aber immer noch lieb, hat auch einen Schmuck, den ich sonst nie gesehen habe: Statt der üblichen „Schnecke“ trägt sie als oberen Abschluss ein geschnitztes Köpfchen; ob es ein Mensch oder ein Tier sein soll, ist kaum zu entscheiden. Sie ist heute im Besitz meiner Enkelin Ruth, die in der Zirkusschule in Toulouse auf der Geige (oder auf ihrer Basstuba) hin und wieder die artistischen Figuren ihrer Mitschüler und Mitschülerinnen begleitet.

Meine Lehrerin Else Jennewein, später Frau Göhrum, war eine vorzügliche Geigerin und Lehrerin. Als ich bei ihr anfing, war sie noch sehr jung, nicht einmal 30. Das ist kein Fehler, ich schwärmte für sie. – Sie ihrerseits hatte bei dem berühmten Carl Flesch in Berlin studiert, und dieser wiederum bei dem noch viel berühmteren Joseph Joachim, dem Freund von Brahms und anderen großen Komponisten, die für ihn ihre Violinkonzerte schrieben und von ihm dabei Hinweise bezüglich der geigerischen Technik bekamen – ich kann also wenigstens auf eine erlesene ‚Ahnenreihe‘ von Lehrern hinweisen.

Meine Schwester Herta hat übrigens noch viel später als ich ein Streichinstrument zu spielen begonnen. Ich habe schon erzählt, dass ihre enttäuschende brasilianische Ehe geschieden wurde. 1980 ging sie eine zweite Ehe ein, mit Georg Gutekunst, und die stand unter einem besseren Stern: 16 Jahre ungetrübten Glücks haben die beiden erlebt, bis zu seinem Tode im Jahre 1996. – Ganz nebenbei: Natürlich nannte auch ihn alle Welt „Schorsch", und wenn man in Schwaben schon einmal ausnahmsweise „Georg" sagt, betont man das „e". Getraut wurden die beiden aber von einem guten Freund, der aus Braunschweig stammte. Als er in seiner Rede die „liebe Herta" und dann den „lieben Ge-órg" ansprach, fragte ich mich wahrhaftig einen Moment: „Wen meint er da eigentlich?"

Schorsch hatte Schweres hinter sich, hatte zwei frühere Frauen durch Krankheit verloren. Er war ein richtig feiner Kerl, gesellig, freundlich, verträglich, ungemein witzig („hehlingen" witzig, wie man auf Schwäbisch sagt), und außerdem musikalisch: Dem Reutlinger Singkreis Hans Grischkats gehörte er seit seiner Gründung an (das war Grischkats ‚Urformation', unser Stuttgarter war nur ein Ableger davon), spielte Geige und Bratsche. Um mit ihm und zwei anderen Freunden Quartett spielen zu können, lernte Herta mit 53 Jahren noch Cello und erreichte dieses Ziel auch.

Von 1940 bis zum Kriegsende hatte ich fünf Jahre Zeit, Geige zu lernen. Leider nicht ganz kontinuierlich. Else Jennewein wurde zwischendurch ausgebombt, ich kam Ende 1944 nach Wolfenbüttel. Aber wir haben die Zeit genutzt. Meine Lehrerin lieh mir irgendwann eine Bratsche und führte mich in den Bratschenschlüssel ein. Der Schlüssel ist anfangs das Schwierigste am Bratschespiel, und wenn man, wie ich und wie sehr viele Bratscher, Geige und Bratsche in häufigem Wechsel spielt, bietet der Übergang zwischen den Schlüsseln manchmal ein irritierendes Problem. – Vielleicht dachte Frau Göhrum damals, dass ich's auf der Geige wohl doch nicht mehr zur Vollendung bringen würde und dass ‚heruntergekommene' Geiger auf der Bratsche noch sehr glücklich werden können. Lange Finger habe ich auch – bitte sehr: nur im Wortsinne, nicht im übertragenen. Jedenfalls wurde die Bratsche für mich das Instrument fürs Leben.

Kurz nach dem Kriege, oder noch während des Krieges, das weiß ich nicht mehr genau, suchte ein in Stuttgart wohnender älterer Herr jemanden, der seine Bratsche spielen wollte – wenn ein Streichinstrument nicht gespielt wird, verliert es sehr an Klang. Da war ich sofort bei der Hand. Es war ein wirklich gutes Instrument, nicht ganz extraordinär, aber doch sehr gut. Lange Jahre spielte ich es leihweise, schrieb jede Weihnachten an den alten Herrn einen freundlichen

Dankesbrief und schilderte ihm immer einiges von den musikalischen Genüssen des Jahres. Eines Tages ließ er mich wissen, er sei jetzt doch sehr alt, habe auch keine Erben, die das Instrument schätzen würden, und er würde es mir gerne zu einem Freundschaftspreis verkaufen. Christa und ich besuchten ihn und hörten mit Staunen, der Freundschaftspreis betrage 150 Mark. Das Instrument war damals allermindestens das Zehnfache wert. Ich besitze es noch heute und freue mich an ihm.

Nach dem Kriege entstand dann unser schon erwähntes Ebelu-Klassenorchester. Einer meiner engsten Klassen- und Orchesterfreunde war Uli Bracher – ein guter Cellist. Sein zwei Jahre älterer Bruder Erich spielte versiert Geige, und in dessen Klasse gab es noch einen weiteren tüchtigen Violinisten, Bernhard Kiefer. Da waren wir zu viert und fingen an, Streichquartett zu spielen, was zweifellos eine allerhöchste Region in der gesamten Instrumentalmusik ist. Diese unsere Quartettvereinigung besteht inzwischen seit rund 60 Jahren, von geringen Unterbrechungen abgesehen. Aber dass beispielsweise Bernhard ein paar Jahre beruflich in Oberursel im Taunus tätig war, hinderte unser gemeinsames Spiel nicht: Da fuhren wir, oder er, eben

„Mein Streichquartett" mit Bernhard Kiefer (Violine), Ulrich Bracher (Cello), Hermann Steinthal (Bratsche) und Erich Bracher (1. Violine).

ein paar Mal weit hin und her. Wir alle haben inzwischen geheiratet, Kinder und Enkel bekommen, unsere ‚Zentrale' ist nach wie vor Stuttgart, wo die beiden Brüder Bracher wohnen, in den ‚Außenstellen' residieren Bernhard in Heilbronn und ich in Tübingen. Bevor meine liebe Christa von uns schied, waren wir mit unseren Frauen noch zu acht komplett zusammen, alle nahezu 80 Jahre alt, und haben schon ab und zu voller Dankbarkeit gescherzt, wir könnten uns in diesem ganz einmaligen Glück eigentlich für Geld sehen lassen.

Profis spielen, wie Heimito von Doderer einmal schreibt, immer gleich gut, selbst wenn man sie nachts um zwei Uhr aus tiefem Schlaf holt. Bei Dilettanten kommt's auch auf die Stimmung an, und so auch bei uns. Wenn wir in unseren jungen Jahren ‚gut drauf waren', hätten wir uns durchaus hören lassen dürfen. Wir waren alle vier versiert im Vom-Blatt-Spielen und wagten uns prima vista schon auch an kompliziertere Sachen. – Als wir einmal so etwas gespielt hatten, sagte unser Primarius versonnen vor sich hin: „Das müsste man mal üben." Zum Üben kam's freilich dann nicht immer. Wir waren alle beruflich voll eingespannt, die beiden Geiger bald in der Stellung von großen Industrie-Kapitänen, von denen jeder weiß, wie überlastet sie sind. Wir beiden in den Unterstimmen waren „nur" Lehrer, denen glaubt man's zwar nicht, aber auch sie kommen, wenn sie auch nur halbwegs gewissenhaft sind, mit ihrer Arbeit nie zu Rande. Ich habe immerhin einmal einen Mann aus der Wirtschaft, dessen Tochter, und ein anderes Mal einen höheren Juristen, dessen Frau Lehrerin war, sehr erstaunt sagen hören: „Ich habe gar nicht gewusst, dass Lehrer so viel zu arbeiten haben." – Nun ja, ich hab's immer gewusst.

Witzigerweise kamen unserem Erich später noch einmal, ohne dass er merkte, dass er sich da wiederholte, die weisen Worte „das müsste man mal üben" über die Lippen: Da hatten wir unser Geflügeltes Wort. – Bitte schön, manches, sogar vieles, haben auch wir geübt. Einmal haben wir sogar in den Ferien einen regelrechten Streichquartett-Kursus absolviert, bei dem Geiger Denes Szigmondi und einem jungen israelischen Cellisten, dessen Name mir entfallen ist. – Das Fatale beim Üben ist nur, dass man längere Zeit nicht merkt, dass es besser, sondern immer nur, wie schlecht es geht. Man benötigt unbedingt nicht nur Musikalität, sondern auch Charakterstärke dazu.

Es ist mir im Rückblick selbst merkwürdig, fast könnte ich sagen: ein bisschen unheimlich, wie musikhungrig ich mein Leben lang war und noch bin, und nicht wenige andere Menschen sind es ja auch. Was einen da so fasziniert, ist in Worten kaum zu sagen. Möglicherweise liegt es gerade daran, dass die Musik der Worte nicht bedarf; sie kann sie zwar begleiten oder ausmalen, davon gibt es wunderbare Beispiele. Aber Musik als solche ist wortlos. – Wie auch immer: Als ich 1966 in meiner neuen Schule in Tübingen einen ähnlich Musikhungrigen traf, meinen alten Freund und Studienkollegen Thomas Meyer (Cello), fassten wir, jung wie wir damals noch waren, unverzüglich den Beschluss, noch ein Streichquartett in Tübingen zu begründen. Wir zwei legten das Fundament im ‚Unterhaus' und machten uns auf die Suche nach zwei passenden ‚Oberhäuslern'. Denn passen muss es im Streichquartett, menschlich und musikalisch, anders geht's nicht. Nach einigen durchaus erfreulichen, nur leider meist kurz währenden Versuchen fielen wir, wie Thomas sich ausdrückte, „die Treppe hinauf" und fanden zwei Mitmusizierer, wie sie besser gar nicht zu denken waren.

Ich für meine Person hatte also nun ein zweites Streichquartett, das „nur" etwa 25 Jahre zusammen musizierte. Unser Tübinger Primarius, Wolfgang Günther, spielte und spielt um Klassen besser als ich und alle meine sonstigen Musikgenossen, er hätte ohne Zweifel auch einen tüchtigen Berufsmusiker abgegeben. Uns andere riss er förmlich mit sich, was für uns zugegebenermaßen nicht immer leicht zu bewältigen war, aber da wir in diesem Ensemble immer genau vereinbarten, was das nächste Mal gespielt wird, und, so gut es ging, nach Maßgabe unserer Fähigkeit und Kraft und Zeit darauf übten, erklommen wir auch Höhen, die für Dilettanten sonst wohl eher nicht zu bewältigen sind, etwa Beethovens fünf letzte Quartette, op. 127 bis 135, aber mit Ausnahme der „Großen Fuge" op. 133; die war uns doch zu haarig. Vorführen hätten wir diese gewaltigen (und zugleich stellenweise so unfassbar lieblichen) Werke Beethovens zwar nicht können, aber sie auch nur selber mitwirkend kennenzulernen, das ist immer großer Mühe wert. – Nach Verlauf jener 25 schönen Jahre musste unser zweiter Geiger, der liebenswürdige Arzt Hans Gradel aus Bad Urach, aus gesundheitlichen Gründen leider seine Mitwirkung aufgeben, und mit jemand anderem neu anzufangen, dazu hatten uns all die Jahre doch freundschaftlich zu eng miteinander verbunden, wir waren für Neues nicht mehr jung genug.

Ihr habt inzwischen beim Lesen sicher begriffen, weshalb ich von Freunden und von Musik hier in einem Kapitel erzähle. Selbstverständlich haben wir in meinen beiden Quartett-Ensembles nicht ausschließlich Musik gemacht, sondern uns diese Übung auch freundschaftlich verschönert, so gut wir konnten. Erich und Irene Bracher luden uns Jahr für Jahr im Herbst, also in der Zeit zwischen der sommerlichen und der winterlichen Hochsaison, für ein paar Tage in ihre große Ferienwohnung in Graubünden ein. Thomas und Dorothee Meyer besaßen, davon war schon die Rede, ein Renaissanceschloss im Hohenlohischen. Erbaut worden war es von einem nahen Verwandten des berühmten Götz von Berlichingen, gekauft hatten sie es in sehr verwahrlostem Zustand von der Gemeinde Krautheim-Neunstetten – die war froh, es loszukriegen – und hatten es in jahrzehntelanger Arbeit in ein Schmuckstück verwandelt, nicht wie geleckt modernisierend, sondern mit gutem historischem und künstlerischem Geschmack möglichst viel Altes erhaltend. Auch bei ihnen waren wir alle Jahre für ein Wochenende zu Gast. Wolfgang Günther war zuerst am Evangelischen Seminar in Maulbronn tätig und lud uns mehrfach zum Musizieren in den dortigen „Faustturm" ein, wohin Fremde sonst nicht kommen. Als er später als Historiker in München an der Uni war, nutzten wir unsere Münchenfahrten immer auch zu einem Opern- oder Theaterabend. Auch wir anderen, die nicht solche außergewöhnlichen Latifundien oder Attraktionen zu bieten hatten, machten es den Freunden, wenn sie zu uns kamen, natürlich so schön, wie wir nur konnten.

Ebenfalls werdet ihr es begreiflich finden, dass ich neben diesen beiden viel Zeit fordernden musikalischen Freundschaften andere Freundschaften zwar gar nicht wenige hatte und noch habe, und sie auch immer sehr wert halte, dass sie aber unter dem Titel „ungepflegte Freundschaften" laufen müssen. Erfunden und geprägt hatte dies Wort einer, der selber unter diese Kategorie fällt: Gottfried Roller, mein ehemaliger Vorgänger als Tübinger Kurrendeleiter, jetzt Pfarrer im Ruhestand in Heidenheim/Brenz, Vater von sieben musikalischen Kindern. Bei seiner und seiner Ehefrau Goldenen Hochzeit, wenige Wochen nach der unsrigen, bat er mich, den großen Familienchor, der dabei eine Komposition von Orlando di Lasso singen sollte, zu dirigieren, und ich sagte gerne zu, obwohl die guten Leute eines Dirigenten gar nicht bedurft hätten.

Christa und ich haben Gottfried und seine Frau Waldtraut (so muss ihr Vorname geschrieben werden, weil ihr Vater Forstmeister war, und darauf legt auch sie selbst Wert!) in all den Jahren sehr selten getroffen, aber wenn es einmal geschah, herrschten sofort große Freude und herzliches Einvernehmen. Einmal begegneten wir ihm zufällig am Lochenstein auf der Schwäbischen Alb, wo er mit seinen Gemeindemitarbeitern, wir mit unserem „Goggo" wanderten, und hätten uns in der großen Überraschung – ich bitte um Entschuldigung – beinahe den Schwäbischen Gruß zugerufen, – oder haben wir' sogar getan? „Ha, etz leck no mi . . . , wo kommsch'n du her?" Ich glaube, es ist Thaddäus Troll, welcher schreibt, unter Schwaben könne man mit diesem Gruß ein Gespräch nicht nur abrupt beenden, sondern es auch mit besonderer Herzlichkeit anknüpfen. Also: Pardon!

Von meinen vielen anderen „ungepflegten" Freundschaften sei nur noch die eine hervorgehoben, die mich mit meinem früheren Kollegen am Uhlandgymnasium, Dr. Aschenberg, verbindet. Offiziell und auf den Titelblättern seiner gedruckten Veröffentlichungen heißt er mit Vornamen Reinhold, aber von allen, die ihn näher kennen, wird er Max genannt, aus Gründen, die sich meiner Kenntnis entziehen. Er unterrichtete Philosophie, Deutsch, Geschichte und Politik, auch das „Religionsersatz"-Fach Ethik, mehrere Jahre hat er sich als SMV-Verbindungslehrer große Verdienste um unsere Schule erworben, vor allem aber ist er als Philosoph mit bewundernswerter Denkkraft, weitem Horizont, umfassenden Kenntnissen und glanzvoller Formulierungskunst ausgezeichnet. Die Gespräche mit ihm, seine Aufsätze und Bücher, die er mir schickt, haben mich immer sehr bereichert. Auf die nachdrückliche Bitte des Kollegiums hat er sich, als mein Eintritt in den Ruhestand bevorstand, noch in relativ jungen Jahren um meine Nachfolge als Schulleiter beworben, und ich habe die Bewerbung unterstützt, habe allerdings nach einiger Zeit gesehen, dass der später dazugekommene einzige Mitbewerber, Eberhard Bansbach, auch er unbestreitbar ein Mann von großen Verdiensten, bessere Karten haben würde. Meine Unterstützung der Aschenberg'schen Bewerbung hat vermutlich beiden, sowohl Aschenberg als auch Bansbach, damals für einige Zeit das Leben schwerer als nötig gemacht, und mir war (und ist) das sehr unlieb. Desto mehr haben mich beide dadurch beeindruckt, dass sie die Sache, als sie dann zugunsten Bansbachs entschieden war, alsbald einfach abhakten und zum Wohle der Schule und ihrer Schüler vorbildlich zusammenarbeiteten.

Da ich bisher schon ein paar Mal, und zuletzt auch in diesem Kapitel, auf Schwäbisches zu sprechen gekommen bin, möchte ich zum Schluss, wie in der Überschrift angekündigt, noch etwas anderes ansprechen, nämlich eben diesen Dialekt. – Kurz: Ich liebe ihn und sehe darin tatsächlich, neben dem Hochdeutschen, das mir natürlich auch und sogar in erster Linie am Herzen liegt, eine Art zweiter sprachlicher Heimat, obwohl ich, wie ihr wisst, nicht hier geboren bin. Manchmal rede ich sogar im Selbstgespräch Schwäbisch. – Es gibt, was

Dialekte angeht, auffällig verschiedene Typen unter den Menschen. Meine Mutter hat nie auch nur ein Wort oder eine Silbe Schwäbisch gesprochen, und meine liebe Ehefrau Christa ebenso wenig, und dies obwohl beide jahrzehntelang unter Schwaben zu Hause waren und diese Menschen, ihre Kultur und ihre Landschaft auch liebten. Meine beiden Schwestern dagegen und ebenso meine beiden Kinder sprachen und sprechen, ebenso wie ich, bei Bedarf ‚akzentfrei' Schwäbisch, – allerdings nur bei Bedarf. Ich habe diesen Bedarf etwa in der Schlaganfall-Sportgruppe, der ich seit Jahren angehöre (es gehören ihr aber auch Nichtschwaben an, und die sind natürlich nicht zum Schwäbischreden verpflichtet), und ebenso in meiner weithin dörflichen Nachbarschaft in Tübingen-Lustnau (sprich: Luschtnau). Anders als Schwäbisch könnte ich da kaum reden. Meine liebe Christa hat sich freilich nur mit Mühe daran gewöhnen können, dass ihr Vorname in ihrer Sportgruppe (und Sportler reden sich auf der ganzen Welt nur mit Vornamen an) ganz allgemein „Chrischta" lautete.

Meine Streichquartettgenossen und sehr viele andere Leute im Ländle reden eine Sonderform des Schwäbischen, das sogenannte Stuttgarter Honoratioren- oder Schloss-Schwäbisch. Ein echter Schwabe von der Alb oder aus dem Oberland empfände dieses Idiom vermutlich als reinstes Hochdeutsch. Auch bei diesen schwäbischen Honoratioren heißt es aber beispielsweise „Hasch du" statt „Hast du" und, wenigstens sehr oft, „mir" statt „wir" oder „hen ihr" statt „habt ihr". Auch der vollere Klang des unbetonten „e" ist echt schwäbisch – an diesem unbetonten „e" erkennt man den geborenen Schwaben selbst dann noch, wenn er sich ansonsten gänzlich und erfolgreich zum Hochdeutschen erzogen hat. – „Schloss-Schwäbisch" heißt es, weil zweifelsfrei feststeht, dass man am Stuttgarter Königshof auch so gesprochen hat, nicht nur die Diener, Hofbeamten und Minister, sondern auch die Majestäten, wenigstens soweit sie geborene Württemberger waren. Wie die beiden Zarentöchter Katharina und Olga als württembergische Königinnen gesprochen haben, weiß ich nicht.

Dreizehntes Kapitel

Altphilologie

„Sagen Sie nicht Altphilologie, unser Fach heißt Klassische Philologie“, belehrte mich einst der Kollege Dr. Christian Hartlich auf der Wilhelmstraße – wir nannten sie damals die „Akademische Rennbahn“, weil wir oft in der knappen Viertelstunde zwischen den Vorlesungen von der Alten zur Neuen Aula oder vice versa wechseln mussten. Hartlich hätte sich noch elitärer ausdrücken und jedes Beiwort weglassen können: Unser Fachinstitut an der Tübinger Universität nennt sich tatsächlich kurz und gut „Philologisches Seminar“ – da wird eben „die“ Philologie schlechtweg, die mater et magistra philologiae, betrieben. – Mein Studienkollege Dr. Alfred Bercher dagegen, ein nicht weniger tüchtiger Philologe als Hartlich, sprach von uns manchmal sarkastisch als „wir Tot-Sprachler“. – Ich selbst sage für den Alltagsgebrauch, weder elitär noch sarkastisch, einfach Altphilologie.

Wenn ich beschreiben sollte, auf welche Art ich studiert habe, fallen mir Wörter wie „eigensinnig, höchstpersönlich, wählerisch“ ein. Das kann ich euch etwa am Beispiel jenes charmanten Theokrit-Gedichtes erläutern, von dem ich im vierten Kapitel erzählt habe. Theokrit gehört nicht zur klassischen griechischen Dichtung. Die war zu seinen Lebzeiten längst versunken. Die Periode Theokrits nennt man die alexandrinische, weil Alexander der Große damals sein kurzes, glanzvolles Leben lebte und weil die von ihm gegründete Stadt Alexandria in Ägypten seinerzeit ein berühmter Mittelpunkt geistigen Lebens war. Oder sie heißt auch die hellenistische, weil in jener Zeit Griechisch die Kultursprache der ganzen Mittelmeerwelt war. Sogar das Alte Testament wurde damals ins Griechische übersetzt, weil es in Ägypten Juden gab, die es lieber auf Griechisch als auf Hebräisch lasen. –

Nun, diese alexandrinisch-hellenistische Literaturperiode hat mich im Ganzen nicht allzu sehr interessiert – aber mit Ausnahmen. Zu denen gehörte auch dieses Theokritgedicht: Das ist mir lieb, seit ich es kenne. Wie ich darauf stieß? Gerade wollte ich schreiben: „Das weiß ich nicht mehr“, – da fällt mir ein: Der im achten Kapitel gepriesene Frankfurter Latinist Professor Erwin Wolff hat es uns in einer seiner Vorlesungen zur Lektüre empfohlen.

Ähnlich wählerisch verfuhr ich also auch sonst bei den Gegenständen, die ich studierte, oder eben nicht oder doch weniger studierte, und zwar nicht weil ich partout eigensinnig sein wollte, sondern weil ich schlicht zu dumm und zu begriffsstutzig war (und eigentlich auch heute noch bin), um in meinen geistigen Haushalt und mein

Gedächtnis etwas aufzunehmen, von dem ich nicht frühzeitig spürte oder zu verstehen meinte: „Das geht mich ganz persönlich an." – Ich muss jedoch sehr bitten, die Begriffe „wählerisch, eigensinnig" durchaus nicht mit „engherzig" gleichzusetzen. Das Gesamtgebiet, in dem ich mich so wählerisch umsah, konnte mir gar nicht weit genug sein. Damals hatte man als Lehramtsstudent (und dass ich Lehrer werden wollte, stand für mich ‚wählerisch-eigensinnig' von Anfang an fest) drei Studienfächer, heute sind's nur noch zwei, weil man, unbegreiflicherweise, meint, mit diesem Weniger hätte man mehr. Meine offiziellen Fächer, in denen ich mich immatrikuliert hatte, waren Griechisch, Lateinisch und Deutsch. Aber Theologie, Philosophie, Archäologie, Geschichte, auch Rechts- und Staatswissenschaft und in Teilen sogar Mathematik (das war in der Schule mein Lieblingsfach gewesen) habe ich jederzeit auch als „meine" Fächer betrachtet. Auch habe ich das Hebraicum abgelegt und einen zweisemestrigen Kurs in Sanskrit absolviert (beides allerdings inzwischen wieder fast ganz vergessen). Dass ich ein Semester lang frühmorgens in der Stiftskirche mittelalterliche Mönchsgesänge mitgesungen habe, habe ich schon erwähnt, von der exzessiven sonstigen Musikübung zu schweigen.

Ein solch weitherzig-wählerisches Studium geht gewissermaßen punktförmig, in zerstreuten Punkten, im Zickzack, und deshalb zugegebenermaßen sehr langsam vonstatten, man braucht lange, um, wenn überhaupt, zu ansehnlichen, abgerundeten Meinungen zu kommen, die man im Studium in Streitgesprächen oder dann auch im Unterricht mit dem Brustton der Überzeugung vertreten könnte. Ich fühlte mich tatsächlich lange noch zu unreif und ganz unfähig zu allen derartigen Meinungen. Das Manko kann sich aber im Laufe der Zeit nach und nach ausgleichen, und dann hat man vielleicht, wenn's gut geht, einen besser fundierten ‚Brustton von Überzeugungen'. Es besteht freilich das Risiko, dass sich die Sache eben doch nicht in erwünschter Weise ausgleicht. Immerhin, sobald ich in der Schulpraxis angekommen war, stellte ich doch mit Freude und ein wenig überrascht fest, dass ich den Schülern etwas zu sagen hatte, nicht nur wie man dekliniert oder übersetzt, sondern auch Wesentlicheres.

Die andere denkbare und zweifellos üblichere Studiermethode geht so vor, dass man ein Fach, oder eben ‚seine' mehreren Fächer, von vornherein gründlich, nahezu ausschließlich und einigermaßen sachlich-nüchtern als ganze(s) in den Blick und Überblick nimmt und rundum durchstudiert, – worauf man vielleicht, wenn's gut geht, das Fach (oder die Fächer) getrost schwarz auf weiß nach Hause tragen kann. Das Risiko, dass es nicht so ganz gut geht, besteht dabei natürlich auch, aber dass man mit der Methode rascher vorwärtskommt, dürfte klar sein. – Meine eigensinnig-punktuelle Studiermethode ist aber mindestens auch eine mögliche, und, wie ich denke, gerade für den angehenden Lehrer ist sie nicht schlecht, und wenn einem nach und nach viele Einzelpunkte eines Faches eingeleuchtet haben, ergibt sich irgendwann auch ein fachlicher Überblick.

Aus all dem Gesagten erhellt sich wohl auch, wenn man genauer nachdenkt, dass nicht meine eigensinnige Studier-Methode die Bezeichnung „wissenschaftlich“ verdient, sondern diese kommt eher jener anderen Methode zu, die sich dem Ganzen eines Faches gründlich und ziemlich ausschließlich zuwendet. Dass ich also kein Wissenschaftler im genauen Wortsinn war und bin, weiß ich längst, habe es oben ja auch schon angesprochen, gegen Ende des sechsten Kapitels beim Stichwort Studier-‚Privileg'. – Als ich mir freilich diesen Sachverhalt während meines Studiums erstmals klarmachte, war ich doch ein bisschen erschrocken. Ich fand aber bald eine einleuchtende und mich wieder beruhigende Deutung dafür. Öffentlich ausgesprochen habe ich sie im Jahre 1991, als mein Studienkollege und Duzfreund Günther Wille, der inzwischen Latein-Ordinarius geworden war, emeritiert wurde und ich im Tübinger Philologischen Seminar die Laudatio auf ihn zu halten hatte. Da fasste ich meine ‚Deutung' in die Worte: „Du, lieber Günther, bist mit der Dame Philologie in rechtmäßiger Ehe kopuliert, mir dagegen ist unsere Wissenschaft nur zur linken Hand angetraut.“ Ich fügte aber sofort hinzu: „Ein solches Verhältnis kann, wie historische Beispiele belegen, durchaus erfreulich und fruchtbar sein.“

Zu meiner Studienzeit waren wir im Philologischen Seminar, alle zusammen, Latinisten und Gräzisten, 20 oder allerhöchstens 30 Studenten. Wir kannten uns alle, und unser Meister, Prof. Weinreich, kannte natürlich auch alle. Ich hatte zu ihm noch eine besondere Beziehung: Bei unseren Seminarfesten im Seminarorchester waren er und ich die beiden einzigen Bratscher. Weinreich war ein großer Freund der Musik, Sohn eines Berufsmusikers, für die Tübinger Zeitung schrieb er jahrelang die Konzertkritiken. Walter Jens, ganz vor kurzem aus Hamburg als junger Dozent nach Tübingen gekommen, witzelte bei einem unserer Feste einmal, sein Hamburger Chef Bruno Snell habe ihn, als er hörte, er gehe nach Tübingen, gefragt: „Ja wie, spielen Sie denn Cello?“ – „Nein.“ – „Spielen Sie Bratsche?“ – „Nein.“ – „Ja, was wollen Sie dann in Tübingen?“

Außer der Bratsche pflegte Weinreich den Gesang, und einst gab er uns Studierenden ein eigenes Konzert im Großen Hörsaal der Alten Aula. Da stand nämlich ein Flügel – vermutlich ging auch das auf Weinreich zurück –, auf welchem übrigens auch Christa und ich einmal eines Sonntagnachmittags privat musizieren konnten: Das geschah, als ich Seminar-Senior (studentisch-wissenschaftliche Hilfskraft) war und zu dem ansonsten recht grimmigen Hausmeister der Alten Aula einen etwas charmanteren, persönlicheren Draht entwickeln konnte. – Um aber wieder auf jenes Konzert zu kommen: Weinreich sang für uns die Lieder, die Schubert auf antike und antikisierende Texte komponiert hat. Obwohl schon etwas über 60, hatte Weinreich noch eine gute, tragende Stimme, und an Gestaltungskunst nahm er es mit jedem Jüngling auf. Es wurde ein ganz großer Genuss. An die „Dioskuren-Zwillingssterne“ kann ich noch heute nicht denken, ohne dass mir Weinreich und jenes Konzert einfällt. Begleitet wurde er von einem unserer Kommilitonen, dem schon erwähnten Günther Wille, der einige Jahre später Weinreichs latinistischen Lehrstuhl übernahm.

Wille kam aus demselben Stuttgarter Gymnasium wie ich – ich sehe, hier komme ich beim Erzählen doch wirklich vom Hundertsten ins Tausendste, aber sei's drum: Als ich später Vorsitzender der Deutschen Altphilologen-Verbands war und auf das Jahr 1980 den Bundeskongress in Göttingen vorbereitete, lud ich Wille ein, einen Vortrag über Horaz-Vertonungen zu halten, bedang mir aber aus, dass er mit seinen Hörern auch in die Praxis einsteige. Ein Klavier in den Göttinger Hörsaal zu bekommen, war nicht einfach, aber wir schafften's, es kostete den Verband eine Menge Geld, wir hatten dann aber ein wahrhaft königliches Vergnügen: Ein großer Saal voll musikalischer Philologen sang vom Blatt weg einige diese schönen Kompositionen. Horaz ist ja zu allen Zeiten hundertfach vertont worden.

Horaz war einer meiner Lieblingsautoren, – das ist keine Kunst, er ist ein absoluter Glanzpunkt im Reich der Poesie. Nicht nur in meinem Studium, auch im Unterricht später ging ich hin und wieder eigensinnig zu Werke, und besonders was Horaz betrifft. Dass man im Lateinunterricht des Abendgymnasiums und der Sonderklasse immer mit Zeitnot zu kämpfen hatte, habe ich oben schon angedeutet. Trotzdem habe ich es mir nie nehmen lassen, von der knappen Zeit irgendwann eine oder zwei Stunden für ein Horazgedicht zu verwenden. Das wird ein Lateinlehrer normalerweise als verrückt empfinden, denn diesen Abendschülern fehlten zum eigenständigen Horazlesen eigentlich alle Voraussetzungen. Es kam nur in Frage, dass ich allein den Schülern, ohne sie aktiv heranzuziehen, Horazens unübertreffliche Kunst übersetzend und erläuternd vor Augen stellte. Aber immerhin, das war möglich, und wenn ich mich nicht ganz täusche, haben sie dabei doch einen nachhaltigen Eindruck von diesem großen Dichter bekommen.

Zu meiner Pensionierung im Jahre 1989 überreichte mir mein Kollegium eine schöne Festschrift mit dem Titel „Schola Anatolica" – das war der Name der alten Tübinger Lateinschule, der Vorgängerin unseres Uhlandgymnasiums. Anatolicus heißt „östlich", es ist abgeleitet von dem griechischen Substantiv anatolé, „Sonnenaufgang". Jener Schulname bezeichnet also eigentlich ganz einfach die Lage des alten Schulhauses am „Öster"-Berg. Ich habe ihn gerne prägnant mit „Schule zum Sonnenaufgang" übersetzt und fand, eine Schule könne doch gar keinen schöneren Namen haben. Ihn für unser Institut wieder einzuführen, daran war freilich nicht zu denken... In dieser Festschrift nun erschien unter anderem ein Aufsatz über Horaz, der es zu einer gewissen Berühmtheit unter Fachleuten brachte, von meinem Kollegen Dieter Lohmann. Er zeigt da umsichtig und mit genauen philologischen Hinweisen, dass Horazens berüchtigter Vers (Carmen III 2, 13) Dulce et decorum est pro patria mori im richtig aufgefassten Zusammenhang anders zu verstehen ist, als er gewöhnlich verstanden wird. Horaz meine da nicht, die Jugend solle den Tod fürs Vaterland für süß halten, sondern: Ein junger, unreifer Mensch, und so auch die unverständige Masse, könnte vielleicht so denken, aber der gereifte Mann denke eben nicht so. – Lohmann hat einige – wenige – Fachgenossen von dieser Deutung überzeugt, die Mehrzahl lehnte sie ab. Mir hat sie immer eingeleuchtet, sie schien mir auch besser zu Horaz zu passen.

Im Übrigen habe ich die lateinische Literatur beim Studium natürlich nicht geradezu gemieden, das ist ganz unmöglich, aber ich habe darin doch deutlich weniger getan als in meinem Lieblingsfach Griechisch. Zum Beispiel den ausgiebig überlieferten und für den Lateinunterricht in der Schule unvermeidlich wichtigen Cicero habe ich als Student in geradezu sträflichem Ausmaße links liegen gelassen, in der Gewissheit, dass ich es in der Schule gar nicht vermeiden könnte, mich ausgiebig mit ihm zu befassen, dann eben nicht mehr umfassend wissenschaftlich, aber desto genauer unterrichtsbezogen. Dieses Kalkül ist auch aufgegangen, es konnte gar nicht anders als aufgehen. Ein ganzes wissenschaftliches Buch über Cicero und sein Verhältnis zur römischen Republik (das war in Ciceros Leben ein wahres Kardinalproblem, denn genau in seiner Zeit ging die alte Republik unter und kam stattdessen das Kaisertum hoch): ein ganzes Buch darüber habe ich überhaupt erst nach meinem Eintritt in den Ruhestand gelesen. Da brachte der Konstanzer Latinist Manfred Fuhrmann, den ich auch als Schriftsteller schätzte, ein Buch dieses Titels heraus, und jetzt hatte ich Zeit zum ausführlichen Lesen. Da habe ich natürlich vieles gelernt, was ich auch im Unterricht gut hätte brauchen können. Es konnte mir trotzdem nicht leidtun, dass ich es erst jetzt erfuhr. Es ist nämlich ganz unmöglich, alle Wissenschaft in den Unterricht einzubringen. Auswählen muss man, und es kann nicht sein, dass irgendeine wissenschaftliche Einzelheit ganz und gar unverzichtbar ist.

In Griechisch hatten wir anfangs keinen Professor. Weinreich war eigentlich für Latein zuständig, war aber noch ganz vom „alten Schlag", wo die Philologen gleichermaßen Griechisch und Latein ‚konnten'. Er bot uns ersatzweise das Nötigste: pro Semester eine Griechisch-Vorlesung. Der ehemalige Tübinger Gräzist Friedrich Focke war nicht mehr im Dienst, vermutlich weil er „PG" (= Parteigenosse) gewesen war. Er hatte aber noch ein Herz für die Studenten und schleppte eines Tages eine Spende von fünf oder sechs Laiben Brot an. Das gab bei der kleinen Fachschaft für jeden ein erkleckliches Stück. Wir waren dafür in der damaligen Hungerzeit sehr dankbar.

Irgendwann kam dann aber ein glücklicher Neuzugang: Walter F. Otto, ein gebürtiger Schwabe, er kam aber jetzt als Flüchtling von der Universität Königsberg. Dorthin hatten ihn die Nazis strafversetzt, weil er an seiner alten Uni Frankfurt am Main zu wenig linientreu gewesen war. Otto war damals fast 75 Jahre alt, ein berühmter Gräzist und Religionswissenschaftler: Er lehrte eine ganz neue Sicht auf „Die Götter Griechenlands" (dies ist der Titel eines seiner Hauptwerke). Ihm waren diese Götter nicht nur Objekte kühler Forschung (auf kühle Forschung verstand er sich aber auch), sondern Gegenstand persönlicher Verehrung und Frömmigkeit. Dazu mochte man nun stehen, wie man wollte – unleugbar hat niemand vor ihm diese Gottheiten in ihrer Eigenart eindrucksvoller, lebendiger, verstehbarer dargestellt als er. Ich hörte seine Vorlesung mit Begeisterung und großem persönlichem Gewinn. – Einmal waren wir fünf oder sechs Teilnehmer seines Seminars abends in seiner Wohnung in der Kleinen Wilhelmstraße eingeladen, da klingelte es, und ein unerwarteter, aber nicht unwillkommener Besucher trat ein: der katholische Religionsphilosoph Romano Guardini, damals, wie Otto selbst, eine Zierde der Tübinger Universität. Unser allgemeines Gespräch verstummte daraufhin, und wir lauschten nur noch ehrfürchtig dem Austausch der beiden Geistesheroen. Worüber sie sprachen, ist mir leider entfallen, wahrscheinlich war es mir ohnehin zu hoch, der große Eindruck aber ist mir geblieben.

Otto hatte in Tübingen nur eine Honorarprofessur, für ein Ordinariat war er, als er kam, schon zu alt. Ehe ich nach Frankfurt wechselte, bat ich deshalb nicht ihn, sondern Weinreich um ein Thema für eine Doktorarbeit. – Weinreichs Spezial-Interessengebiet war ebenfalls die Religionswissenschaft, er gehörte aber einer anderen Richtung an als Otto – dessen Richtung war eben seine eigene, ganz persönliche. Weinreichs Richtung war die damals herrschende: Man hatte seit längerem die religiösen Vorstellungen extrem primitiver Völker, zum Beispiel in der Südsee, erforscht und dort, als vermutete Urform aller Religiosität, die angstvoll-blinde Verehrung einer namen- und gestaltlosen ‚Kraft' entdeckt, die man mit einem polynesischen Wort als „Mana" bezeichnete. (W. F. Otto hätte dem schon im Grundansatz widersprochen: Er sah den religiösen Ur-Trieb nicht in niederdrückender Angst, sondern eher in überwältigender Erhöhung des Gefühls.) – Nun gibt es auch in der späthellenistischen Antike historisch nachweisbar Könige, die als „Gottmenschen" auftraten und in denen ihre Völker eine übernatürliche Segenskraft wirken sahen, die man entfernt jenem „Mana" vergleichen mochte. Erstaunlicherweise finden sich sogar in Homers Odyssee trotz ihres doch wahrscheinlich viel höheren Alters einige Versgruppen, in denen einem König eine ähnliche Segenskraft zugesprochen wird. (Ich sage mit Bedacht „wahrscheinlich". Bei Homer ist alles und jedes, was man über ihn weiß, nur wahrscheinlich und immer einmal wieder äußerst umstritten. Es hat seit meinen Studienjahren noch beträchtliche Umschwünge in den philologischen Anschauungen über Homer gegeben.)

Mein Thema „Formen gottmenschlicher Steigerung bei Homer..." war so gemeint, dass ich nicht nur jene „einigen Versgruppen" in der Odyssee, sondern allgemein die überaus zahlreichen Stellen untersuchen sollte, an denen bei Homer (und bei den Epikern nach ihm) ein Mensch als göttlich, gottähnlich oder von einer Gottheit begünstigt dargestellt wird. Religionswissenschaftliche Zusammenhänge, zumal mit jenem fernen, primitiven „Mana", waren da bestenfalls zu vermuten, aber kaum recht nachzuweisen. Insofern wäre meine Dissertation auf eine Art Fehlanzeige hinausgelaufen, – nun, ein Erfolg wäre das ja auch gewesen. Aus heutiger Sicht habe ich aber den Eindruck, dass das Thema, als religionsgeschichtliches betrachtet, seinerzeit noch gar nicht auf die Tagesordnung gehört hätte. Denn die sehr engen und klar nachzuweisenden Beziehungen zwischen der griechischen Religion (und Kultur allgemein) und den durchaus nicht primitiven, vielmehr hochrangigen Kulturen des östlichen Mittelmeeres (Ägypten, Syrien, Zweistromland) waren seinerzeit noch kaum ins Blickfeld der Religionswissenschaft getreten, und allgemeiner rezipiert wurden sie erst in den folgenden Jahrzehnten. Ihrer Rezeption stand nämlich lange und hartnäckig der etwas überhebliche Unglaube derer im Wege, die die griechische Kultur als eine gänzlich originale, ohne alle Vorbilder aus dem Boden ersprossene oder vom Himmel gefallene anzusehen gewohnt waren.

Ich verfolgte aber bei meiner Arbeit neben der vagen Aussicht auf Religionsgeschichtliches mit steigendem Interesse einen anderen Ausblick: nämlich wie all diese zahllosen „Formen gottmenschlicher Steigerung" von Homer dichterisch verwendet sind. Dazu nur zwei kurze Andeutungen. Als damals und noch heute gültiges Ergebnis der Forschung war vorauszusetzen, dass diese „Formen" nicht etwa für die uns vorliegende Fassung der Homerischen Dichtungen frisch erschaffen, sondern in der epischen Dichtung seit vielen Jahrhunderten vorgeprägt waren. Daraus könnte man die Vermutung ableiten, dass sie für Homers eigene dichterische Absichten nicht optimal brauchbar gewesen, sondern ihnen „formelhaft", sperrig, quer im Wege gestanden wären. Das war auch an einigen Stellen nicht von der Hand zu weisen, aber an erstaunlich vielen anderen Stellen hat Homer die „Formeln" offenbar seinen poetischen Absichten dienstbar zu machen und ihnen eine für ihn unmittelbar wichtige Aussage abzugewinnen verstanden. – Auch war deutlich, dass für Homer nicht etwa speziell die Könige „göttlich" waren, wie man seinerzeit etwas oberflächlich, aber ziemlich allgemein annahm, sondern bei ihm ist das eine Möglichkeit des Menschen allgemein. – Ich hatte bei diesen meinen Forschungen manchmal das Gefühl, dass ich mein Thema doch vielleicht zu eigensinnig behandle. Zu meiner Beruhigung nahm Weinreich meine Arbeit aber interessiert und ohne grundlegende Einwendungen an.

Als ich von Frankfurt zurück nach Tübingen kam, war hier inzwischen von Berlin her ein gräzistischer Ordinarius berufen worden: Wolfgang Schadewaldt, wegen seiner genialen Übersetzungen wohl der bekannteste deutsche Gräzist des 20. Jahrhunderts. Ich konnte bei ihm nicht mehr viel hören, weil ich mich konzentriert aufs Examen vorbereitete, las aber seine wichtigsten Publikationen und kam im Examen sehr gut mit ihm zurecht, und zwar weil er mich weder aus meinen Spezialgebieten befragte („Da kennen Sie sich ja sowieso aus", sagte er gleich zu Beginn, recht schmeichelhaft, aber nicht gerade beruhigend), noch aus seinen speziellen Publikationen, sondern er fing an einer ganz anderen ‚Ecke' an und blieb auch sehr lange bei solchen ‚Ecken'. Aber ich finde, das war gut. Man sollte bei Prüfungen nicht auf speziell Angelerntes (Angebüffeltes) Wert legen, sondern auf einen weiteren Horizont sehen. Da kann der Examinand zeigen, ob er etwas versteht, und wenn er im Speziellen ein paar Mal passen muss, nimmt man ihm das vernünftigerweise nicht übel.

Nun, damals waren Prüfungsnoten noch so relativ unwichtig, wie sie sein müssen. Inzwischen sind sie schon wegen der enorm gestiegenen Zahl der Abiturienten, der Studenten und damit natürlich auch der Prüflinge und der dadurch bedingten harten Auslese hochwichtig geworden. Die Prüfenden sind fast genötigt, Spezielles und Speziellstes abzufragen, denn welche Spezialgebiete ein Student oder eine Studentin wählen oder nicht wählen darf, wird vom Prüfungsamt unter dem Druck des Numerus clausus immer präziser geregelt. – Damit aber nun genug von Prüfungen!

Als ich – nach allen Examina – in Stuttgart praktizierender Lehrer war – ich entsinne mich deutlich, dass das von Anfang an mit Lustgefühlen verbunden war, weil ich nun endlich in der Praxis war, etwa im Sinne des Studentenliedes „O Tübingen, du teure Stadt, bin deiner Weisheit voll und satt" – da regte sich in mir doch auch bald das Bedürfnis, mir über meine Unterrichtspraxis theoretisch Rechenschaft zu geben. Das ist kein Widerspruch: Ein Altphilologe mag sehr wohl die Verpflichtung spüren, sich und anderen die Berechtigung altsprachlichen Unterrichts immer wieder nachzuweisen, – dass Fächer wie Mathematik im Gymnasium unterrichtet werden, dafür verlangt niemand einen Nachweis. Ich brachte im Laufe der Jahre in Fachzeitschriften einige didaktisch-methodische Aufsätze heraus und war auch Mit-Autor bei neu entstehenden Unterrichtswerken. In Kollegenkreisen wurde ich dadurch nach und nach bekannt. Auch ließ ich mich, aus eben derselben Absicht, unsere Fächer im öffentlichen Ansehen zu stärken, auf die Mitarbeit im Deutschen Altphilologen-Verband (DAV) ein, und das führte dazu, dass ich nach Verlauf einiger Jahre mich mit keinem noch so dummen oder klugen Argument mehr dagegen sträuben konnte, in diesem Verband auch umfassendere Funktionen zu übernehmen. 1973 wurde ich Vorsitzender des

Bezirksverbandes Württemberg, und 1977 wählte mich die Vertreterversammlung in Aschaffenburg zum Vorsitzenden des deutschen Gesamtverbandes.

In dieser neuen Funktion erinnerte ich mich plötzlich mit Vergnügen daran, dass ich schon seit fünf Jahren den Professortitel führte, – nein, eben nicht „führte“: Sich damit etwa anreden zu lassen, war in den wilden 68er-Jahren ganz unüblich geworden. Aber ich war 1972 tatsächlich Honorarprofessor geworden, als ich mich auf Bitte des Philologischen Seminars bereit erklärte, dort im Nebenamt Lehrveranstaltungen zur Fachdidaktik zu geben. Die sparsame württembergische Universität Tübingen stattet mit diesem schönen Titel unter anderem zusätzliche Lehrkräfte aus, die sie nicht extra bezahlen kann und will. Auf dem Briefkopf des DAV-Vorsitzenden nahm sich aber nun, wie auch ich fand, der „Prof.“ doch recht stattlich aus. Er gab dem Amt und damit dem Verband einen gewissen Schein höherer Würde.

Eine meiner Aufgaben war die Vorbereitung der im zweijährigen Turnus stattfindenden Gesamtkongresse, 1978 in Regensburg, 1980 in Göttingen. Bei den Verhandlungen über die Kongress-Vorträge lernte ich eine Reihe namhafter Vertreter unserer Wissenschaft persönlich kennen und erachtete das für einen Gewinn. – Ich kann nicht ganz verstehen, dass gerade unter den Altphilologen viele Kollegen sich scheuen, leitende Positionen, sei's in der Schule, sei's in einem Fachverband zu übernehmen, in der Meinung, davon habe man nur Mühe und Ärger. Das hat man zwar in der Tat hin und wieder, aber doch nicht *nur* das: Man gewinnt an Statur und Ansehen, an Urteilsfähigkeit, an persönlichen Verbindungen, an sachlichem Überblick, lernt Menschen und Institutionen kennen: Das ist ja nicht nichts.

Nach vier Jahren konnte ich, wie es im Verband üblich war und ist, den Vorsitz an meinen Nachfolger Prof. Eckard Lefèvre aus Freiburg abgeben und war über die Entlastung froh. Das war im Jahre 1981: Zwei Jahre vorher war mein Schwiegervater, unser „Goggo“, zu uns ins Haus gezogen, und ein Jahr später kam auch meine Mutter, unsere „Omi“, dazu. Da war Christa doch auch auf meine gelegentliche Mithilfe angewiesen. – Inzwischen hat mich der DAV zu seinem Ehrenvorsitzenden ernannt, vermutlich ja auf Grund von Verdiensten, die ich aber im Einzelnen kaum zu nennen wüsste. Ein wenig stolz auf diese große Ehre bin ich trotzdem.

Meine Pensionierung wäre regulär im Jahre 1990 fällig gewesen. Man hatte aber damals die Möglichkeit, ein oder zwei Jahre früher in

Eine „unnormale Unterrichtsstunde" für Eltern und ehemalige Schüler, gehalten 1987.

den Ruhestand zu gehen. Ich wählte den mittleren Zeitpunkt, beantragte also meine Versetzung in den Ruhestand auf den 1. August 1989. Ein Hauptgrund war, dass inzwischen die Notwendigkeit, Christa stärker zu entlasten, nicht mehr zu übersehen war. Die Altenpflege hatte ihre Kraft zuletzt doch aufs äußerste beansprucht. Zum Abschied gab mir meine Schule noch ein wunderschönes zweitägiges Fest, bei dem so viel los war, dass Christa und ich gar nicht alles mitkriegen konnten. Kaum war ich im Ruhestand, da bekam Christa eine schwere Lungenentzündung, von der sie sich nur mühsam und langsam erholte. Da war es ein Glück, dass ich jetzt Zeit für sie, den Haushalt und den „Goggo" hatte (die „Omi" war 1987 gestorben). Wir warteten vier Wochen lang die erste Genesung zu Hause ab und konnten dann für weitere vier Wochen in einen schönen Urlaub in die Bayerischen Voralpen fahren. Noch auf der Fahrt dorthin sah es ein paar Mal so aus, als ob Christa die anstrengende Reise gar nicht bewältigen könnte, aber als wir, schon nahe dem Ziel, an einem schönen Flüsschen (ich glaube, es war die Iller) die Füße ins Wasser streckten, da war's gewonnen. Von da an ging es langsam aber stetig aufwärts.

Wenig später freilich kam noch eine letzte fachliche Nebentätigkeit auf mich zu. Einer der Mitherausgeber des „Gymnasiums", der wissenschaftlichen Zeitschrift des DAV, wünschte altershalber (er war über 85), diese Funktion abzugeben. Auf das freundschaftliche, aber nachhaltige Drängen meines Vorstandsnachfolgers Lefèvre erklärte ich mich schließlich dazu bereit. Die Aufgabe war arbeitsintensiv, wenn auch nicht uninteressant, ich wurde jetzt noch einmal (fast müsste ich sagen: erstmals) in allem Ernst wissenschaftlicher Philologe, was ich eigentlich noch nie gewesen war. – Nach 13 Jahren, Ende 2002, konnte ich diese Aufgabe in jüngere Hände übergeben. Den Nachfolger zu finden, kostete sehr viel Mühe, aber sie führte schließlich zu einem mehr als guten Ergebnis. Der damalige Privatdozent, wenig später Lateinprofessor an der Berliner Humboldt-Universität Dr. Ulrich Schmitzer war für die Tätigkeit zweifellos ideal und besser als ich geeignet.

Über die Entlastung war ich wieder einmal sehr froh, es war dafür auch hohe Zeit, wegen gesundheitlicher Schwächen, die sich jetzt bei Christa und bei mir nach und nach einstellten: Wir waren beide ja nun zwischen 75 und 80 Jahre alt.

Vierzehntes Kapitel

Schwächen und Stärken

„Ach, ich bin doch nur eine halbe Portion“ – diesen bitteren Stoßseufzer habe ich von meiner lieben Christa mehr als einmal vernommen. Wer von ihr nur die ‚Heldentaten‘ kennt, die vielen großen und kleinen Hilfseinsätze für andere, der könnte sich über diesen Seufzer wundern, nicht aber die, die Christa erlebt haben. Die wissen, dass sie jene Taten eigentlich ihr Leben lang ihrer Schwäche abgerungen hat. Sie lebte extrem zwischen Schwäche und Stärke, mit weiter Amplitude nach beiden Seiten. Ich selbst bin weniger extrem ausgestattet, sacke weniger oft und auch nicht so tief ab wie sie, erhebe mich aber zwischen solchen Tiefen auch weniger steil auf die Höhen. Für mich bildeten wir eine Art ideales Kompetenzteam: Wir haben einander mit unseren unterschiedlichen Naturells einerseits bei allzu tiefem Sturz aufgefangen, andererseits mit in die Höhe gezogen, haben uns jedenfalls oft kompetent ergänzt.

Dass Christa von eigentümlicher Kühnheit und Unternehmungslust war, ist in meiner Erzählung bisher sicher nicht verborgen geblieben. Unsere Wanderungen waren wirklich oftmals kühn genug. Schon dass wir keine Hochzeitsreise unternommen haben, in irgendeine lauschig-erholsame Weltgegend, um dort „Flitterwochen“ zu verbringen, sondern uns für 14 Tage eine hochsommerliche, anstrengende Wanderung im Bayerischen Wald, einem anno 1952 noch reichlich unerschlossenen Gebiet, vornahmen – wir haben mancherorts den ersten Wege- oder Straßenbau im Gange gesehen. Dass man Touristen dort noch wenig erwartete, merkten wir nicht nur an den geradezu sagenhaft billigen Preisen: zirka drei Mark für Übernachtung und Frühstück pro Person war fast die Regel, und ein paar Eier, eine große Tüte Obst kriegte man nicht selten noch mit; entnehmen konnten wir es auch aus Erlebnissen wie dem folgenden: Als wir einmal nicht weiter wussten (Wegweiser gab es nicht, Wanderkarten nur miserable), trafen wir zum Glück auf eine Gruppe Kinder, etwa zwischen sechs und zehn Jahren, und fragten sie nach dem Weg, aber nicht etwa so naiv und ungeschickt, wie es Unerfahrene tun: „Geht's hier nach Englmar?“, denn darauf antwortet der Befragte gern mit „ja“, wenn's auch nur halb oder gar nicht stimmt, es ist eben das Einfachste, und da bekanntlich alle Wege „nach Rom“ führen, sagt er sich wohl, es führen auch alle „nach Englmar“. Sondern wir fragten als ‚gelernte‘ Wanderer „Wohin kommt man denn auf dem Weg da?“, und bekamen die unerwartete, schlechtweg entwaffnende Antwort: „Zu uns“. Da standen wir nun, wir gelernten Wanderer! Dass ich meinerseits diesen ‚Unsinn‘, so könnte es ein Außenstehender wohl nennen, mitgemacht habe, kann ich nicht leugnen, ich habe ihn sogar gern (liebend gern) mitgemacht, aber die Idee stammte natürlich wieder einmal von Christa. Meine Rolle dabei war, durchaus nicht immer, aber doch hin und wieder, die des Bremsers, und einmal hat mich meine Frau sogar schwer beleidigt, als ich von einer ganz unwegsamen Kletterei auf eine felsige Höhe abriet. Da schalt sie mich doch tatsächlich ein „Landstraßenherz“! Christas Eltern sahen die Dinge klar, sie kannten ihre Tochter, und als wir sie am Morgen nach der Hochzeit kurz in der Schützenstraße besuchten, um Christas Vater zum Geburtstag zu gratulieren, steckte er uns – genauer gesagt: mir – einen „zweckgebundenen Zuschuss“ zu den Hochzeitsreise-Kosten zu, damit wir uns – genauer gesagt: damit ich Christa – die Sache notfalls etwas erleichtern könnte(n).

Aber es kann eben doch keinesfalls verschwiegen werden: Die Wanderung war über die Maßen schön, manchmal einfach atemberaubend schön. Nur zum Exempel: Als wir in der Chamer Hütte am Abhang des Kleinen Arber Quartier bezogen hatten und am späten Abend nach einem heftigen Regenguss noch einmal im Westen in aller Pracht die Sonne durchkam, da erstiegen wir rasch den Gipfel und hatten von dort ein fast unglaubliches Schauspiel: Vor tiefschwarzen Wolken im Osten glänzte ein doppelter Regenbogen, der, weit mehr als in einem Halbkreis, den Gipfel des Großen Arbers umfing. Wir dachten beide an die Verheißung im 1. Buch Mose Kapitel 9.

Oder waren unsere mehrtägigen Bootsfahrten etwa nicht kühn! Das erste Mal 1976 mit unserer Tochter Charlotte eine Woche lang rund um den Bodensee. Ein Ruderboot für so lange zu bekommen, war nicht leicht, in Langenargen hat's schließlich geklappt. Von dort ging es zuerst nach Lindau, wir ließen dann aber Bregenz und ganz Österreich einfach links liegen und ruderten quer über die Bregenzer Bucht bei ziemlichem Seegang in Richtung Rheinspitz und Altenrhein in der Schweiz. Gesetzestreu wie wir sind, hatten wir uns in Deutschland beim zuständigen Zollamt eine Bescheinigung geholt, dass wir in der Schweiz an Land gehen durften, indem wir glaubhaft versicherten, wir hätten mit unserem Ruderboot Handelsgeschäfte zu betreiben nicht die Absicht. Das Boot ketteten wir abends immer am Ufer irgendwie fest (wie man das fachmännisch macht, damit es bei nächtlichem Sturm festliegt und doch keinen Schaden nimmt, lernten wir erst später in Italien), aber die Ruder nahmen wir sicherheitshalber immer mit ins Zimmer. – Ähnlich dann 1982 am Comer See, wo uns ganz augenscheinlich klar wurde, dass die vielen herrlichen Villen am Ufer nur vom See aus betrachtet ihre ganze Pracht entfalten, Villa

Carlotta und alle die anderen. – Und weiter 1984 am Luganer See: Da wurden wir nur leider vorzeitig zurückgerufen, weil unsere häusliche ‚Wache' irgendwelche Probleme mit unseren Alten (Christas Vater und meiner Mutter) meldete. Wir mussten nach der halben Zeit rasch nach Hause zurück. – Das waren die Jahre, in denen wir auf die Frage, wohin wir denn in Urlaub gehen, zu antworten pflegten: „Wir gehen überhaupt nicht *hin*, wir gehen erstmal und hauptsächlich *weg*." Tatsächlich haben wir in zweien dieser Jahre schon nach einer „Reise" von wenigen Kilometern in Kirchentellinsfurt im ehemaligen Hotel „Eintracht" erstmals übernachtet, weil Christa von den Vorbereitungen am Abreisetag, wozu besonders die persönliche ‚Übergabe' unserer lieben Alten an die ‚Wache' gehörte, zu erschöpft war, um weiterfahren zu können. Dass wir in Urlaub fahren mussten, war insbesondere meiner Mutter nicht leicht einsehbar zu machen. Aus ihrer Jugend in Haspe kannte sie dergleichen nicht, und dass sie in ihren Ehejahren auch Urlaubsreisen gemacht hatte, war ihrem Altersgedächtnis entschwunden. Überhaupt spielte in ihren Reden im hohen Alter die doch sehr glückliche und wegen der Naziherrschaft so schwerwiegende Zeit der Ehe mit ihrem früh verstorbenen Ludwig so gut wie keine Rolle mehr. Sie sprach von ihren Jugendjahren in Haspe, von ihrer Arbeit als Buchhalterin, von ihrer Mitkonfirmandin Ida Fennemann, welchen Namen wir da erstmals

Christa Steinthal, 1977

hörten und die sie meinte besuchen zu müssen und auch problemlos zu können, nur wegen ihrer Blindheit sah sie schließlich ein, dass das leider nicht ging.

Die einwöchige Bootsreise auf dem Lago Maggiore 1985 war noch einmal besonders schön, obwohl wir kein richtiges Ruderboot bekamen und uns mit einem schwer zu lenkenden kleinen Beiboot einer Yacht behelfen mussten. Wir stachen in Maccagno im Nordosten in See, die erste Mittagsrast hielten wir auf dem Wasser an den Castelli di Cannero, von Oggebbio gegenüber machten wir einen Tages-Abstecher in ein Gebirgstal. In Erinnerung ist mir noch, dass wir auch am Ufer der kleinen Isola S. Giovanni einmal unsere Mittagsmahlzeit eingenommen und ein Ruhestündchen gehalten haben, ohne zu ahnen, dass wir dort bei dem berühmten Arturo Toscanini „zu Gaste" waren. Er hat gottlob auch nichts davon geahnt. In der Mitte des Sees wohnten wir sehr pittoresk auf der Isola dei Peschatori und setzten auf die prachtvolle Isola Bella über. Von da aus ruderte ich dann eines Nachmittags quer über den See, der ist dort sehr breit, und es dauerte gut eineinhalb Stunden, unter dunklen, tief hängenden Wolken – das Gewitter kam gottlob erst spät abends: Da waren wir inzwischen beim Kloster S. Caterina del Sasso im sicheren Port angelangt. Das Kloster ist abenteuerlich in das felsig-steile Ostufer des Sees hineingebaut. Wir trafen uns dort mit Christas Nichte Katharina, die mit ihrer Familie aus Varese herübergekommen war. Abends im kleinen Hotel am See erlebten wir eine typisch italienisch-bunte Hochzeit mit enormen Tortenkunstwerken, zahllosen Trinksprüchen und großer Heiterkeit (und zwischendurch Blitz und Donner). –

Die letzten zwei Nächte wohnten wir in dem Hafenstädtchen Porto Valtravaglia am Ostufer in einem hübschen kleinen Hotel, wo uns die fünfjährige filia hospitalis voll Stolz aus ihrem Lesebuch vorlas, nein: vordeklamierte. So klar und deutlich artikulierend wie diese kleine Elisabetta (come la regina d' Inghilterra!) lernen deutsche Kinder nie lesen. – Ja, hässlich war dann nur, dass wir in Maccagno unser Auto ausgeraubt vorfanden. Der Wagen selbst war den Dieben wohl zu alt gewesen, aber unser ganzes Gepäck war weg. Die Polizei in Luino nahm meine Meldung entgegen, freundlich, wenn auch ohne großes Interesse und ohne weitere Folgen, und wir fuhren heim. Das war das betrübliche Ende unserer letzten Bootsferien. Die Kette und das Vorhängeschloss, womit wir abends unser Boot sicherten, nehme ich noch manchmal ein wenig wehmütig in die Hände, wenn ich zufällig im Keller zu tun habe.

Aber auch ‚zu Lande' hatten wir gelegentlich extraordinäre Wandererlebnisse, so eines schönen Sonntags im Stromberg. Es regnete, und wir freuten uns, dass wir bald in Sternenfels waren, wo wir Quartier bestellt hatten, als wir auf einmal seitwärts im Walde einige seltsame Gestalten sich hastig bewegen sahen. Sie stellten sich nicht als lichtscheues Gesindel heraus, sondern als drei sehr gepflegte Damen mittleren Alters, die sich aber ihrer Kleider oder Kostüme entledigt hatten, um im Unterrock besser zupacken zu können. Sie waren dabei, ein Auto, das auf dem weichen Waldweg ‚ersoffen' war, flott zu kriegen. Über unser Hilfsangebot waren sie höchst erfreut, zumal dort der Weg für Autos ausdrücklich gesperrt und ihr Auto ein geliehenes war, – alles sehr peinlich. Ich stemmte mich von vorn gegen den Wagen, um ihn nach rückwärts frei zu bekommen, die Fahrerin gab im Rückwärtsgang sachte Gas und kam auch wirklich heraus – und ich war im Hui von unten bis oben mit Dreck bespritzt. Folglich nahmen uns die drei Erretteten unter tausend Dankesbezeigungen mit sich nach Besigheim, wir wurden köstlich bewirtet, ich kam im geliehenen, etwas zu engen Morgenrock zu Tische, in Sternenfels wurde abtelefoniert, und anderntags war mein Anzug so weit gereinigt und getrocknet, dass wir weiterziehen konnten.

Im Jahr nach unserer Hochzeit wanderten wir im Schwarzwald, über die Schwarzenbach-Talsperre hinauf zur Badener Höhe, wo wir im Naturfreundehaus übernachteten. Dann ging's hinab ins Murgtal, und während des Aufstiegs auf der anderen Seite Richtung Hohlohsee – das sind alles riesige Höhenunterschiede – wollten wir uns in Wandervogelmanier, wie schon oft, etwas zu essen kochen, aber ein Stein vom ‚Herd' brach weg, der Topf fiel um, und einen Milchbrei kann man bekanntlich nicht wieder aufsammeln. Wir ernährten uns also den Tag über von unserem Zucker, den wir in braunem Moorbachwasser, mit vielen ganz kleinen Krebschen darin, auflösten und tranken. Erst am Abend in Enzklösterle bekamen wir etwas Rechtes zu essen.

Dass das aber nun doch zu anstrengend gewesen war, mussten wir uns sagen, als Christa kurz danach eine Fehlgeburt hatte. Da war denn also wieder einmal Schwäche und Schonung angezeigt. Das war es auch sonst nicht selten: Die beiden Schwangerschaften vor den glücklichen Geburten unserer beiden Kinder gingen unter überaus häufigem Liegen vonstatten. Ich entsinne mich, dass ich mich auf dem Nachhauseweg regelmäßig fragte: „Was mag heute wieder an Sorgen los sein?"

Ihr dürft nun aber nicht denken, wir hätten all diese Besorgnisse durch unseren eigenen Leichtsinn hervorgerufen. Krankheiten der Kinder kamen vor, besonders unsere Charlotte war zweimal in ihren Kinderjahren schwer krank, und eine Reihe von Jahren später einmal unsere Enkelin Ruth, und in all solchen Fällen setzte Christa ihre ganze Kraft und ihr Wissen mit ein und verließ sich nicht nur auf ärztliche Kunst. Ruth zum Beispiel war nach einer schweren Infektion so geschwächt, dass sie nichts zu sich nehmen konnte und die Schwestern im Freiburger Kinderhospital sich keinen Rat mehr wussten. Da brachte Christa ganz frisch gepressten Mohrrübensaft, der schmeckte der Kleinen vom ersten Löffelchen an prächtig, und damit war der Bann gebrochen. Gelernt hatte Christa das alles nicht in ihrem Studium, da wusste man davon nichts, sondern von ihrer naturheilkundlich orientierten Ärztin-Tante Erna.

Nach einer Reihe von Jahren war Christa durch Krankheiten ihrer selbst oder der Kinder und überhaupt durch ihre aufopferungsvolle Lebens- und Arbeitsweise sehr geschwächt und hatte häufig Schmerzen in der Herzgegend. Besuche bei vielen Ärzten brachten nichts, die stellten alle nur fest, dass an ihrem Herzen kein organischer Schaden sei. Aber die Schwäche und die Schmerzen waren doch da. Einmal bei einer kleinen Urlaubsreise an der Saar konnten wir gerade noch etwa 50 Meter spazieren gehen, und wie langsam! – Kurz danach kam aber Christa, es muss etwa im Jahre 1983 gewesen sein, endlich vor die rechte ärztliche ‚Schmiede', zum Leiter des Sportmedizinischen Instituts der Universität Tübingen, Prof. Jeschke. Der bestätigte zwar erst einmal die Diagnosen seiner Vorgänger: organisch liege nichts vor, aber therapeutisch ließ er sich etwas einfallen. Er sagte sich und uns, Christa habe zwar keinen Herzfehler, ihr Herz sei aber offenbar in ähnlicher Weise geschwächt wie bei anderen Leuten nach einem Herzinfarkt. Er riet Christa, die ganz neue, von ihm in Tübingen initiierte Herz-Sport-Therapie mitzumachen. Unser „Goggo", er lebte ja noch, war damals regelmäßig bei einem älteren, sehr renommierten Tübinger Internisten in Behandlung. Als der von diesem Jeschke'schen Vorschlag hörte, schüttelte er sehr bedenklich den Kopf, so wenig war diese Therapie seinerzeit noch bekannt und anerkannt. Christa aber folgte dem Rat und trat in die einige Zeit zuvor begründete „Ambulante Koronargruppe Tübingen" ein. Das Mitmachen fiel ihr anfangs schwer, aber zäh wie sie ist hielt sie durch. Nach einigen Monaten sah man deutliche Fortschritte, und ein paar Jahre später, als wir in der Rhön einen steilen Berg hinaufstiegen, verstand ich auf einmal die

Welt nicht mehr: Da sah ich meine liebe Frau mir vorwegsteigen und hatte Mühe nachzukommen. – Christas Mitgliedschaft in der Koronargruppe führe ich auch jetzt nach ihrem Tode noch weiter, aus Dankbarkeit für die Hilfe, die sie dort erfahren hat.

Wir haben aber aus den Wander-Anstrengungen auch gelernt, die Fußwanderungen mit dem schweren Rucksack aufzugeben und aufs Fahrrad umzusteigen. Da nimmt man zwar auch so wenig Gepäck wie möglich mit – wir haben beim Packen die Entscheidung nicht selten von der Haushaltwaage abhängig gemacht, denn zehnmal 100 Gramm gespart macht schon ein Kilo weniger. Aber getragen wird dies Gepäck dann von dem drahtigen Lastesel, und den eigenen Rücken hat man frei. Unsere erste Fahrrad-Ferienreise unternahmen wir 1972, als noch kein Mensch im Urlaub Rad fuhr und man als Radler abends in einem besseren Hotel auch schon einmal abgewiesen wurde – heute kann man mit dem Rad ungeniert ins Vier-Sterne-Hotel kommen, wenn man's zahlen kann und will. In Frankreich haben wir einmal in einem ganz feudalen genächtigt, weil in St.-Paul-Trois-Châteaux gerade ein Zirkus gastierte und alle billigeren Unterkünfte belegt waren.

Mit Anstrengungen waren wir jetzt viel vorsichtiger. Hinderlich ist nur, dass die Gastgeber abends gerne fragen: „Wie viel Kilometer habt ihr denn heut gemacht?", weil sie voraussetzen, dass man sich wegen stolzer 150 oder 200 Kilometer (manche Radler machen so viel!) gerne bewundern lässt. Da hielten wir hin und wieder eine kleine Notlüge parat: Heut war unser Ruhetag, da waren's nur 20. Und am nächsten Abend war's dann eben notfalls nochmal „unser Ruhetag". Wir fuhren ja auch nie die Landstraße wie jene Kilometerfresser, sondern kleine und kleinste Wege, weil wir etwas von der Natur und Kultur links und rechts vom Wege haben wollten, und solche Wege hören auch schon mal unvermutet ganz auf.

Auch habe speziell ich bald gelernt, wie es überhaupt mit Christas Kräften steht, nämlich ganz anders als bei mir: Ich werde bei Anstrengungen langsam müde und immer ein bisschen mehr müde, und dann nochmals ein bisschen mehr, und nochmals mehr. Dass ich geradezu umgefallen wäre, so weit kam's bisher noch nie. Wenn aber *ich* einmal vorschlug, wir könnten jetzt doch ein Quartier suchen, da war ich manchmal sehr erstaunt, dass Christa davon nichts wissen wollte, weil sie noch nicht die geringste Müdigkeit spürte – und eine Viertelstunde später konnte es geschehen, dass sie von einem Schritt auf den anderen sagte: „Ich kann nicht mehr." Dann musste Pause sein, und sofort. Einen Hinweis wie: „Wir sind ja bald in einem Ort und können einen Gasthof suchen", habe ich anfangs probiert, aber gleich gemerkt: Das ist sinnlos, da geht gar nichts mehr. Wichtiger als so ein Hinweis ist es, für diesen Fall immer etwas zu essen und zu trinken dazuhaben. Dafür sorgte ich dann, manchmal sogar ein bisschen heimlich, weil Christa, solange sie kräftig war, die Notwendigkeit nicht immer einsah.

Auf unserer schönen Weser-Radfahrt im Oktober 1999 – wir waren per Bahn nach Nienburg gefahren, hatten dort die Verwaltung des elterlichen Hauses einem Immobilienbüro übergeben und fuhren anschließend die Weser und Fulda aufwärts bis Kassel – was dumm ist. Gescheite Radler fahren diese wunderschöne Strecke flussabwärts. Wer nur Auto fährt, ahnt gar nicht, was das auf dem Rad für ein Unterschied ist. Da waren wir also nach dem Besuch des prächtigen Schlosses Hämelschenburg gegen Abend kurz vor dem Ort, wo ein telefonisch bestelltes Zimmer auf uns wartete. Es regnete nur leicht, aber dauerhaft, – als bei Christa dieser plötzliche Kräfteabfall so heftig eintrat, dass sie sagte: „Ich muss mich legen." Ich wusste längst, dass dagegen nichts zu machen ist, legte ihr also einen großen Plastiksack unter (mit solchen waren wir immer reichlich versehen) und deckte ihr das Regencape über, und so lag sie im Nieselregen und erholte sich. Nach 20 oder 25 Minuten, die auch ich natürlich lieber anderswo zugebracht hätte als im Regen stehend (auf dem flachen Boden zu sitzen ist nicht so recht meine Sache). Christa pflegte zu sagen, ich ruhe mich, wie die Pferde, im Stehen aus) – aber ich war ganz geduldig, schon weil ich großes Mitleid mit meiner lieben Frau hatte – dann konnten wir endlich wieder weiterziehen.

Natürlich könnt ihr jetzt schon wieder fragen, warum ich denn diesen ganzen Radfahr-Unsinn nicht längst unterbunden habe. Ich will gar nicht davon reden, dass halt auch ich in den Ferien gerne Rad fuhr, ohne viel Stress, so wir wir's gewohnt waren. Aber wer so fragt, der unterschätzt erstens Christas Willensstärke, und zweitens weiß er offenbar nicht, dass man die Menschen nicht gegen den Strich bürsten kann und sie auch nicht mit Gewalt zu einem Glück zwingen darf, das ihnen kein Glück ist. Was wir so lange Jahre in allen unseren Ferien betrieben, war eben kein „ganzer Radfahr-Unsinn", sondern es waren viele sehr schöne, sehr erholsame Wochen, ab und zu freilich vermischt mit Schwierigkeiten, die nicht vermeidbar, aber mit Verständnis und Hilfsbereitschaft sehr wohl erträglich waren. Per Rad, mit kleinen und kleinsten Tagesetappen, waren wir, gelegentlich sogar mehrmals im Jahr unterwegs und haben im Laufe von 30 Jahren halb

Europa durchstreift, so weit eben unsere Sprachkenntnisse zur Not reichten. In Venedig nannten die Schwestern, bei denen wir logierten, das Fahrrad un veicolo meno pratico. Wir konnten ihnen nur zustimmen. Aber nachher, in dem endlos weiten Horizont des Po-Deltas und weiter bis Ravenna und Bologna, war es doch molto pratico. Die Donau abwärts fuhren wir in mehreren Urlauben bis fast nach Wien, da war die Urlaubszeit, die mit der häuslichen ‚Altenwache' vereinbart war, leider wieder zu Ende und wir mussten in St. Pölten in den Zug steigen. Wir haben also Wien vom Westen her ebenso wenig erobert wie die Türken von Osten, und diese Stadt steht bis heute unerledigt auf meinem Wunschzettel. Dort wird sie ja wohl unerledigt stehen bleiben. Schadet auch nicht. – In Dänemark waren wir dreimal, in Schweden nur einmal, weil sich dies weite Land für unsere kleinen Tagesstrecken als zu weitläufig erwies: Wir mussten uns schließlich auf die dichter besiedelte Westküste zwischen Helsingborg und Kungsbacka beschränken – auch die ist aber sehr schön und interessant. Und sonst in Österreich, Frankreich und natürlich in Deutschland: schön war's halt überall.

Es ist jetzt aber von meinen Schwächen zu reden. Bis in mein 75. Lebensjahr war ich noch nie als Patient in einem Krankenhaus gewesen, war nicht gerade ein Herkules an Kräften, lebte aber unbeschwert, konsultierte nie einen Arzt. Da passierte mir kurz vor Weihnachten 2000 im üblichen Vorbereitungsstress ein kleiner Schlaganfall. Der liebenswürdige Professor Dichgans, Vater mehrerer Uhland-Schülerinnen und -Schüler, nannte ihn sogar „Mini" – er ist halt mehr gewohnt. Mir hat er durchaus gereicht. Den Nachtdienst-Arzt, der mich an jenem frühen Morgen so hilfreich besuchte und mich in die Klinik einwies, Dr. Karl-Heinz Fischer, nahmen Christa und ich, da er uns beiden sympathisch war, als Hausarzt, und nun war ich ein tablettenschluckender Senior wie andere auch. Mein ganzes Leben wurde anders.

Nach einigen Monaten setzte ich mich probeweise wieder ins Auto, aber als mir tags darauf mitten auf der Kreuzung der Motor stehen blieb, sagte ich: „Ich hör damit auf." Ich sah nämlich ein, dass ich über kurz oder lang vor der Wahl zwischen Auto oder Fahrrad stehen würde, und da wählte ich doch das Fahrrad. Unsere Enkelkinder freuten sich über diese Lösung, denn unser Auto ging natürlich auf sie über. Aber auch meiner lieben Christa fiel, als ich ihr diesen Entschluss mitteilte, ein so dicker Stein vom Herzen, dass man ihn ordentlich plumpsen hörte.

Ich war bis dahin nie besonders sportlich gewesen, das wisst ihr schon. Aber jetzt suchte ich ein passendes regelmäßiges Sportangebot, und der Zufall wollte, dass ich es, ähnlich wie Christa, beim Tübinger Sportmedizinischen Institut fand. Da war soeben ganz neu ein Pilot-Projekt „Sport nach Schlaganfall" eröffnet worden, ich konnte noch eintreten. Unsere „Pilotin", Nadine Schwarz, war damals noch Studentin im Abschluss-Semester, hatte aber die Lizenz für die Leitung dieser Gruppe schon erworben und bastelte nun aus den Problemen und Lösungen, die sie mit uns durchexerzierte, ihre Diplomarbeit und untermauerte sie mit der nötigen Gelehrsamkeit und Statistik – wir legten uns folglich den stolzen Titel „Diplom-Sportgruppe" zu. Unsere junge und hübsche Lehrerin bewunderten wir alle, nicht nur die Männer, sondern genauso auch die Frauen, und betrachteten sie, alt wie wir alle waren, wie unser gemeinsames (Enkel)-Kind. Das ‚Enkelkind' ist inzwischen verheiratet, heißt Frau Schreiner, die Trauung in der Dagersheimer Kirche haben wir alle mitgefeiert, sie hat ein süßes kleines Baby und hält immer noch Verbindung mit uns.

Alle die Nebenämter und -ämtchen, die sich bei mir im Laufe der Jahre fast unbemerkt angesammelt hatten, gab ich jetzt ab, so schnell es ging: unter anderem die Mitgliedschaft im Vorstand der Schule Schloss Salem, die Griechisch-Seminare, die ich im Rahmen der Philipp-Melanchthon-Stiftung für theologische Nachwuchs-Wissenschaftler gegeben hatte (vor allem für solche, die nur zu Beginn ihres Studiums das kleine Graecum absolviert hatten), ferner die mindestens alljährlichen Vorträge in der Tübinger Alten-Begegnungsstätte „Hirsch", wo ich vor einem ungemein interessierten und zahlreichen Publikum immer gerne sprach. Dass die Mitherausgeberschaft beim „Gymnasium" zwei Jahre später endlich auch zu Ende ging, habe ich schon erzählt. Alles war interessant gewesen, ich hatte es gern gemacht, aber jetzt hatte ich nur noch Lust auf meinen „zweiten Ruhestand". Er wurde auch bald sehr nötig.

Ehe ich erzähle, weshalb er nötig wurde, möchte ich nach allen diesen Schwächen noch einmal von einer starken Seite Christas sprechen. Ihr erinnert euch, dass sie mir schon ganz früh durch ihr Interesse für griechische Lyrik aufgefallen war. Sie hatte weit darüber hinaus ganz allgemein eine große Liebe zur Dichtung, besonders zur ernsten, etwas schwermütigen: Hölderlin und Paul Celan standen ihr beispielsweise sehr nahe, und sie verwandte ernsthafte Studien auf deren Verständnis. Eichendorffs Gedichte in ihrer verhaltenen Schwermut und Wehmut habe ich, studierter Germanist, der ich doch bin, erst durch sie richtig kennen und schätzen gelernt. Daneben galt ihr Interesse und ihre Aufmerksamkeit den Dichterinnen, aus deren Versen sie mit Recht eine ganz eigentümliche Stimme sprechen hörte. Marie Luise Kaschnitz und Hilde Domin schätzte sie sehr. Letztere hatten wir einmal nach einer Tübinger Lesung bei uns zu Hause zu Gast.

In Thann im Elsass wohnte Christas Jugendfreundin Nicole Ourisson née Heiligenstein – wie der Name Heiligenstein von echten Binnenland-Franzosen auf Französisch ausgesprochen wird, will ich lieber nicht aufzuschreiben versuchen. Kennengelernt hatten sich die beiden, als Christa 1942 als neue Schülerin in Thann in eine der oberen Klassen des Lycée eintrat – ihr Vater war im Krieg von seiner Firma nach Thann als Leiter einer dortigen chemischen Fabrik abgeordnet worden. Christa stand in der Pause auf dem Schulhof und wurde von den durchweg deutschfeindlich gesinnten Mitschülern und -schülerinnen gemieden; man kann das verstehen. Nicole indes trat unbefangen zu ihr, sprach sie an, und eine lebenslange Freundschaft war begründet, in die später auch ich und in der weiteren Folge auch die Kinder beider Familien einbezogen wurden. Auch Nicole war eine große Naturfreundin, sie lehrte später Biologie für Pharmazeuten an der Uni Strasbourg. Und auch sie liebte Gedichte. Christa sandte Nicole mit jedem Brief ein deutsches Gedicht, und Nicole revanchierte sich in ihren Briefen mit französischen.

Das letzte Mal trafen wir uns mit Nicole für ein paar Tage im Mai 2003 in Riquewihr. Dies hübsche (allerdings, wie sich herausstellte, von Touristen gewaltig überlaufene) elsässische Städtchen hatte ich vorgeschlagen, weil es mich wegen seiner mehrhundertjährigen württembergischen Geschichte interessierte, außerdem aber und vor allem, weil Nicole es von Thann aus nicht weit dorthin hatte. Wir wollten unbedingt vermeiden, dass sie weit mit dem Auto fahren musste. Anders als in ihrem eigenen Auto konnte sie nämlich, ihrer unerschütterlichen Überzeugung nach, nicht reisen. Sie war, sehr im Gegensatz zu mir, nicht zu der Einsicht zu bringen, dass sie fürs Autolenken zu alt war, und hatte schon mehrmals schwere Unfälle gehabt. Als wir uns aber nun in Riquewihr in dem urig-gemütlichen Hotel St. Nicolas trafen, hatte sie das Auto gar nicht da: Sie hatte sich von einer guten Bekannten in deren Wagen nach Riquewihr bringen lassen, weil sie wegen eines allerjüngsten Unfalls soeben ihren Führerschein für zwei Monate losgeworden war. Da überzeugte sie sich notgedrungen, dass man auch ohne leben kann. Für die Rückreise nach Thann allerdings ließ sie sich von unserem Hotelier auf den Bahnhofsvorplatz in Colmar bringen und setzte sich dort hin, umgeben von ihrem ganzen fourbi (der Hotelier übersetzte uns dies Wort ins Elsässische mit „Grempel" oder „Grimpel"), und wartete: „Irgendwer nimmt mich dann schon im Auto mit nach Thann." – Bahnfahren lehnte sie weiterhin strikt ab. – Wenig später ist sie gestorben, gottlob ohne neuen Unfall.

Unsere Goldene Hochzeit im August 2002 feierten wir in der Dorfkirche von Ulsenheim in Mittelfranken und dann auf dem nahegelegenen Wildberghof, welcher große, burgähnliche Gasthof (er ist im 19. Jahrhundert tatsächlich auf den Grundmauern einer alten Burg errichtet worden) ganz einsam, von Wald umringt, auf einem Bergkegel liegt. Es war ein unglaublich schönes Fest. Unsere Kinder hatten es aufs Liebevollste vorbereitet, die ganze Großfamilie war dabei. Wir ahnten nicht, dass es das letzte unserer vielen Familienfeste war, das wir zusammen ganz unbeschwert feierten, weil sich bald danach die letzte und entscheidende ‚Schwäche' Christas ankündigen sollte.

Schon ein halbes Jahr später nämlich, bei der Feier des 80. Geburtstags ihrer Schwester Brigitte im April 2003, sollte und wollte Christa von ihrer gemeinsamen Kindheit erzählen und hatte sich mit großer Lust darauf vorbereitet: Sie wollte der ganzen Festgesellschaft und vor allem ihrer Schwester selbst zeigen, wie sehr diese in jenen Kinderjahren ihr Ein und Alles gewesen war. Von meinen Tipps, wie sie sich das ganze Vorhaben etwas vereinfachen könnte, wollte Christa absolut nichts hören. Und als dann das mit Spannung erwartete Fest da war, brachte meine liebe Frau von dem, was sie sich so in Liebe vorgenommen hatte, rein gar nichts zu Stande. Ihr Gedächtnis ließ sie völlig im Stich, in ihren Aufschrieben fand sie sich nirgends zurecht, es war schrecklich. Wir alle, und vor allem Christa selbst, waren höchst unglücklich, wussten aber natürlich noch nicht, was da eigentlich los war.

In den Sommerferien desselben Jahres 2003 machten wir Urlaub auf der Insel Poel in der Wismarer Bucht, und auf der Heimreise besuchten wir unsere lieben alten Freunde Wolfram und Ursula Glüer in Adendorf bei Lüneburg. Auch da fielen mir hin und wieder unverständliche Äußerungen Christas auf. Vollends Erschreckendes geschah auf einem schönen Radausflug nach Bad Teinach im Schwarzwald im Herbst 2003. Wir hatten dort die kabbalistische Lehrtafel der Prinzessin Antonia von Württemberg besichtigt, ein erstaunliches Altar-Werk, das diese gelehrte fürstliche Dame unter der Anleitung ihres geistlichen Beraters Johann Valentin Andreae entworfen und im Jahre 1673, in der Notzeit nach dem 30-jährigen Krieg, dem Teinacher Kirchlein gestiftet hat. Teinach war damals das bescheidene Feriendomizil des im Kriege verarmten württembergischen Herzogshofes. – Die Rückfahrt traten wir Samstagfrüh an, hatten uns vorher in Bad Teinach nichts zu essen besorgt, weil die Geschäfte noch zu waren und wir dachten: „Wir kommen durch zwei Dörfer, da gibt's was." Aber in den Dörfern sind heute eben keine Tante-Emma-Läden mehr. Da fing Christa ein paar Mal an, völlig wirr zu reden, mir wurde ganz unheimlich. Als wir endlich in Herrenberg waren, stand unser Zug gerade abfahrbereit, wir stiegen ein. Erst in Tübingen konnten wir der Not ein Ende machen, gingen schnurstracks in die nächste Konditorei, kauften Kuchen und verzehrten ihn heißhungrig auf einer Bank im Alten Botanischen Garten.

Dazu kam körperliches Missgeschick. Schon im September 2002 war Christa einmal ungeschickt gestürzt und hatte den rechten Arm gebrochen. Die ärztliche Versorgung in einer nahe gelegenen, sehr frequentierten orthopädischen Praxis war wohl nicht optimal, Christa musste den Arm überlang im Gips tragen und hinterher sehr lange ihre erschlaffte Muskulatur trainieren. Wir machten in der Zeit unseren Haushalt dicht und fuhren in einen herbstlichen Urlaub, allerdings immer mit dem schweren Gipsverband, zur brandenburgischen Seenplatte, nach Gransee, Lindow, Rheinsberg und so weiter – auf Fontanes Spuren. – Im Sommer 2004, ein Jahr vor Christas Tode, folgte bei einem weiteren unglücklichen Sturz die bei alten Menschen häufige und gefürchtete Fraktur des Oberschenkelhalses. Diesmal war kein Arzt nahe, der Sturz war auf einem schmalen Pfad mitten im Wald passiert, aber die spätere ärztliche und sonstige Betreuung in der Tübinger Unfallklinik war zweifellos vorzüglich, Christa war jedoch geistig so reduziert, dass sie beispielsweise in der Klinik ihr Zimmer nie wieder fand. Ich musste fast ganztags bei ihr sein, und unsere Henriette unterstützte mich dabei aufs Beste. Sie war nämlich zufällig, es waren ja Sommerferien, gerade am Tag des Unfalls zu Besuch nach Tübingen gekommen und hatte wie gewöhnlich ihre Gitarre dabei, und so sang sie in der Klinik für uns und auch für die übrige Station viele ihrer schönen Lieder.

Zur Rehabilitation nach der Operation waren wir in Waldachtal im Kreis Freudenstadt in der Klinik Sonnenhof. Der dortige leitende Arzt sprach mir gegenüber erstmals offen von Christas schon weit fortgeschrittener Alzheimer-Demenz. – Übrigens wurde die doch ganz offensichtliche Notwendigkeit, dass ich Christa begleitete – sie hätte sich nirgends zurechtgefunden und hätte auch in unserem Zimmer, wenn ich nicht dagewesen wäre, mehrmals großes Unheil angerichtet – von der Krankenkasse für die Übernahme der Kosten nicht anerkannt: So weit war man, wenigstens damals, noch nicht.

Ich will euch den weiteren Verlauf des Leidens nicht in allen Einzelheiten schildern. Aber ein paar Einsichten, die ich dabei fasste, möchte ich weitergeben, vielleicht könnt ihr sie einmal brauchen. Vieles bei der Alzheimer-Demenz sieht sich, wenn es erstmals vorkommt, sehr schlimm an, und hinterher merkt man, dass es doch nur halb so schlimm ist. Also ist es ratsam, erst einmal mutig und ohne Angst an die Pflege heranzugehen. Am besten ist es vermutlich, wenn der Kranke eine Pflege- und Bezugsperson hat, die immer da ist. Bei mir war das glücklicherweise möglich, weil ich ganz frei war, ich sehe aber natürlich, dass das nicht immer geht. Wahrscheinlich ist es dann das Zweitbeste, wenn möglichst wenige Personen die Aufgabe möglichst oft übernehmen.

Mit am schlimmsten kam es mir zuerst vor, wenn Christa die Tageszeiten durcheinander brachte, etwa wenn sie nachmittags sehr lange schlief und erst nach einer Stunde oder länger wieder aufwachte. Dann meinte sie, es sei Morgen, und war von diesem Irrtum durch nichts abzubringen. Sie wollte nicht schlafen gehen, war ja auch nicht müde, also gingen wir beispielsweise spazieren. Dass es allmählich dunkler wurde und alle Leute mit „Guten Abend" grüßten, realisierte sie nicht. Da bekam ich Angst: Wenn das nun immer so bleibt, was soll dann werden? Bei den Demenzkranken bleibt aber eigentlich gar nichts „immer so", sie vergessen ihre irrigen Vorstellungen gottlob ebenso wie sie leider ihre richtigen vergessen. Und zwar vergessen sie sie desto eher, wenn man Geduld hat (ich weiß gut, die hat man nicht immer!) und vor allem auch nicht krampfhaft versucht, Irrtümer zu berichtigen. Alles Krampfhafte ist eher von Übel.

Ganz schlimm erschien es mir auch, wenn Christa mich nicht erkannte. Oft fragte sie mich dann nach mir selber: „Weißt du nicht, wann Hermann wiederkommt?" Oder: „Wo Hermann ist?" Natürlich sagt man da zuerst: „Ich bin doch Hermann", – aber das bringt gar nichts. Der Kranke kann solche Berichtigungen nicht auffassen, weil sie (für ihn!) ja eben „augenscheinlich falsch sind". Er wird vielleicht sogar misstrauisch und denkt, er wird belogen, und das muss man unbedingt vermeiden, es zerstört das Vertrauen und den Frieden zwischen dem Kranken und dem, der ihn pflegt. Vertrauen und Frieden zu erhalten ist aber nötiger als das tägliche Brot. – Wenn ich dann aber in gleichmütigem, überzeugtem Tone oder gar leicht brummig sagte: „Er wird schon kommen, er ist ja immer gekommen", – dann war's für den Moment gut. Und für künftige Momente muss man nicht vorsorgen, kann es nicht einmal: Künftige Momente in dem Sinne, dass man sie voraus bedenken könnte, gibt es für einen Demenzleidenden nicht.

Wir kauften nicht wenige Bücher zum Gedächtnistraining. Die raten immer zum konsequenten Üben. Christa hat viel geübt, aber es hat wenig gebracht. Wahrscheinlich hilft so etwas am ehesten in einem sehr frühen Stadium, – wenn man dies Stadium als solches erkennt! – Als wir schon ganz früh unseren Hausarzt wegen der Gedächtnisausfälle fragten, riet er uns zur Psychiatrischen Universitätsklinik, die habe eine spezielle Sprechstunde, wo man genauer klären könne, was die Ursache des Mangels sei. Das kann aber meist auch nicht sehr hilfreich sein, weil statistisch zirka 70 Prozent der Fälle doch auf Alzheimer zurückgehen. Es hat also wenig Aussicht, zu hoffen, man gehöre zu den anderen 30 Prozent.

Unser Arzt erwähnte auch, dass man in jener Sprechstunde die Kranken unter anderem eine Uhr lesen lasse, deren Zeiger verstellbar sind. Das versuchte ich zu Hause mit Christa zu üben, aber je mehr sie übte, desto weniger gelang ihr, und nach einiger Zeit konnte sie die Uhr gar nicht mehr lesen. Da ließen wir das natürlich sein, – jedoch im Verlauf vieler Wochen, in denen wir es nie mehr geübt hatten, kam die Fähigkeit allmählich zurück, und Christa konnte manchmal wieder die Uhr richtig lesen. – Was ist daraus zu lernen? Ich habe da sicher etwas falsch gemacht, und ein Fachmann könnte es vielleicht besser machen. Aber mit krampfhafter Bemühung macht man's bestimmt falsch, und schon eine Termin-Vereinbarung bei einem Spezialisten oder in der Klinik brächte für eine sensible Kranke wie Christa so viel „krampfhafte Bemühung" ins Spiel, dass man besser davon Abstand nimmt.

Es gibt aber andere Mittel, die bei uns meist von guter Wirkung waren. „Immer Zeit für den Kranken haben", ist eines davon. Selbst wenn nicht nur eine einzige Pflegeperson für den Kranken sorgt, sollte jeder, der gerade dran ist, möglichst auf solche Nebenher-Tätigkeiten, die seine volle und ganze Konzentration erfordern, verzichten, damit er, wenn nötig, nicht erst umständlich etwas weglegen oder zu Ende lesen oder schreiben muss, sondern jederzeit verfügbar ist, und vor allem: dass er in aller Ruhe verfügbar ist. Denn es ist vermutlich nicht gut, wenn der oder die Pflegebedürftige sich daran gewöhnt, dass immer, wenn es um ihn beziehungsweise sie geht, die Umgebung plötzlich in Hektik oder Aufregung verfällt. Ich weiß natürlich, es fällt schwer, nur in Ruhe zu warten, ein Mitteleuropäer ist das nicht gewohnt. Man kann es aber vielleicht als etwas Gutes begreifen lernen.

Zärtlich, liebevoll, freundlich zueinander sein, ist ein zweites gutes Mittel. Wir hatten es da insofern einfach, als wir beiden Eheleute schlechtweg immer beieinander sein konnten, und bald auch mussten. Schon bald war es so weit, dass wir einer ohne den anderen gar nichts unternahmen: Christa musste immer bei mir sein, auch wenn ich etwa ausging, um etwas zu besorgen, und ich umgekehrt musste immer bei Christa sein. Wir haben uns in jenen Jahren, das hat sich wie von selbst ergeben, bestimmt viel öfter geküsst oder umarmt oder uns zärtliche Namen gegeben als früher. Überhaupt darf man nicht denken, dass wir immer nur Trübsal geblasen hätten. Wir hatten viele sehr schöne Augenblicke, auch sogar Stunden zusammen, wo wir uns aus vollem Herzen gegenseitig gestanden, wie gut wir's doch miteinander getroffen hatten. – Es gab freilich auch nicht wenige unschöne und verzagte Zeiten, und ich kann mir leider nicht das Zeugnis ausstellen, zu Christa geduldig genug gewesen zu sein. Ich habe sie auch schon mal irgendwann angefahren – vielleicht war das ja auch noch nicht einmal immer falsch. Aber es gab eben doch keinesfalls ausschließlich solche unschönen Momente.

Drittens: Bewegung an der frischen Luft ist, übrigens für Gesunde ebenso wie für Kranke, oft ein wahres Wundermittel. Ähnlich gut wirkt mäßige (keinesfalls stressige!) Abwechslung. Wir haben ab und zu kleine, manchmal auch mehrtägige, aber jedenfalls immer gemütliche Reisen gemacht: nach Maulbronn, nach Baisingen in die ehemalige Synagoge, die die Nazis nicht hatten anzünden können, weil sonst unweigerlich das ganze Dorf mit verbrannt wäre, nach Bad Urach, nach Burgfelden auf der Ebinger Alb, nach Limburg an der Lahn. Die Ziele legten wir, soweit möglich, gemeinsam fest, denn es ist gut, wenn der Kranke trotz seiner Demenz immer noch möglichst weitgehend ein selbstbestimmtes Leben führen, also auch Wünsche äußern oder Pläne machen darf, die beachtet werden – wie gesagt: soweit das geht. Es geht natürlich sehr oft nicht, wohl sogar meistens nicht. Desto wichtiger ist es, darauf zu achten, wo es geht. – Die Reise nach Burgfelden unternahmen wir, weil Christa beim Anblick der blauen Berge der Alb mehrfach gesagt hatte: „Da müsste schön zu wandern sein." Da sagten wir uns: „Also fahren wir doch hin!" Als wir dann wieder zu Hause waren, sagte sie beim Anblick der Alb allerdings sofort wieder: „Da müsste schön zu wandern sein." Sie hatte natürlich vergessen, dass wir soeben dort gewesen waren. Aber das schadet ja nichts. Die paar sehr schönen Tage in Burgfelden waren jedenfalls gewonnen. – Oder: Eines Tages rief Christas Nichte Dorothea an, wegen irgendetwas, ich weiß nicht mehr was. Am nächsten Tag äußerte Christa den geradezu sehnsüchtigen Wunsch, Dorothea zu besuchen. Also riefen wir sie sofort noch einmal an und vereinbarten einen mehrtägigen Besuch. Dorothea wohnt in der Hohen Eifel, dicht an der belgischen Grenze, also nicht nur ‚kurz mal um die Ecke'. Aber der Besuch dort war ein schönes Erlebnis und sehr hilfreich.

Auch Kinder und Enkel besuchten wir, und sie uns. – Im März 2004, für den 60. Geburtstag unserer lieben Frau Kerst, das ist unsere Lustnauer Pfarrfrau, die wir sehr mögen, studierten Christa und ich einen kleinen Sketch zusammen ein, einen fingierten Platonischen Dialog (Platon schreibt nämlich in seinem Alterswerk „Die Gesetze": junge Leute dürften nicht viel Wein trinken, Jugend ist bekanntlich „Trunkenheit ohne Wein", aber für Alte ab 60 sei das eher erlaubt – diesen philosophischen Rat wollten wir, zusammen mit ein paar Flaschen Wein, an die liebe Jubilarin weitergeben). Bei der Abfassung des Sketches achtete ich mit aller Raffinesse darauf, dass der Text in sehr kurzschrittigen Fragen und Antworten voranging, so dass Christa immer einfache, klare Stichworte aufgreifen konnte. Außerdem kümmerte ich mich um die ‚Tagesordnung' des Geburtstagsfestes überhaupt nicht: Solche Darbietungen waren eigentlich erst nach dem Essen vorgesehen, wir traten aber zu allgemeiner Überraschung gleich beim Eintritt in Aktion. Christa meisterte ihre Rolle tatsächlich und genoss das weitere Fest unbeschwert.

Wir haben sogar, weil Christa sich das sehnlich wünschte, im Sommer 2004, kurz vor dem Oberschenkelhalsbruch und ein Jahr vor Christas Tode, noch einmal eine 14-tägige Radfahrt miteinander gemacht, am Nordrand des Harzes bergauf und –ab, von Quedlinburg über Thale, Blankenburg, Wernigerode, Ilsenburg, Bad Harzburg bis Goslar. Ein flotter Radler macht das vermutlich in zwei Tagen. Wir ließen uns viel, viel Zeit, machten auch Ausflüge ohne Rad zwischendurch, etwa zur Teufelsmauer. Die Tagespensen hatte ich immer so geplant, dass wir etwa um 9.30 Uhr abfuhren und spätestens um 13 Uhr am Tagesziel waren – Christa sagte zwar Tag für Tag morgens: „Wir können doch viel mehr", aber regelmäßig war sie kurz vor dem Ziel so müde und verwirrt, dass wir's nur mit großer Mühe noch schafften. – Sooft wir von den Bergen die dunstige Ebene sahen, dachte Christa, das sei das Meer, und wollte unbedingt dorthin. Da musste ich ihr tagtäglich wieder und wieder sagen (und begreifen konnte sie's nie), dass das nicht geht, weil das Meer Hunderte von Kilometern weit weg ist. – Besonders schwierig war es, als wir von Wernigerode aus mit der Brockenbahn bis zur Station Schierke gefahren waren und von dort den Brocken vollends ersteigen und von der Bergstation aus zurückfahren wollten. Der Wanderweg war zwar ganz herrlich, aber er war deutlich weiter und steiler, als ich berechnet hatte. Wir mussten also unterwegs umkehren, um in Schierke den Zug zu erreichen. Da wollte Christa absolut nicht mitmachen, sie dachte, wir könnten doch oben übernachten, und konnte nicht glauben, dass es da keine Möglichkeit gibt. Ich ließ sie schließlich einfach stehen und kehrte um – nur so war zu erreichen, dass sie mir endlich doch noch nachkam. – Anderntags fuhren wir mit der Bahn bis oben und wurden dadurch belohnt, dass es einer der ganz wenigen Tage war, an denen man vom Brocken Fernsicht hat.

Mich hatten all diese Schwierigkeiten etwas mürbe gemacht und ich sagte Christa: „Wir wollen die Fahrt in Wernigerode beenden und mit der Bahn nach Hause fahren." Das war ihr aber gar nicht recht – sie hatte keine einzige der Schwierigkeiten, die mir Sorge machten, aufgefasst und schon gar nicht im Gedächtnis behalten und wollte weiterradeln. Ich gab nach, weil sie's wollte, wie ich es ja immer zu tun gewohnt war, wenn es irgend ging, und es war schließlich gut so. – Im Mai 2005 trafen wir uns letztmals mit Christas Schwester Brigitte drei Tage in Limburg an der Lahn. Brigitte merkte da erst richtig, wie es um ihre Schwester stand.

Denn ein Vorzug unserer ‚normalen' Art zu leben war es, dass die Mitwelt wenig von der Krankheit merkte. Wir wollten das Leiden keinesfalls verstecken oder verheimlichen, aber dass man so normal lebt, wie es irgend zu machen ist, das ist gut und angenehm, ganz sicher auch für die Kranke selbst.

Auch Christas Tod am 28. August 2005 trat mitten in einem schönen Urlaub ein. Unsere beiden Kinder hatten ihrer Mutter zuliebe, da sie von ihrer immer wiederholten Sehnsucht nach dem Meer wussten, für uns alle zusammen einen Urlaub in Wustrow an der Ostsee gebucht. Da haben wir wenige Stunden vor ihrem Tode noch am Strand zusammen Frisbee gespielt. Denn von ihrer körperlichen Gelenkigkeit besaß Christa auch in der Zeit ihrer Demenz immer noch ein beträchtliches Stück. Zum Beispiel hatte sie auch nach dem Oberschenkelhalsbruch noch einmal Radfahren gelernt. Viel unternahmen wir da zwar nicht mehr, aber ein paar kleine Spazierfahrten waren ihr im Sommer 2005 wieder möglich.

Ihr Tod selbst hatte mit der Demenz direkt nichts zu tun, es war ein Sekunden-Herztod. Es bestand aber vielleicht doch indirekt ein Zusammenhang: Christa nahm in ihren letzten beiden Lebensjahren keinerlei Medikamente mehr. Sie hatte sie noch nie gerne genommen, und jetzt wollte sie einfach nicht mehr. Ich respektierte das – ich wollte an meiner lieben Pflegebefohlenen, wenn irgend möglich, nicht dauernd herummeckern und -kritteln. Anlass dazu hätte ja es auf Schritt und Tritt gegeben, aber das Leben wäre dadurch nicht leichter und nicht besser geworden. – Vielleicht hing es also doch mit dem Fehlen der Medikamente zusammen, dass Christa jetzt beim Radfahren und auch sonst ständig deutlich rascher müde wurde als früher. Und vielleicht hätte sie mit Medikamenten eine unbestimmte Zeit länger gelebt. Aber das weiß niemand, und man kann nicht alle Gefahren meiden, weder bei Demenzleidenden noch sonst im Leben. – Weil Christa auch auf unseren Spaziergängen leichter müde wurde, kehrten wir, was wir früher nie getan hatten, in jener Zeit unterwegs ab und zu einmal ein, so auch in der Goldersbachklause, in deren Nähe ich dann später liebe- und kummervoll unsere Briefe aus der Verlobungszeit verbrannte – hab's ja oben erzählt.

Fünfzehntes Kapitel

Wahrheit

Das Leben in Demenz ist offenbar anstrengend. Christa wurde auch abends in der Regel sehr früh müde und ließ sich von mir zu Bett bringen. Ich musste dabei allerdings oft lange warten, denn sie zog in ihrer Verwirrung nicht selten die Kleidungsstücke ein paar Mal zuerst aus, dann wieder an und so weiter. Da hilft nichts als Geduld, ich hatte sie nicht immer, war doch abends auch müde und wünschte die Ruhe herbei, – bemühte mich aber ebendeshalb, meine Ungeduld wenigstens nicht zu zeigen, das hätte den Gang der Dinge nur noch mehr aufgehalten. Schließlich legte sich Christa aber doch, und dann meist wohlig aufatmend wie nach einem vollbrachten schwierigen Werk, zum Schlafen zurecht. Da kriegte sie von Herzen noch einen Kuss von mir! Da sie, wenn ich mitsprach, immer noch einige Verse sprechen konnte, sagten wir uns zusammen noch etwas auf. Die letzten Monate ihres Lebens fielen in das Frühjahr und den Sommer, also sprachen wir etwa Mörikes „Frühling lässt sein blaues Band wieder flattern durch die Lüfte“ oder von Uhland „Die linden Lüfte sind erwacht“, oder dann im Sommer eine der Strophen aus „Geh aus, mein Herz, und suche Freud“, besonders häufig aber Paul Gerhardts Strophe

Abend und Morgen sind seine Sorgen;
segnen und mehren, Unglück verwehren
sind seine Werke und Taten allein.
Wenn wir uns legen, so ist er zugegen;
wenn wir aufstehen, so lässt er aufgehen
über uns seiner Barmherzigkeit Schein.

Diese Strophe liebten wir sehr, auch ich, obwohl ich mir sagte und sage, dass sie, nüchtern betrachtet, etwas nicht ganz Zutreffendes besagt: Dass Gottes Werke und Taten allein darin bestehen, dass er „segnet und mehrt, Unglück verwehrt“, das lässt sich auch bezweifeln. – Bei Christas Beerdigung haben wir die Strophe aber auch gesungen, und auch ich sang sie von Herzen mit.

Danach hatte ich dann eine oder zwei Stunden für mich, und soweit nicht hausväterliche Pflichten zu erledigen waren, verwendete ich sie meist für eine Arbeit, die mich mehr oder weniger intensiv seit Jahrzehnten beschäftigte: eine Abhandlung, und schließlich wurde ein kleines Buch daraus, über die Frage „Was ist Wahrheit?“ Wie ich zu dieser Frage kam und was mich so lange bei ihr festhielt, will ich euch erzählen.

Das Thema Wahrheit klingt nach Philosophie oder auch Theologie, und in dem eben erwähnten Buch ist natürlich auch von diesen erhabenen Wissenschaften die Rede, aber doch gewissermaßen nur nebenbei. Eigentlich ging es weder um Theologie noch um Philosophie, sondern um meinen Beruf, und zwar um seine zentrale Region: um die erzieherische Aufgabe, die man als Lehrer in der Schule immer auch hat, neben aller fachlichen Wissens- und Könnensvermittlung. Wobei das Wort „neben" eher irreführend ist: Es ist nicht damit getan, dass der Lehrer hauptberuflich Wissen und Können vermittelt, gelegentlich aber umschaltet und sich dem Erziehen widmet, etwa zu Pünktlichkeit und derlei Tugenden, die „neben" dem Wissen und Können ja wirklich wünschenswert sind. Ich denke hier an andere, schwierigere und wesentlichere erzieherische Fragen, die, wenn man genau hinschaut, direkt aus dem zu vermittelnden Wissen und Können heraus auftauchen.

Ihr wisst schon, dass ich als junger Lehrer mehrmals kleine Abhandlungen über die Praxis des Altsprachlichen Unterrichts veröffentlichte. Diese Thematik meiner Studien verschob sich zu meinem eigenen Erstaunen ganz radikal, nachdem ich 1966 Schulleiter geworden war. Zum Teil könnte man das wohl einfach daraus erklären, dass ein Schulleiter andere, umfassendere Aufgaben hat als der einzelne Fachlehrer, und dass vielleicht wirklich Gott, wem er ein Amt gibt, auch den dazu nötigen (allgemeineren) Verstand mitgibt, nach dem bekannten Sprichwort. Aber gravierender waren ganz andere Gründe: In den „wilden 68er Jahren", in die ich mich als junger Schulleiter, wie ins kalte Wasser, hineingeworfen fand, wurde nicht nur der allgemeine gesellschaftliche Zustand revolutionär in Frage gestellt, sondern ganz speziell das Bildungs- und Schulwesen geriet in massive Kritik. Eine wahre ‚Posaune des Gerichts' kam über uns und vermittelte uns das trostlose Gefühl, schlechterdings alles falsch gemacht zu haben. Wer nicht in Trostlosigkeit versinken wollte, machte sich mit Feuereifer ans Verbessern: Pläne und Vorschläge dazu hagelte es nur so. Aber ein Hagel von Verbesserungen, das ist vielleicht doch nicht ganz das Richtige.

Zum Beispiel trat zum allgemeinen Erstaunen ans Licht, dass man bisher zwar die Unterrichtsmethoden verfeinert habe, aber über die Lehr-Ziele sei man, ohne das auch nur zu merken, in tiefster Unkenntnis verharrt. Dass das so pauschal nicht im Entferntesten stimmte, machte man sich nicht klar, denn teilweise (zu einem sehr kleinen Teil) stimmte es tatsächlich. Aber selbst soweit es stimmte, hätte man daraus andere Schlüsse ziehen müssen, als uns jene ‚Posaune' weismachte. Sie machte uns nämlich weis, wer seine

Ziele nicht klar und präzise benennen könne, könne auch die Wege, die dorthin führen, nicht kennen und nicht finden, und auf diesem Mangel an Zielkenntnis beruhe die ganze Misere unserer schulischen Arbeit. – Dass dieses ganze flotte Räsonnement ein rationalistisches Ammenmärchen ist (Ammenmärchen gedeihen nicht nur im Irrationalen, es gibt auch rationalistische), mussten wir im Laufe langer Jahre erst durchschauen und begreifen lernen. – Heute sehe ich die Sache so: Im Kleinen, in den Einzelheiten gibt es an allen Ecken und Enden partielle Zusammenhänge zwischen einer glasklaren Zielerkenntnis und dem richtigen Finden der Wege dorthin. Aber im Großen und Ganzen muss man sich immer und überall mit einem viel geringeren Grad von Klarheit begnügen, und man kann das auch, es ist das Allergewöhnlichste nicht nur im Schul- und Erziehungswesen, sondern ganz allgemein im Leben.

Aber das Ammenmärchen hielt nun die Köpfe besetzt. Also kamen Lehr- und Lernzielkataloge auf, oder richtiger gesagt: umfassend hierarchisch geordnete Lehrziel-Matrizen – mit dem veralteten Wort „Katalog“ hätte man die Subtilität dieser Zielansprache gar nicht benennen können. Die armen Referendare mussten im Schweiße ihres Angesichts für jede Unterrichtsstunde, und wenn es nur um die einfachsten Dinge ging, einen schriftlichen Plan ausarbeiten, in dem sämtliche in Frage kommenden Grob- und Feinziele aller hierarchischen Felder und Stufen säuberlich expliziert waren. Gescheitere Leute sahen bald, dass das zu einem entsetzlich kopflastigen Formalismus führte – ein Kollege bemerkte einmal bissig, man lerne heute mit dem Besteck auf dem leeren Teller zu klappern, nehme aber keine Nahrung zu sich. – Modern war das vielleicht, aber das Gelbe vom Ei war es ganz bestimmt nicht.

Noch ein Beispiel, denn von anderen Ecken her ging man ebenso geschäftig ans Verbessern: Man ersann neue Unterrichtsformen und Organisationen, Gruppen- statt Frontalunterricht, Arbeitsunterricht statt Lehrervortrag, möglichst auch fächerübergreifend. Die gleichmäßige 45-Minuten-Stunde und ein fixierter Stundenplan erschienen als unerträgliche Zwangsjacken. An den öffentlichen Schulen waren derartige Neuerungen nicht so rasch zu verwirklichen, sie wurden bevorzugt Aufgabe von Versuchs- oder Privatschulen. – Mir wurde damals, ich weiß nicht mehr von welcher Seite her, nahegelegt, mich um die frei werdende Schulleitung des Landschulheims am Solling zu bewerben. Da hätte man freier experimentieren können. Mir stand der Sinn nicht danach, ich hatte den Eindruck, mein Platz sei eher im Normalschulwesen, gewissermaßen in der ‚Drecklinie', wo die ‚Schlacht' ja letztlich doch geschlagen werden müsse.

Dafür müsse man aber, dachte ich, vor allem umfassendere, fürs große Ganze gültige Leitvorstellungen finden, die vielleicht nicht so modern und nicht so umstürzlerisch wären, auch nicht unbedingt so blitz- oder hagelartig einleuchtend oder blendend, dafür aber auch nicht so anfällig für Misserfolge wären wie viele der sich überstürzenden Einzel-Verbesserungspläne. Denn dass etwa das Prinzip „Gruppenunterricht statt Lehrervortrag" nicht immer und selbstverständlich, gewissermaßen automatisch zum Erfolg, sondern halt gelegentlich auch zu lähmendem Misserfolg führte, das war nicht zu übersehen.

Man kann da natürlich immer sagen: Wo das zum Misserfolg führt, da hat man's eben falsch gemacht. Meine Frage setzte aber genau da an: Nach welchem übergeordneten Prinzip kann man sich richten, um mit größerer Wahrscheinlichkeit richtig zu verfahren und solche enttäuschenden Misserfolge zu meiden?

Ein Musterbeispiel einer derartig übergeordneten, allgemein gültigen Leitvorstellung fand ich bei dem mir von der Stuttgarter Privat-Studiengesellschaft her bekannten und befreundeten Erziehungswissenschaftler Hartmut von Hentig: „Die Menschen stärken, die Sachen klären", so lautet der Titel eines seiner Bücher. Das ist in der Tat ein erhellendes Prinzip, das auch in der ‚Drecklinie' des gewöhnlichen Schulwesens jederzeit gelten, oder wenigstens jederzeit hoch über dieser ‚Drecklinie' leuchten kann. Dieses sehr hohe Prinzip irgendwann voll zu verwirklichen, ist zwar ganz sicher unmöglich – eine Art Misserfolg ist dabei also von vornherein einkalkuliert, und ebendeshalb kann ein konkreter Misserfolg nie so lähmend wirken –, dem Prinzip nachzustreben, ist aber ebenso sicher jederzeit richtig.

„Nachstreben" heißt da aber immer auch „nach-denken". Denn in konkrete Verfahrens-Änderungen mündet dies sehr allgemeine Prinzip ja nicht so schnell. Die konkreten Verfahren in der Schule müssen deswegen nicht absolut unverändert bleiben, aber man hat auch nicht nötig, sie überstürzt (hagelmäßig) zu ändern. Man konnte es also für den Alltag des Unterrichts bei vorsichtigen Verfahrensänderungen belassen, daneben aber war es geboten, Versuche zu machen, Erfahrungen zu sammeln, und nebenbei auch: intensiv nachzudenken.

Das Nachdenken führte mich bald auf eine überraschende Unstimmigkeit oder Asymmetrie: Für den zweiten ‚Zweig' dieses Mottos, also für das „Klären der Sachen", gibt es offensichtlich einen einheitlich gültigen und klar benennbaren Höchstwert: Wahrheit. Dass zum Beispiel die Planeten um die Sonne „kreisen", ist, wenn man genau nachsieht, nicht wahr. Sie laufen vielmehr, wie Johannes Kepler herausgefunden hat, in Ellipsen, in deren einem gemeinsamem Brennpunkt die Sonne steht: Das ist wahr, und um Wahrheit geht es also überall beim „Klären der Sachen".

Für den ersten ‚Zweig' des Prinzips, also für das „Bestärken der Menschen" schien der Höchstwert „Wahrheit" aber nicht zu gelten. Wie sollten sachen-klärende Wahrheiten wie etwa „Wasser siedet bei 100 Grad Celsius" oder „Die Planeten laufen in Ellipsen um die Sonne" Menschen bestärken können? Zwar dass es irgendwie erfreulich ist, wenn man als Wissenschaftler so etwas entdeckt oder wenn man es als Schüler im Unterricht erstmals demonstriert bekommt: das konnte man sich vorstellen, aber das schien doch nicht das Wesentliche daran zu sein. – Jetzt, hinterher, sehe ich, dass dies ‚Erfreuliche' an der Wahrheit eine sehr richtige Spur gewesen wäre, die wäre es unbedingt wert gewesen, genauer verfolgt zu werden.

Das tat ich jedoch zunächst und längere Zeit nicht. Die Einsicht, dass Wahrheit, wenn man den Begriff richtig und konsequent weiter verfolgt und ihn umfassend genug versteht, in der Tat die Menschen bestärkt, ja dass sogar das Bestärken der Menschen zum humanen Sinn, man könnte fast sagen, zum Zweck der richtig und umfassend verstandenen Wahrheit gehört, blieb mir noch völlig verborgen – ich war, wie damals fast alle denkenden Menschen, befangen in dem engen, neuzeitlich-modernen Wahrheitsbegriff, demzufolge die Prädikate „wahr" und „falsch" ausschließlich für „Ist-Aussagen" verwendbar sind. Beispiel: „Die Planeten laufen in Kreisen um die Sonne", das ist eine „Ist-Aussage", allerdings eine falsche. „Die Planeten laufen in Ellipsen um die Sonne" ist auch eine „Ist-Aussage", und zwar eine wahre. Derartige „Ist-Aussagen", und nur sie, so dachte man, könne man wahr oder falsch nennen.

Hingegen „Du sollst nicht lügen" ist eine „Soll-Aussage", und ob sie wahr oder falsch ist, das ist irgendwie unentscheidbar, jedenfalls nicht ein für alle Male entscheidbar. Denn dass es berechtigte Notlügen geben kann, daran zweifelt doch niemand. Aus dieser „Irgendwie-Unentscheidbarkeit" folgert nun aber der moderne Mensch kurzerhand und allzu rasch, dass „Soll-Aussagen" überhaupt nicht wahrheitsfähig sind. Er wendet dabei eine für das moderne Denken überaus charakteristische Maxime an: Alles, was nicht unwiderleglich als wahr erweisbar ist, sicherheitshalber als falsch zu betrachten.

Diese Maxime und diese Folgerung sollen der Denk-Sicherheit dienen. Das ist etwas Gutes. Der Denk-Richtigkeit dienen sie allerdings nicht durchweg, und das ist nicht gut. Niemand wird doch bezweifeln, dass das Gebot „Du sollst nicht lügen“ jederzeit und im Prinzip wahr ist. Berechtigte Notlügen sind Ausnahmen, und man kann sogar die Fälle, in denen sie berechtigt sind, Schritt für Schritt zunehmend, genauer eingrenzen. Nur: Ganz präzise eingrenzen kann man sie letztlich nicht. Eben deshalb wendet der moderne Mensch schließlich jene „überaus charakteristische Maxime“ an, dass man alles, was nicht unwiderleglich beweisbar ist, als falsch betrachten muss.

Dagegen das Gebot „Wenn es deinem Vorteil dient, darfst du lügen“ ist jederzeit und im Prinzip falsch. Es ist so eindeutig falsch, dass niemand je auf die Idee verfallen ist, dies ‚Gebot‘ ernstlich zu dekretieren. – Solche genaueren, wichtigen Einsichten in die Problemlage bleiben einem verschlossen, wenn man von vornherein alle „Soll-Aussagen“ sicherheitshalber als nicht wahrheitsfähig betrachtet. – Der neuzeitlich-moderne Mensch geht bei der Einengung dessen, was man „wahr“ nennen darf, sogar noch einen Schritt weiter. Nur „Ist-Aussagen“ übers Gegenwärtige oder Vergangene nennt er wahrheitsfähig, nicht dagegen solche über die Zukunft. Zum Beispiel, wenn der Wetterbericht meldet: „Morgen regnet's“, dann kann man das, wenigstens im Moment, weder wahr noch falsch nennen. Man weiß es halt noch nicht.

Das war also eine erste Unstimmigkeit oder Asymmetrie, die mir auffiel. Es zeigte sich gleich eine zweite, die offensichtlich mit der ersten eng zusammenhängt. Es ist im Grunde sogar genau dieselbe Unstimmigkeit, nur von einer anderen Seite her gesehen: In den Naturwissenschaften strebt man nach Wahrheit und erreicht sie, wenn's gut geht, auch wirklich. Über dieses Bestreben, über diesen Zweck der Naturwissenschaft sind sich alle Leute einig. – Wonach man aber in den Geisteswissenschaften (also auch in meinen Wissenschaften) strebt, darüber sind sich die Leute durchaus nicht einig, das bleibt auf eine irritierende Weise ungeklärt. Es gibt dazu verschiedene Meinungen, unter anderem zwei wesentliche Auffassungen, die aber in scharfem Gegensatz zueinander stehen.

Die einen sagen, der Zweck der Geisteswissenschaft ist es, zu verstehen – literarische Werke, frühere Epochen der Geschichte, auch ganz schlicht irgendeine sprachliche Äußerung: All das müsse man erst einmal verstehen. Voraussetzung dafür sei aber, dass man sich beim Verstehen von seinen eigenen Absichten und Urteilen nicht irritieren lässt, sie möglichst beim Verstehen sogar völlig vergisst und sich gänzlich in das zu verstehende Fremde hineinversetzt.

Die anderen sagen: Dieses Vergessen der eigenen Absichten und Ansichten ist völlig unmöglich, wenn man es anstrebt, belügt man nur sich selbst und andere. Der Zweck der Geisteswissenschaften liegt vielmehr gerade umgekehrt darin, dass man fremde Texte, fremde Epochen der Geschichte, fremde Aussagen von seinen eigenen Ansichten und Interessen her beurteilt und auf diese Weise seine eigenen Interessen erst vollends klar erkennt, und sie dann durchaus auch einseitig vertritt, in der Gewissheit, dass andere ebenso einseitig ihre anderen Interessen vertreten werden, und dass nur im ewigen Konflikt solcher einander entgegenstehenden Interessen die Welt bestehen bleiben und weiterkommen kann.

Was ist da nun richtig? – Am einfachsten wäre es, wenn man sagen könnte: Beide Auffassungen haben irgendwie recht. Aber dies „irgendwie" dürfte nicht heißen, dass beide in einer völlig unklaren, nebulösen Weise recht haben. Wie lässt sich dies „Irgendwie" aber genauer fassen?

Ganz rasch war in dieser Frage nicht klarzukommen. Das Problem und mein Nachdenken darüber stagnierten zwischendurch lange Zeit. Meine Frage ‚stagnierte' aber gewissermaßen auch, das heißt, sie wurde nur umso hartnäckiger und grundsätzlicher: Was wollen unsere Schüler eigentlich von uns Lehrern? Ich meinte, es müsse da etwas Eigentliches geben, worin das „Klären der Sachen" und das „Bestärken der Menschen" nicht mehr zwei getrennte Prinzipien, sondern nur noch Spielarten eines einzigen Prinzips wären. Als eine Vermutung sagte ich mir damals schon, dass dies eigentlich Gewollte „Wahrheit" heißen müsse und auch heißen dürfe, – wenn man diesen Begriff umfassend genug nimmt. Die damit gegebenen Probleme zu lösen, vermochte ich aber noch lange nicht. – Ich las also inzwischen viel, was mich aber nur selten geradlinig der gesuchten Lösung näher brachte, sondern mich unter anderem auf unzählige sehr spezielle Zweige der Wahrheitsforschung lenkte.

Auch versuchte ich selbst inzwischen in kleinen Abhandlungen oder Vorträgen Einzelfragen zu klären, die mit diesem meinen Haupt-Problem zusammenhingen. So hielt ich schon 1969 einen Vortrag bei einer Deutschlehrertagung und veröffentlichte ihn 1970 unter dem Titel „Gibt es moralische Normen für den Gebrauch der Sprache?" Diese ‚Norm' konnte ja nur „Wahrheit" heißen, und darüber nachzudenken erschien nötig, da in jenen „wilden" Zeiten manche Leute dachten, wenn einseitige Parteilichkeit als Höchstwert zu betrachten ist, dann sei jede parteilich vorteilhafte Wort-Verdrehung erlaubt. – Ebenso kreisten viele meiner meist in freier Rede gehaltenen (zwar manchmal nachträglich niedergeschriebenen, aber nicht veröffentlichten) Abitursreden irgendwie um das Wahrheitsproblem. 1977 sprach ich dabei über Goethes schönes Distichon „Irrtum verlässt uns nie; doch ziehet ein höher Bedürfnis / Immer den strebenden Geist leise zur Wahrheit hinan".

Im Felde der Altphilologie entdeckte ich sogar einen hochberühmten Autor, der sich offenbar lebenslang mit einer sehr ähnlichen Problematik beschäftigt, man könnte fast sagen: herumgeschlagen hat: Platon. In meiner Zeitschrift „Gymnasium" und auch anderswo brachte ich mehrere Aufsätze zu dieser Eigentümlichkeit des Platonischen Denkens heraus, so 1996 unter dem Titel „Platons problematische Lehre". Die Betonung liegt da sowohl auf „problematisch" als auch auf „Lehre": Ich wollte zeigen, dass ausnahmslos alles, was Platon sagt, problematisierend ausgedrückt ist. Platon schrieb Dialoge, in denen er selbst, interessanterweise, gar nie zu Wort kommt. Er teilt also seine Lehre nie einfach in Form apodiktischer Behauptungen mit. Trotzdem aber wird deutlich, dass er im Ganzen eine runde, gefestigte, ganze und wahre Lehre im Sinne hat. – 2001 folgte ein Aufsatz mit dem Titel „Gewissheit und Ungewissheit. eikós bei Platon, besonders im Timaios". Das griechische Wort eikós (zu übersetzen mit „wahrscheinlich" oder aber mit „billigerweise, vernunftgemäß") kann beides ausdrücken: Nie ganz überwindbare Ungewissheit im Einzelnen *und* letztlich feste Gewissheit im Ganzen.

Beim weiteren Nachdenken sah ich, dass die Einschränkung des Gebrauchs von „wahr" auf die „Ist-Aussagen" und auf Gegenwart und Vergangenheit eine künstlich dekretierte, typisch moderne Auffassung ist: Sie nennt „wahr" nur das, was unwiderleglich ist (oder es mindestens sein will und soll). Seit jeher kann man doch aber im Deutschen von einem „wahren Freund", einem „wahren Glück" und so weiter reden: Da heißt „wahr" nicht „unwiderleglich", sondern „vertrauenerweckend, zuverlässig".

Auch gibt es deutsche Wörter, die mit „wahr" stammverwandt sind, wie „sich bewähren", in denen der Begriff „wahr" genau im gleichen Sinne nicht als Unwiderleglichkeit, sondern eben als Zuverlässigkeit, Glaubwürdigkeit vorgestellt ist. Diese „Wahrheit im Sinne von Glaubwürdigkeit" war aber offenkundig das, was mir bisher immer gefehlt hatte: ein Wahr-Sein, das „Menschen bestärken“ kann, obwohl es nicht unwiderleglich beweisbar sein kann und will.

Leute, die es zu wissen behaupteten, wollten mir zwar diese Einsichten mit Nachdruck ausreden: Das alles sei „etwas ganz Anderes“ und habe mit dem „richtigen“ Wahrheitsbegriff nichts zu tun. – Nun, dass „Glaubwürdigkeit“ nicht einfach identisch dasselbe ist wie „Unwiderleglichkeit“, das ist schließlich trivial. Aber dass es deswegen „etwas *ganz* Anderes“ sein müsse, das leuchtete mir nicht ein, und es stimmt auch nicht: Beide Begriffsnuancen gehören in einem gemeinsamen, umfassenden Begriff Wahrheit zusammen. Und zwar ist die Nuance „Glaubwürdigkeit“ die umfassendere (logisch ausgedrückt: der Oberbegriff), die Nuance „Unwiderleglichkeit“ dagegen ist der weniger umfassende Unterbegriff.

Im Mai 2001 hielt ich in Paderborn einen Vortrag auf Einladung der dortigen Sektion der Europa-Union. Der Sektionsvorsitzende, einer meiner früheren Schüler vom Stuttgarter Eberhard-Ludwigs-Gymnasium, hatte mir das Thema freigestellt, mit der einzigen Bedingung, dass es um die europäischen Sprachen gehen solle: Die Europa-Union hatte das Jahr 2001 zum „Europäischen Jahr der Sprachen“ erklärt. Ich sprach nun nicht speziell über die europäischen Sprachen, sondern generell über „Sprache und Welt“. Diese Formulierung ging später als Überschrift des dritten Kapitels in mein Wahrheitsbuch ein. – Was hat aber das Problem „Sprache und Welt“ mit „Wahrheit“ zu tun? Ein Hauptunterschied zwischen den exakten Naturwissenschaften und den Geisteswissenschaften besteht darin, dass diese beiden Wissenschaftsgruppen ein geradezu diametral verschiedenes Verhältnis zur Sprache, und damit auch zur Erfassung und zur sprachlichen Darstellung der Welt haben, und deshalb stellt sich für einen (einseitigen) Naturwissenschaftler auch das Wahrheitsproblem anders dar als für einen (einseitigen) Geisteswissenschaftler.

Die Geisteswissenschaften arbeiten allesamt mit der natürlichen Sprache; ebendasselbe gilt für die Theologie und, wenigstens weit überwiegend, auch für die Philosophie. Natürliche Sprachen, ganz gleich ob Englisch oder Deutsch oder irgendeine andere Sprache, sind aber in allen ihren Ausdrucksmitteln unscharf, unpräzise. Keines ihrer Wörter bezeichnet ganz genau und nur eine Einzelheit der Welt, jedes einzelne Wort kann bei Bedarf „in übertragenem Sinne“ eine andere „Einzelheit der Welt“ bezeichnen – Beispiele dafür gibt es massenhaft: Der Finger-Nagel wird mit genau demselben Wort bezeichnet wie der Nagel des Zimmermanns. Mit dem Wort „Viertel“ bezeichnet man auch ein Stadtviertel, obwohl das nie genau 25 Prozent der Stadt ausmacht. – Um dieser störenden Unschärfe zu entgehen, nutzen die exakten Naturwissenschaften seit Beginn der Neuzeit eine Kunstsprache, in der jeder Ausdruck genau und präzise für eine einzige Sache steht. Jeder heutige Schüler lernt diese Kunstsprache in den Formeln der Mathematik kennen.

Soweit nun der normale heutige Mensch sich vorwiegend an diesen exakten Wissenschaften orientiert, denkt er natürlich: „Wahrheit erreichen kann man nur mit derartig präziser Ausdrucksweise." Das stimmt aber nicht, oder besser gesagt: es stimmt nur halb. Zwar wer unwiderleglich wahre Aussagen sucht, wie etwa „2 mal 2 ist 4", oder „die Planeten laufen in Ellipsen um die Sonne", der muss selbstverständlich strenge Präzision walten lassen. Wer aber (im umfassenderen Sinne des Wortes „wahr") menschenbestärkendes, glaubwürdiges Wahres sucht, der muss mit den unpräzisen Ausdrükken und Argumenten der natürlichen Sprachen arbeiten, kann sie aber durch genauere Umschreibung in immer zunehmendem Maße genauer, prägnanter fassen und so tatsächlich zu glaubwürdig überzeugender Wahrheit gelangen. Diese „genauere, zunehmend prägnantere Umschreibung" ist meist nicht nur Sache eines einzelnen Menschen, sondern am ehesten kommt man dabei voran, wenn man sich aufs ernsthafte, um Verständigung bemühte, geduldige Gespräch mit anderen Menschen einlässt. Der Gegensatz von präzise und prägnant, den ich hier aufgreife (er spielt auch in meinem Wahrheitsbuch eine wichtige Rolle), ist kein kontradiktorischer, denn jedes Denken, jedes Forschen, sogar auch ganz einfach jedes Reden muss beide Forderungen erfüllen: einerseits muss es hinreichend präzise sein, andererseits aber hinreichend prägnant.

„Präzise" ist eine formale Bestimmung, Sie besagt: Man muss begrifflich-genau vorgehen. „Prägnant" dagegen ist eine inhaltliche Bestimmung. Sie besagt: Bedeutungsvoll muss das Denken, Forschen und Reden sein, und vor allem muss es auch bedeutungsvoll bleiben. Dies Letztere muss deswegen so betont werden, weil das neuzeitlich-moderne Denken beim Begriff „wahr" dahin tendierte, die Bedeutung des Begriffs einzuschränken (nämlich auf „Ist-Aussagen" über Gegenwärtiges oder Vergangenes), um ihn desto mehr präzisieren zu können. Genau das führte dazu, Ausdrücke wie „ein wahrer Freund" oder „sich bewähren" als „etwas ganz Anderes" zu betrachten, das mit dem ‚eigentlichen' Wahrheitsbegriff (darunter verstand man den einseitig präzisierten) nichts zu tun habe.

Jener scheinbar „ganz andere" Begriff, der „wahr" als „vertrauenerweckend, Menschen bestärkend" vorstellt, eben der ist der ursprüngliche und umfassende Begriff von „wahr", und jener neuzeitlich-modern-eingeengte ist daraus im Laufe der Zeit durch immer weiter getriebene Präzisierung und Spezialisierung entstanden. Dass „Wahrheit als Glaubwürdigkeit" die umfassende Nuance von Wahrheit ist, „Wahrheit als Unwiderleglichkeit" dagegen die speziellere, kann man einfach daran ablesen, dass alles Unwiderlegliche (zum Beispiel „2 mal 2 ist 4") auch glaubwürdig ist – dagegen ist doch keinesfalls alles Glaubwürdige auch unwiderleglich.

Ich möchte nun zum Schluss dieses Kapitels wenigstens ein paar Beispiele für solche zwar nicht unwiderlegliche, aber doch glaubwürdige Wahrheiten nennen. Als Beispiele für wahre „Soll-Aussagen" können etwa die Grundrechtsartikel unseres Grundgesetzes dienen, etwa Artikel 3 (3): „Niemand darf wegen seines Geschlechts, seiner Abstammung, seiner Rasse, seiner Sprache (...) benachteiligt oder bevorzugt werden." Oder auch das schöne kleine Gedicht von Hilde Domin: „Nicht müde werden / sondern dem Wunder / leise / wie einem Vogel / die Hand hinhalten." – Eine wahre Aussage über Zukünftiges war vor Jahrtausenden die Prophezeiung im 126. Psalm: „Wenn der Herr die Gefangenen Zions erlösen wird, werden wir sein wie die Träumenden. Da wird unser Mund voll Lachens und unsere Zunge voll Rühmens sein." Diese prophetischen Worte waren dem Volk Israel in der Babylonischen Gefangenschaft glaubwürdig wahr, sie bestärkten es in seiner Hoffnung auf die Heimkehr. Das und vieles andere sind, oder können doch, gegebenenfalls, wahre Worte sein, die aber, wenn man auf die moderne, einengende ‚Gebrauchsanweisung' für das Wörtchen „wahr" hören wollte, nicht wahr heißen dürften. Es wäre schade darum.

Auch will ich wenigstens in Kürze andeuten, auf welche Weise ich denn nun meinen Schülern jene glaubwürdigen Wahrheiten, die sie meiner Überzeugung nach von mir erwarteten, vermittelte. Zweierlei ist da zu sagen: *Erstens* dass ich nicht unausgesetzt nur von solchen Wahrheiten ‚triefte'. Die allermeiste Zeit vermittelte ich den Schülern nüchtern und so klar und interessant wie möglich meinen gewöhnlichen Unterrichtsstoff. Nur: Wenn es im Laufe dieses Unterrichts und aus dem Sachgehalt des Unterrichts heraus nahe lag, von einer Wahrheit zu reden, die, wenn sie auch nicht unwiderleglich ist, einem Menschen doch persönlich glaubwürdig sein kann, dann scheute ich mich nicht, das zu tun. Ich weiß wohl, es gibt nicht wenige Kollegen, die es nicht für erlaubt halten, darüber etwas im Unterricht zu sagen, weil sie befürchten, die Schüler könnten dabei indoktriniert werden.

Indoktrinieren wollte ich meine Schüler nicht. Deshalb ist *zweitens* Folgendes zu sagen: Ich redete von diesen Wahrheiten nie im dogmatischen Ton, so als ob ich es wüsste und die Schüler hätten das eben zu glauben, punctum. Sondern ich sprach davon stets voller Skepsis. Die Skepsis war nicht etwa geheuchelt, sondern ich war und bin gegenüber diesen Wahrheiten tatsächlich immer selbst voller Skepsis. – Das kann man, in aller Bescheidenheit, dem oben erwähnten platonischen Verfahren der Wahrheitsvermittlung an die Seite stellen.

Wie ist es aber zu begreifen, dass so skeptisch vermittelte Wahrheit überhaupt als Wahrheit verstanden werden und wirken kann? Zwar, dass Wahrheit in skeptischer Vermittlung „besser ankommt", das ist jedem rhetorisch Beschlagenen erfahrungsgemäß bekannt. Aber das ist zunächst nur das ganz Äußerliche an der Sache. Um „die Sache" als ganze recht zu begreifen, muss man sich klar machen, was Skepsis überhaupt ist. – Ich unterscheide da gerne zwischen halber und voller Skepsis. Von halber Skepsis rede ich, wenn man das Glaubwürdige in Zweifel zieht, indem man ihm entgegenhält, dass es eben doch nicht unwiderleglich ist. Zum Beispiel: Dem oben zitierten Gedicht von Hilde Domin, man könne doch (oder sollte wohl sogar) „dem Wunder / leise / wie einem Vogel / die Hand hinhalten", – diesem Gedicht lässt sich zweifellos entgegenhalten, dass die darin ausgedrückte Wahrheit nicht unwiderleglich ist: Es ist eben nicht unwidersprechlich und ausnahmslos empfehlenswert, dem Wunder die Hand hinzuhalten.

In der europäischen Geistesgeschichte ist diese Sorte von „halber" Skepsis vor allem seit der Renaissance-Zeit, also mit dem Beginn der Neuzeit nach und nach hervorgetreten, etwa bei Forschern wie Galilei, und sie hatte durchschlagende Erfolge: Man hatte bis dahin vieles geglaubt, was man jetzt zu bezweifeln begann und mit Hilfe solchen Zweifels besser und richtiger erkannte. Da gab es so viel zu entdekken, dass man gar nicht bemerkte, dass diese Skepsis zwar sehr viel erbringt, aber letztlich doch nur „die halbe Miete". Die „halbe Miete" war aber so ergiebig, dass sie vorläufig wirklich gut ausreichte.

Heutzutage jedoch, da die frühe Neuzeit, die Zeit Galileis, schon mehrere Jahrhunderte hinter uns liegt, dürfte man merken, dass eine ganze Skepsis ihre Aufgabe erst erfüllt, wenn sie auch sich selbst in Zweifel zu ziehen vermag. Skepsis heißt eigentlich „Betrachtung", das Wort bezeichnet im Grunde nichts anderes als das gesamte Vermögen des Menschen, die Welt „in Betracht zu ziehen": sie, zunächst sinnlich empfindend und emotional fühlend, dann aber vor allem auch denkend und verstehend zu erfassen. Zu diesem Gesamt-Vermögen gehört als unentbehrliche, integrierende (zu Deutsch: als letzte, abrundende, abschließende) Leistung die Reflexion. „Reflektieren" heißt „sich auf sich selbst zurückwenden". Wer sich selbst gegenübertritt, sich selbst gegebenenfalls in Frage stellt, also sich selbst prüft, korrigiert, lobt oder tadelt, der bekommt gegebenenfalls die „ganze Miete" und leistet ganze Skepsis.

Die ganze Skepsis lässt es nun im Prinzip zu, auch die Glaubwürdigkeit des Geglaubten als Wahrheit zu begreifen, – freilich nur im Prinzip, das heißt nur als Möglichkeit. In dieser bloßen Möglichkeit ist nie schon die Gewissheit des Glaubwürdigen gegeben: Wie es mit dieser Gewissheit steht, muss erst noch erarbeitet werden. Wer sich aber tatsächlich ans „Erarbeiten" macht, beispielsweise indem er mit anderen Menschen (auch mit anderen Generationen, anderen Völkern, Anschauungen, Literaturen...) in Austausch tritt, mit ihnen ein ernsthaftes, Verständigung anstrebendes Gespräch aufnimmt, der kann – er muss nicht, aber er kann, wenn's gut geht, auf dem Wege der ganzen Skepsis zu glaubwürdiger Wahrheit gelangen.

Nun ist dem modernen Menschen jedoch fast nichts so verhasst und er lehnt nichts so radikal ab wie eben dies „muss nicht, aber kann". Er will Sicherheit, und die meint er zu erreichen mit der mehrfach genannten Maxime „was nicht unwiderleglich als wahr bewiesen ist, muss man als falsch in Rechnung stellen". An diesem Punkt kommt man nur weiter, wenn man einsieht, dass man auch mit einem radikal präzisierten Wahrheitsbegriff, auch in den exakten Wissenschaften, Wahrheit nur erreicht, „wenn's gut geht": Es gibt nirgends ein absolut zuverlässiges Kriterium fürs Wahre. Das Irrtumsrisiko ist unausrottbar. – Dies darzulegen, ist in meinem Wahrheitsbuch das Ziel des ersten Kapitels.

Sechzehntes und letztes Kapitel

Und wenn ich nun aufs Ganze zurückblicke . . .

... dann sage ich: Es ist alles gut. – Ich sage nicht: Es war alles gut, denn das war es wirklich nicht. Das Allermeiste war gemischt aus Gut und Übel, oder aus Gut und Böse. Und einiges war wohl sogar ziemlich eindeutig schlecht, oder böse. – Aber jetzt im Rückblick sage ich: Es *ist* alles gut. Wie ist das zu verstehen?

In der frühesten Dichtung Europas, in der „Ilias“ Homers, und zwar in ihrem letzten, vierundzwanzigsten Gesang, da wird die „Summe“ des Ganzen in Betracht gezogen. Da treffen zwei eigentlich Unversöhnliche aufeinander: Achill, der Mörder Hektors, und Priamos, der Vater des Ermordeten. Und was tun sie? Sie weinen gemeinsam, weinen über das herzlose Geschick, das die Menschen in Fesseln hält. Priamos erzählt dazu (v. 527 ff.) ein Gleichnis: Zu Füßen des Göttervaters Zeus stehen zwei Fässer, eines gefüllt mit allem Guten, das andere mit allem Schlechten. Zeus gibt jedem Menschen daraus sein Teil. Dass jemand nur aus dem guten Fass zugeteilt bekommt: den Fall erwähnt Priamos gar nicht, das kommt nicht vor. Dass jemand nur aus dem schlechten bekommt, wird als Möglichkeit zwar anvisiert, aber gewissermaßen mit verhülltem Haupt, als ganz entsetzliche, extreme, rein theoretische, im Grunde unmenschliche Denkbarkeit. Jedenfalls, wer aus beiden Fässern gemischt sein Teil bekommt, der darf sagen: Mir ist es menschlich ergangen, und das heißt ja zugleich: es *ist* letztlich gut.

Wenn man am Ende seines Lebens auf das eine ganze Leben schaut, nicht bloß auf das viele einzelne Gewesene, dann ist Gottvertrauen am Platze, oder richtiger gesagt sogar Lobpreis Gottes: Gott-Vertrauen ist mehr eine Sache für unterwegs, solange noch nicht feststeht, wie's im Einzelnen weitergeht. Gegen Ende des Lebens, wenn fast alles feststeht, verschwindet das Einzelne aus dem Blick, und statt dessen kann man Gott loben und preisen, oder man kann, falls man nicht von Gott reden mag (darauf komme ich gleich nachher zu sprechen), das Ganze letzten Endes gut nennen.

Das Einzelne, das immer nur halb-und-halb gut war, verschwindet einfach dadurch aus dem Blick, dass das Ganze hervortritt, den ganzen Blick gefangen nimmt. Wir Menschen allesamt stehen aber gegenüber dem Ganzen – und das Ganze umfasst ja wirklich alles, es gehört dazu auch all das, was über das Rationalisierbare hinausgeht – diesem Ganzen gegenüber stehen wir Menschen einfach dumm da - so grenzenlos dumm, dass wir noch nicht einmal herzhaft sagen können: Wir wissen nichts. Sagen könnten wir vielleicht: Wir haben von diesen ganzen Dingen vermutlich keine Ahnung. Wobei natürlich diese Vermutung auch falsch sein kann und wir doch eine Ahnung haben könnten, wenn wir's uns zutrauen würden.

Der normale moderne Mensch schneidet diesen ganzen ewigen Drehwurm von Zweifeln und Vermutungen kurzerhand ab mit seiner Allerwelts-Maxime: „Was nicht unzweifelhaft bewiesen ist oder gar nicht bewiesen werden kann, das muss man als falsch deklarieren und kurzerhand wegwerfen, basta!“ Ich habe schon oben gesagt, dass diese Maxime nicht durchweg vertrauenswürdig ist. Vertrauenswürdig, wahrscheinlich sogar notwendig ist sie in den exakten Wissenschaften, wo es um die Gewinnung von exakten Wahrheiten geht, die im Idealfall unwiderleglich sind, das heißt: es doch sein wollen und sollen. Wo es aber, wie beim Wahrheitsproblem im umfassenderen Sinne, um hochproblematische, aber im günstigen Fall doch glaubwürdige, die Menschen bestärkende, befreiende, erlösende Wahrheit geht, da ist diese Maxime sicherlich eine der falschesten, die man sich denken kann.

Es ist nun, wie oben schon angedeutet, nicht unbedingt nötig, dass man das Ziel dieses letzten Vertrauens und Lobpreises „Gott“ nennt. Es gibt in anderen Gegenden der Erde Religionen, die dem unfassbaren Ziel dieses Vertrauens nicht den Namen Gott geben. Wir brauchen aber gar nicht so weit zu gehen: Auch in unserer eigenen religiösen Tradition ist der Gedanke vorfindlich, dass es mindestens seine erheblichen Schwierigkeiten hat, so schlankweg „Gott“ zu sagen. Man muss da nur auf das alte Israel sehen. - Es gibt ferner auch bei uns heutzutage redliche, ernsthafte Menschen, die zwar ein Gespür letztendlichen Ur-Vertrauens nicht in Abrede stellen, aber dabei nicht von „Gott“ sprechen mögen. Es gibt schließlich sogar Menschen, die von einem „unfassbaren Ziel letztendlichen Vertrauens und Lobpreises“ überhaupt nichts wissen wollen. – Da sollten wir nun großzügig sein, sowohl gegenüber den anderen, indem wir ihnen ‚in Gottes Namen’ erlauben, nicht „Gott“ zu sagen, als auch uns selbst gegenüber, indem wir uns erlauben (und auch die anderen bitten, uns zu erlauben), dass wir eben „Gott“ sagen. Angesichts der allgemein-menschlichen grenzenlosen Dummheit wird man wohl diese allseitige Erlaubnis erteilen dürfen. Alle derart „Lizenzierten“ können sich beim Lebensrückblick mindestens darin einig sein, dass wohl nie alles gut *war*, dass aber am Ende alles gut *ist*.

Ich persönlich mache von der Lizenz Gebrauch, wie bei uns herkömmlich, „Gott“ zu sagen, auch einfach deshalb, weil es herkömmlich ist, und weil nichts unbedingt dagegen spricht, und weil ich gerne im (mindestens äußerlichen) Einverständnis mit den Menschen in meiner näheren Umwelt, zum Beispiel auch meinen Eltern lebe, wo der Name „Gott“ sehr weitgehend gebräuchlich ist, - gebräuchlich auch bei Menschen, die den Kirchen einigermaßen fern stehen. Dies „wenigstens äußerliche“ Einvernehmen kann ich nicht für etwas Geringes achten. Wenn man sich nämlich fragt, was man unternehmen könnte, um zu prüfen, wie weit dieses äußerliche Einvernehmen durch ein innerliches klares Einvernehmen gestützt und getragen wird, dann muss man zugeben, dass es dafür kein ausreichendes Prüfverfahren gibt. Man kann wohl mit einem einzelnen Menschen, auch mit einer mehr oder weniger homogenen Gruppe ein gutes Stück weit zum Einvernehmen kommen, ein so großes Stück weit, dass es zum Beispiel zu einem ehelichen oder sonstigen gemeinschaftlichen Zusammenleben gut ausreicht. Auch dieses Einvernehmen kann freilich in Teilen wieder einmal problematisch werden, und vielleicht muss man sich hin und wieder neu vergewissern, dass es noch vorhält. Vollends wenn man mit vielen oder gar mit allen über alles, also über „Gott und die Welt“, einig werden wollte, käme man in einen endlosen Kreisel von Fragen, Debatten, Zweifeln, Lösungsansätzen und erneuten Fragen. Dass man sich diesem ‚Kreisel‘ aussetzt, ist ja wohl in gewissen Grenzen gut und nötig, es kann sogar erfreulich oder lustig sein, aber dass man am Ende mit allen zu einem Einvernehmen „über Gott und die Welt“ kommt, das ist reinweg hoffnungslos.

Es ist ja aber auch wirklich nicht nötig. Nötig, als Allermindestes, ist nur, dass man einander nicht die Köpfe einschlägt, miteinander, nicht gegeneinander lebt, einander leben lässt, einander achtet und hilft – mag es inzwischen mit „Gott und der Welt“ stehen, wie es will: Da darf jeder bei seiner Sicht der Dinge bleiben. Irgendwann, spätestens gegen Ende des Lebens, kann dann jeder in Gelassenheit feststellen: Lassen wir's gut sein, oder: Es ist alles gut.

Weil ich nun dies wenigstens äußerliche Einvernehmen für meine Person als tragfähig akzeptiere, besuche ich zum Beispiel, wenn ich kann, unsere Gottesdienste, man hört dort oft recht nachdenkenswerte Predigten, man singt schöne Lieder, betet gemeinsam das Vaterunser – schon allein das macht mir den Gottesdienst lieb und wert –, man feiert das Abendmahl, die Eucharistie: Ob das Brot und der Wein dabei Christi Leib und Blut „ist“ oder nur „bedeutet“, darum haben die Theologen sich einst bis aufs Blut verfeindet. Ich möchte dazu (obwohl sie das vielleicht Blasphemie oder Ketzerei nennen) Goethes Verse aus dem Ende des „Faust II“ zitieren: „Alles Vergängliche / ist nur ein Gleichnis. / Das Unzulängliche / Hier wird's Ereignis. / Das Unbeschreibliche / Hier ist's getan". - „Unzulänglich" heißt, was von keinem Denken oder Sagen ‚zulänglich' erfasst wird. - Schließlich bekommt man in den Gottesdiensten zum Schluss mit der ganzen Gemeinde den Segen Gottes zugesprochen, man hat eine Stunde der Sammlung am Sonntagvormittag gehabt, und ein Orgelkonzert hat man obendrein gratis.

Mit dem Namen „Gott" ist nun aber nur etwas sehr Allgemeines gesagt. Wir leben hierzulande in einer speziell christlichen Tradition. Das Christentum hat den allgemeinen Gottesgedanken des Monotheismus beibehalten, ihn aber weiter entwickelt. Mit Monotheismus ist gemeint, dass Gott Einer ist, nicht Mehreres. Darin liegt aber beschlossen, dass man Gott nicht begreifen kann, man kann ihm ja gar nichts Genaues nachsagen: Alles was man sagt, macht aus dem umfassenden „Eins" Gottes sofort etwas nicht mehr ganz Umfassendes. Wenn man zum Beispiel sagt, Gott ist „Einer", dann ist Gott unversehens ein Maskulinum geworden, und das heißt: er ist eben kein Femininum. Das empfinden Feministinnen und Feministen als unerträglich, aber unberechtigterweise. Man müsste auch da wohl großzügig sein und einsehen, dass unsere Sprache für ein ganz stimmiges Reden über Gott eben nicht ausreicht: Die sprachlich maskuline Form, in der wir von Gott reden, besagt über Gott rein gar nichts. Wenn wir in sprachlich femininer Form von Gott reden könnten (wir können's ja nicht, unsere Sprache gibt das nicht her), wäre das ganz genau so nichtssagend.

Die christliche „Weiterführung" des Monotheismus, die christliche Theologie, entfaltet schon in ihren ersten Jahrzehnten die monotheistische Einheit in eine Drei-Einigkeit: Vater, Sohn und Heiliger Geist (dass diese Wörter Maskulina sind, besagt wieder rein gar nichts) – diese Drei aber sind jedenfalls Eins. Man kann sagen: Es sind die drei Seiten, von denen aus man die Einheit Gottes doch irgendwie begreifen, zu Gesicht bekommen kann. Oder: Es sind drei Namen, mit denen man die Einheit Gottes doch irgendwie ansprechen kann.

Das sind hoch-spekulative, kaum erreichbare, kaum fassbare Gedanken. Man darf zum Beispiel mit Gewissheit vermuten, dass der menschliche ‚Stifter' des Christentums, der in Nazareth beheimatete Zimmermannssohn Jesus, diese Gedanken noch nicht gedacht hat. Und doch ist mit ebensolcher Gewissheit anzunehmen, dass ein Anlass zu dieser „Entfaltung" des Monotheimus-Gedankens darin lag, dass dieser Zimmermannssohn ein so einmaliger und eindrucksvoller Mensch war, dass man in ihm den „Sohn Gottes" sah, der auf Erden wandelte, dass man in ihm also wieder einmal (denn das hatte es schon öfter gegeben) den ersehnten Messias sah, den Gesalbten Gottes, den Erlöser. In ihm zeigte und zeigt sich die menschlich kennbare „Seite" des Einen unfassbaren Gottes.

Weil aber der irdische Wandel dieses Menschen-Gottessohnes schon so unendlich lange Zeit vergangen ist, deshalb sorgt der Geist dafür, dass auch uns späten Leuten diese „menschlich fassbare Seite" des unfassbaren Gottes heute noch fassbar vermittelt bleibt. Damit aber klar ist, dass irgendein beliebiger ‚Geist' das nicht leisten kann, heißt dieser bevollmächtigte Vermittler „Heiliger" Geist: Damit ist ein sehr hoher Anspruch ausgedrückt. - So etwa sieht sich das in meinen laienhaften theologischen Vorstellungen an. – Das alles darf man glauben, aber niemand muss es glauben. „Glauben müssen" ist keine sinnvolle Wortverknüpfung. Und die eigene Glaubensüberzeugung einem anderen aufzudrängen oder auch nur so dringend nahezulegen, dass der andere sich bedrängt fühlt, kann nicht erlaubt sein.

Ich denke hier in freundlicher Dankbarkeit an einen Theologen, der seiner sonntäglichen Gemeinde, darunter waren sehr oft auch meine liebe Frau und ich, unter anderem auch die christliche Lehre von der Drei-Einigkeit oder Drei-Faltigkeit Gottes predigend fasslich vermittelt hat: Heinrich Buhr – ich habe ihn oben, im neunten Kapitel, schon einmal erwähnt.

Wenn wir nun im Gottesdienst das Apostolische, oder seltener auch einmal das Nizänische Glaubensbekenntnis in seinen drei Artikeln (Vater, Sohn und Heiliger Geist) gemeinsam sprechen, spreche ich mit, obwohl es viele, sehr viele Formulierungen enthält, an denen man zweifeln kann. Beim Vaterunser berühren mich ganz wenig solche Zweifel, beim Glaubensbekenntnis viele: In ihm sind eben all diese hoch spekulativen, kaum erreichbaren Gedanken formuliert. Aber das ist egal – zweifeln muss man nicht, man darf auch einfach so mitsprechen und sich daran halten, dass die frühen Christen und Kirchenväter es schon im Ganzen richtig formuliert haben werden. Die verbleibenden Zweifel haben alle bequem Platz auf dem Konto jener „allgemein-menschlichen grenzenlosen Dummheit". Damit kann man sich – einstweilen, bis vielleicht etwas Besseres kommt - beruhigen. Und letztlich kann man auch dazu sagen: „Es ist alles gut". Das soll jedenfalls hier das Schlusswort sein.